改革年代

美国的工业霸主之路

The Age of Reform
From Bryan to F.D.R

[美]理查德·霍夫施塔特 著
Richard Hofstadter

李宁 译

中国科学技术出版社
·北京·

图书在版编目（CIP）数据

改革年代：美国的工业霸主之路 /（美）理查德·霍夫施塔特（Richard Hofstadter）著；李宁译.
北京：中国科学技术出版社，2025.2（2025.9 重印）.
ISBN 978-7-5236-1017-6

Ⅰ.F471.29

中国国家版本馆 CIP 数据核字第 2024QQ2201 号

策划编辑	方 理	责任编辑	方 理
封面设计	东合社·安宁	版式设计	蚂蚁设计
责任校对	吕传新	责任印制	李晓霖

出 版	中国科学技术出版社
发 行	中国科学技术出版社有限公司
地 址	北京市海淀区中关村南大街 16 号
邮 编	100081
发行电话	010-62173865
传 真	010-62173081
网 址	http://www.cspbooks.com.cn

开 本	710mm×1000mm 1/16
字 数	262 千字
印 张	18
版 次	2025 年 2 月第 1 版
印 次	2025 年 9 月第 2 次印刷
印 刷	北京盛通印刷股份有限公司
书 号	ISBN 978-7-5236-1017-6 / F·1311
定 价	68.00 元

（凡购买本社图书，如有缺页、倒页、脱页者，本社销售中心负责调换）

目 录
Contents

引言　001

　　一　从民粹主义、进步主义到新政　002
　　二　差异与相似性　009

第一章　农耕神话与商业现实　017

　　第一节　自耕农与神话　018
　　第二节　农民与现实　027
　　第三节　边疆还是市场　034

第二章　民粹主义的民俗学　043

　　第一节　两个国家　044
　　第二节　历史即阴谋　051
　　第三节　尚武精神　059

第三章　从悲情到平等　067

　　第一节　从失败到成功　068
　　第二节　黄金时代及之后　077
　　第三节　消失的乡巴佬　085

第四章　地位革命与进步党领袖　093

　　第一节　财阀与中立派　094

　　　　第二节　专业人员的异化　106

　　　　第三节　从中立派到进步党　115

第五章　进步主义的冲动　123

　　　　第一节　城市景象　124

　　　　第二节　扒粪：新闻界的革命　131

　　　　第三节　现实与责任　138

第六章　与组织的斗争　149

　　　　第一节　组织与个人　150

　　　　第二节　国家与垄断　158

　　　　第三节　公民与政治机器　177

第七章　从进步主义到罗斯福新政　187

　　　　第一节　进步主义与战争　188

　　　　第二节　幕间休整　194

　　　　第三节　新的启程　207

　　　　第四节　新机会主义　216

注释　225

致谢　283

The Age of Reform

引言

Introduction

一　从民粹主义、进步主义到新政

正如内战至 19 世纪 90 年代的美国历史被视为工业化、领土扩张和政治保守主义的时期，1890 年至二战前则可称为改革年代。虽然改革的浪潮在 19 世纪 90 年代明显衰退，20 世纪 20 年代又有一个短暂的回潮，却奠定了 20 世纪大部分时间美国的政治基调。这段改革史大体可以分为三个阶段，其中前两个阶段几乎是连续的：首先是农民抗议，集中表现为 19 世纪 90 年代的民粹主义和 1896 年威廉·詹宁斯·布赖恩（William Jennings Bryan）①的总统竞选；接着是大约 1900 年至 1914 年的进步主义运动；最后是罗斯福新政，主要在 20 世纪 30 年代展开。

本书主旨并非重述 1890 年以来改革中众所周知的故事，而是从我们时代的视角出发，对改革进行全新分析。我最初关注的是 1890 年至第一次世界大战爆发这一时期，但随着研究的深入，我逐渐意识到，如果将该时段与新政进行对比，能更好地理解这一时期的特性。因此，我在本书最后增加了一章，但这不应视为对两个时期关系的全面探讨。今天，我们距离 1933 年 3 月 4 日富兰克林·罗斯福首次就职演讲的时间，已比他当时距离伍德罗·威尔逊的首次就职演讲更为遥远。当我

---

① 威廉·詹宁斯·布赖恩（1860—1925），民主党和民粹党领袖，1896 年、1900 年、1908 年三次竞选总统未成功。——编者注

们开始更全面地审视新政，它之前的改革措施也被赋予了新的意义。我们现在能看到我们之前未曾看到的事物，并认识到一度被视为次要事物的重要性。

事实上，我们关于民粹主义和进步主义的观点与新政的进程紧密相连。前两者随着第一次世界大战的结束而告终，而当我们开始认真研究其历史时，美国社会已迈入大萧条带来的改革新阶段。因此，在新政及其后撰写的历史中，对民粹主义和进步主义的观点不可避免地带有这第二波改革的印记。这不仅指这些观点通常带有同情的意味，而且它们充满了这样的假设，即新政在某种程度上是民粹主义–进步主义传统的延续与再生。这种假设并非全无道理，但往往会将我们的注意力从本质差异上转移开，从而严重扭曲我们历史的特征。我花费了一些笔墨来强调这些差异。

在此，我觉得有必要阐明一下我使用的"民粹主义"与"进步主义"这两个概念的广泛含义。我所说的"民粹主义"并不仅限于1892—1896年间的民粹党（又译平民党、人民党），因为我认为民粹党只是在特定历史时期，一种普遍存在于美国政治文化中的民众冲动的强烈表达。远在19世纪90年代的农民抗议运动之前，从安德鲁·杰克逊时开始，人们就可以观察到一种更广泛的趋势，导致了内战后的绿背纸币运动[1]、格兰其（Grange）[2]运动和反垄断运动，表达了大量农场主和商人对19世纪末经济变化的不满。到了1896年，民粹主义精神几乎主导了民主党，并在随后的进步时代继续发挥重要影响。虽然

---

[1] 美国政府在内战期间发行了4.5亿不可兑现的绿背纸币（其背面用绿色墨水印刷，故称"绿背纸币"或"绿钞"），导致了剧烈的通货膨胀。战后，银行家和工业资本家要求政府收缩通货，以黄金来兑换收回流通中的绿背纸币。而从通货膨胀中受益的农民则坚决反对减少纸币，于1874年组织绿背党（又称"独立国民党"）展开斗争，在1878年总统竞选中达到顶峰。1879年《恢复硬币支付法》生效，运动走向衰落。——编者注

[2] 格兰其，正式名称为"农业保护者协会"，1867年成立。美国第一个全国性的农民组织，兴起于中西部地区。——编者注

它现在与农业改革的特殊联系已经减弱,但我相信民粹主义思想在我们这个时代依然存在,部分表现为对城市的不满、民众的反抗性和怀疑主义,以及本土主义。

同理,我所说的"进步主义"也不仅仅指1912年共和党中支持西奥多·罗斯福竞选总统的一群人脱党建立的进步党(或公麋党,因西奥多·罗斯福自比公麋而得名)。我指的是一种更广泛的批评和变革的冲动,这种冲动在1900年之后到处都变得非常明显,农场主本已满溢的不满,被中产阶级对社会和经济改革日益增长的热情所放大和重新引导。正如所有敏锐的当代人所意识到的那样,在这个更广泛的意义上,进步主义并不仅限于进步党,而是以一种引人注目的方式影响了所有主要和次要的政党,以及整个美国政治生活的基调。确实,它是一个相当模糊且缺乏一致性的运动,但这可能正是其部分成功以及最终失败的玄机所在。尽管没有某些社会不满的驱动,进步主义运动不可能形成,但它远非任何社会阶级或群体针对特定阶级或群体的攻击,而是社会的大部分成员尝试进行一些不太明确的自我改革,一种相当广泛且友好的努力。其主旨是努力恢复经济个人主义和政治民主——人们普遍认为这在美国早期存在过,却被大型公司和腐败的政治机器所毁坏——并通过这种恢复,带回一种同样被认为业已丧失的道德和公民纯洁性。

本书的焦点并非政治运动、立法机构的法案、法院的裁决,也不是监管委员会的工作,而是改革者们的思想——他们对何为错误的看法,他们寻求的变化,以及他们认为理想的改变之道。因此,我的主题是改革者们对自己的工作及在历史长河中所占位置的认识。虽然本书在这一点上主要是对政治思想和政治情绪的研究,但它研究的不是高端文化,而是具有普通政治意识的公民的思想。莫顿·G.怀特(Morton G. White)在他的《美国的社会思想》(*Social Thought in America*)一书中,分析了进步时代对于哲学、政治理论、社会学和历史学等高端文化领域的影响。我的兴趣点与之不同,我关注的不是最深刻的,而是最具代表性的思想,是中产阶级作家在流行杂志上的讨论、揭露黑幕的文章、竞选演讲,以及代表性记者和有影响力的时事评论家的文章。当然,阳春白雪和下里巴人历来总是相互重叠和互动,有些人甚至能够左右逢源。有时,进步主义思想家也可能批判看待我所称的进步主义的重要思想。例如,当我声称大多数进步主义者的核心目标是个人主义时,我没忘记,评述这个时代政治、心理学和哲学的一些最重要文献却得出了相反的结论。我也不会忽视这样一个事实:一些进步主义思想家,如赫伯特·克罗利(Herbert Croly),甚至少数进步主义政治领袖,如西奥多·罗斯福,曾猛烈批评主流的个人主义倾向。知识分子,甚至一些最精明的政治家,即使对他们同情的政治和社会运动,也会保持一定距离,对于运动与运动反对的对象一视同仁地批判。19、20世纪之交的改革者的讽刺性处境在于,他们试图捍卫或恢复他们所珍视的个人主义价值观,但这种行动反而使他们更靠近他们所恐惧的组织手段。那个时代最具洞察力的思想家对这个情况的理解,无疑比大众更深刻。

民粹主义和进步主义运动发生在从农业社会向现代城市生活快速而不乏混乱的转变时期。而今这一变革即将完成,我们在某些方面对它的意义有了更清晰的判断,但我们可能会忽略早期几代人对它的深刻体验。美国的民主传统是在农场和小村庄中形成的,其核心思想建立在乡村情怀和乡村隐喻之上(我们仍然谈论"草根民主")。出于我将尝试探讨的原因,在整个19世纪甚至20世纪,美国人被教导将乡村生活和农业视为神圣使命。由于最初大多数人都是农民,民主作为一种相当宽泛的抽象概念,同样变得神圣不可侵犯。因此,某种自满和自以为是渗透了乡村思维,而这种自满被工业主义的狂猛推进冲击得支离破碎。民粹主义中的许多紧张和焦虑感就来源于乡村美国的迅速衰落。

然而,人们很少意识到,当农民们人数众多、相互竞争且未组织起来时,他们作为一个特殊利益群体是软弱无力的;而随着他们相对数量的减少，他们变得更协调、更有组织、更以自我为中心，因此变得强大。民粹主义的一个陈词滥调是，无论其他职业的职能如何，农民都是至高无上的重要，因为其养活了所有其他人。尽管这一观点最近听到的频率有所降低，甚至开始出现反向的城市居民对农村的愤恨，但民间传说仍然深深带有其印记。实际上，情况却恰恰相反——是我们其他人支持农民；因为在情感上和道德上以家庭农场为理想的工业化和城市化美国，已经用其可观剩余财富，支持比现代农业生产技术实际所需更多的农民。部分正因为我们坚持农业传统，这种对农民的让步，远不如其他受技术变革威胁的群体——比如音乐家和建筑行业工人——为自己人采取的人为保护措施那样，遭受普遍的敌意。在本书开篇，我试图探讨这种从19世纪早期民主的农耕神话到现代美国生活复杂性的长期转变。

民粹主义和进步主义在美国兴起的另一个情况在现代世界中是独一无二的。在这里，国家的工业化和城市化伴随着人口相对同质性的崩溃。直到大约1880年，美国民主不仅是乡村的，而且基本是扬基（Yankee）[①]的和新教的，发展起来的移民聚居区太小且分散，对公民生活模式产生不了重大的全国性影响。然而，工业的崛起带来了当时人所说的"移民入侵"，这是一场持续40年的欧洲人，主要是农民的大规模迁移，他们的宗教、传统、语言和庞大数量使得同化变得不可能。民粹主义和进步主义在很大程度上受到了本土民众对这一移民潮反应的影响。

在移民需求和本土人的情感冲突中，出现了两种截然不同的政治伦理体系，我将扼要介绍它们的性质和相互作用。一种体系建立在本土的扬基-新教政治传统和中产阶级生活之上，假设并要求公民持续、

---

① 最初指在美国东北部定居的殖民者。在美国内战期间，其含义扩大，南方军人把北方各州士兵称作"北方佬"。第一次世界大战期间"Yankee"简化成"Yank"，对于欧洲人而言，"扬基"就成了美国兵或美国人的代称。——译者注

无私地参与公共事务，认为政治生活应该更多地根据超脱个人需求的普遍原则和抽象法律来运行，并表达了一种共同的感受，即政府应该尽力使个人生活道德化，而经济生活应该与激励和发展个人性格紧密相关。另一种体系建立在移民的欧洲背景之上，基于他们对独立政治行动的不熟悉，对等级制度和权威的熟悉，以及他们迁移中常常产生的迫切需求，认为个人的政治生活源于家庭需求，主要从个人义务的角度解释政治和公民关系，并将强烈的个人忠诚置于对抽象法律或道德规范的忠诚之上。两者的冲突在许多方面影响了进步时代的斗争，一方是由新教社会改革的高尚道德领袖所阐述的，另一方则是由公众人物、政治活动家和移民群体所阐述的。由于它们不仅源于对政治的不同看法，而且源于对道德甚至宗教的不同看法，因此当时的社会冲突经常围绕看似无足轻重的议题展开，却能引发双方的强烈敌意和彻底误解，也就不足为奇了。

在乡村扬基世界中形成的政治价值和政府观念，深受企业家精神和个人成功理想的影响。政治派系中的左翼，即支持民众和改革的一方，相对没必要也没义务去反抗封建传统或根深蒂固的贵族体制。它既没有资产阶级革命的传统（美国独立本身是一场法律主义和社会保守主义事件），也没有19世纪晚期欧洲列强所熟悉的无产阶级和社会民主。美国政治反抗的传统更多基于反对经济和政治领域的垄断与特权，反对阶级差异和信贷限制，反对个人向上流动的渠道受限。由于总是可以假设有一定社会平等和公平的最低生活保障，抗议的目标往往不是社会民主或社会平等，而是更多的机会。在19、20世纪之交，大多数人，包括改革者在感情上更接近那个正在逝去的世界：个人企业，主要是小型或中型企业，以及去中心化、组织程度不高的生活。在进步时代，商业生活，甚至在某种程度上政府生活，正从个人主义形式转向工业化纪律，官僚管理制度也应运而生。

改革者对此的抗议常常表现为要求维持正在消失的机会，而不是推进现有的组织化倾向。大多数来自扬基-新教环境的美国人，无论是改革者还是保守派，都希望经济成功继续与个人品质相关，希望经济系统不仅仅是生产足够商品和服务的系统，而且是一个有效的激励和奖励系统。然而，大公司、粗鄙的富豪和精明利己的政客们似乎都与之背道而驰。看起来大企业的成功与个人品格和企业精神不相干或者负相干，富豪的行为与公民责任和个人克制成反比。竞争正在消失。整个社会都感受到了威胁——不是因为经济崩溃，而是因为道德和社会堕落以及民主制度的衰落。然而，这并不是说那个时代的人陷入了绝望；因为他们相信，就像罪人可以被净化和拯救一样，如果公民意识到自己的责任，国家就可以得到救赎。这种充满希望的情绪，是进步主义运动的基调，一直持续到第一次世界大战。

改革的下一阶段——新政——本身就是那个让进步主义者深感不安的高度组织化世界的产物。管理、官僚、无处不在的大型化趋势已经发展到了如此地步，以至于改革本身的努力也必须与之保持一致。此外，随着新政的推进，改革者不得不越来越多地与一个巨大、有组织的工人阶级分享领导权，后者能够提出重要要求并发挥巨大的政治力量。城市移民、政治老板、劳工领袖、知识分子和行政人员的政治与道德准则，现在与旧的经济道德观念发生了冲突。一些社会阶层和群体在进步时代冲锋陷阵，却在新政中感到无所适从，特别是在 1929 年大萧条后，他们越来越反感周围的创新。新政以其务实精神和对结果的不懈强调，使他们似乎比以往任何时候都更远离那种将经济生活与个人品质、与独特的创业自由和机会挂钩的社会。

民粹主义者和进步主义者试图保留一些农业生活的价值，拯救个人创业精神和个人机会，以及他们所创造的性格品质，并维护同质的扬基文明。对此，我发现了很多陈旧和误导性的东西，其中一些是恶劣的，还有很多是滑稽的。这样说并不意味着这些价值观没有价值或是不良的。与自然和土地紧密相连的生活理想，对乡村和村庄生活网络的尊重，独立和自给自足的人的形象，甚至保持一个相对单一种族的国家（尽管它激发了所有势利和仇恨）的愿景——这些都不是微不足道或可鄙的理念。对于那些最深切地感受到它们的人来说，它们的衰落让人哀伤；即使那些只能通过想象来分享它们的人，也应该以尊重的态度对待。因此，我对旧式农业和创业抱负的评论，根本目的并非为了贬低它们，而是为了提出一些防范它们被政治滥用的措施——这种滥用曾经发生过且至今仍然存在——也许间接提供了如何拯救其中仍有意义的那部分的方法。

二　差异与相似性

我意识到，过去我一直在批判民粹主义－进步主义传统。如果我在十五年前开始这项研究，可能会对此更感兴趣。虽然我使用了"批判"一词，但不带任何负面情绪，因为我的批判主要是出于内部评价的角度。进步主义改革的传统不仅激发了我的研究兴趣，也构成了我政治观念的基石，实际上，这同样是大多数美国知识分子共同依托的思想传统。在历史的大部分时间里，美国政治上一直较为保守，但其主流的思想传统却始终倾向于"自由"，正如我们所认识的那样，这是一种受到欢迎的、民主进步的理念。或许因此，作为一个保守主义国家，我们却未能形成一种既真诚保守又灵活的国家传统。正如美国著名的社会文化批评家莱昂内尔·特里林（Lionel Trilling）在《自由的想象》（*The Liberal Imagination*）一书中指出的那样，除了极少数例外，美国的保守派往往不乐意思考与表达自我，而是倾向于直接开干，仅仅是表现出一种"迫切寻求个人观点的态度"。虽然我们通常对那些带有自由主义改革精神的政治人物赞誉有加，但保守的政治家也常广受推崇，他们往往能够长期安稳任职，享受民众拥戴的尊荣。实际上，有真才实学的保守政治家，如西奥多·罗斯福，既能赢得大型利益集团的尊重和经济支持，又能在公共事务中扮演保守者的角色；同时，通过借用进步主义的语言，他能在社会上施展巨大影响力，获得改革派的交口称赞。然而，以往的保守派知识分子及那些试图为自己行为提供理性支撑的保守政治家，在很大程度上已经偏离了与公众沟通的主流路径。这在一定程度上阻碍了美国社会中保守派与自由主义者之间的相互批评，导致双方对各自的观点洋洋自得。由于缺乏保守派的犀利批评，自由主义者出于知识分子心智锻炼的本能，走向了自我批判，但这远远不如对手的有力反对意见有价值。

如今，我们所处的时代正经历着自 19 世纪 90 年代以来的首次变革。有迹象表明，有些自由主义者发现，探寻保守主义的优点，并用保守主义的语言表达观点，是自然且有益的。他们开始更关注那些他们希望保留的品质，而非他们意图改变的方面。例如，1952 年总统竞选期间，阿德莱·史蒂文森（Adlai Stevenson）所代表的谨慎且冷静的绅士群体在美国知识分子中激起巨大热情，就证明了这种保守主义倾向。史蒂文森本人甚至宣称，自由主义者已成为我们这个时代真正的保守派。此言不虚，这并不是因为自由主义者在意识形态上倾向于保守主义（实际上他们的情绪和忠诚偏向其他方向），而是因为他们认为，面对当前两极分化的严峻现实，坚守我们已经获得和学到的东西，能获得更大的利益，而非推翻过去二十年的社会成就，放弃美国优良传统，沉迷于代价高昂的假象，去否认我们不应该且实际上无法否认的东西。

我对民粹主义－进步主义传统的批评批判，在某种程度上是对其保守主义色彩的回应。我并不想将这些批评与当前流行的"新保守主义"联系起来讨论，虽然这个标签看起来颇为时髦。在我看来，"新保守主义"的提法反映了美国社会依然无法坦诚地表达保守主义思想。我相信，保守主义中那些积极的品质都是源远流长的，美国历史上最杰出的保守主义者，如约翰·亚当斯（John Adams），如果还活着，肯定愿意向我们阐明这一点。而且，"新保守主义"这一概念在我看来更像是一种庸俗的商业策略，是对美国社会持续变革需求的一种妥协，从根本上说背离了保守主义。美国民众有一种普遍的倾向，喜欢给一切加上"新"和"大"的标签。但保守主义最有价值的地方在于其对过去的深刻理解，对理念、管理、方法及其微妙差异的敏锐感知，这些通常被视为"小"而微不足道的方面。新保守主义在我看来，只是被逆境和时间磨砺过，经日益增强的现实感所调节的旧自由主义。因此，我在书中批评民粹主义－进步主义传统，旨在揭示其局限性，帮助它摆脱情绪化和自满的态度，简言之，即其对手回避，因而只能由其拥护者来完成的任务。

为表公平，我得说明甚至强调这一点：吸引我关注的自由主义传统的缺陷，同样也是美国政治文化的普遍缺陷，而且它们通常也为美国保守派所共有。最显著和持久的缺陷是一种道德狂热，这种狂热如果不能被冷漠和常识所中和，将是致命的。埃里克·戈德曼（Eric Goldman）在其著作《与命运交会》（*Rendezvous with Destiny*）中，批评了进步主义知识分子所宣扬的道德相对主义，这种相对主义认为所有道德判断都是特定地点和历史情境的产物，最终削弱了对道德判断重要性的信心。他引用艾伦·史密斯（Allen Smith）的话说："我们这些改革者真正的问题在于，我们将改革视为对道德标准的攻击。我们将这些道德标准毁之一空，只剩一片狼藉。"在我看来，这种尖锐的抨击也适合于当代的自由主义者，特别是那些前些年被称为"极权派自由主义者"的人，他们声称自由主义无须遵守他们要求其他人遵守的公民准则，认为"历史上进步的"运动可以免受其他社会运动都必须接受的道德审判；他们严厉谴责法西斯的野蛮和专制，而对苏联的政治宽容以对。不过，此一可叹现象并非大多数现代美国改革运动的典型缺陷，当然也不代表 1890 年至 1917 年间民粹主义和进步主义思想的普遍特征。我对那个时期进步主义的批判与艾伦·史密斯的看法正好相反：进步主义者的问题不在于打破既有的道德标准，而在于设立了难以达到的道德标准。简言之，他们实际上是道德绝对主义的受害者。道德相对主义与道德绝对主义之间的界限有时候可能模糊不清，因为极端地践行任何一种都可能导致相同的实际结果，即政治生活中的惨烈无情。

美国的优势和劣势很大程度上源于一个事实：美国民众难以平静接受生活中的罪恶。我们始终不遗余力地抵抗罪恶，不断寻求改进、补救甚至提升，却常常忽视了人性固有的局限会给我们带来无法预料的挑战。这种不满足于现状的情绪和心态，在技术创新、生产力提升、满足个人需求和提供舒适生活方面颇有优势，使我们取得了超越其他国家的成就；但在处理人际关系、制度安排、道德和政治问题时，就暴露出其弊端来。在美国政治的所谓"草根"中，存在一种广泛的趋势——我得补充一句，大多数美国人并不习惯于屈服于这种趋势——相信正在发生一场重大但本质上非常简单的斗争，其核心存在着某种单一的阴谋力量，比如金本位主义者、天主教会、大企业、腐败政治家、酿酒业和酒吧。这些邪恶力量不仅需要被限制和遏制，更应被及早连根拔起。民众普遍认为，可以通过某些技术手段来实现这一点，尽管关于具体的技术手段莫衷一是。我们的政治和知识领袖往往认为，人民对这类事务的判断必然是正确的，因此他们的任务不是教育民众，遏制民众不切实际的需求，而是假装这些需求完全合理，并尝试找到满足这些需求的方法。

因此，民众周期性地陷入精神狂热：一劳永逸地摆脱金本位主义者的诱导，恢复绝对的大众民主或真正诚实的商业竞争，从日常生活中彻底消灭酒吧和酒精，摧毁政治机器并终结腐败，或者实现绝对、全面和最终的安全，防止战争、间谍活动和国际纠纷。追随这些绝对主义理念的并非总是同一拨人，但他们都沉醉于同样的绝对主义狂热氛围。他们所关心的邪恶往往确实以某种形式存在，通常确实可以有所作为，而且在历史上确实不乏成功者。美国改革传统的优点在于，它通常最早指出国家经济体系中真实存在的严重缺陷，并主动改进。它的局限性则在于，它经常在现实与可望不可即的理想之间徘徊。以我之见，这一点对于进步主义一代人尤其准确。这一代人想要实现直接的人民统治，打破政治机器，取消代议制政府，同时也强行颁布了禁酒令，并提出要在世界上实现民主和安全，这并非巧合。

很显然，这里我并非意指民粹主义或进步主义运动是愚蠢或破坏性的，而是说它们像生活中许多事物一样，具有模糊不清的特性。我毫不怀疑它们在美国主流政治经验中的深远影响和价值。美国一直存在一种斗争，反对只专注于经济生活的组织和资源的开发，忽视人力资本，对工人缺乏同情和关怀。从杰斐逊民主和杰克逊民主，经过民粹主义、进步主义和新政，美国政治自由主义传统的作用，首先是扩大能够从美国的惊人繁荣中受益的人数，然后是使其运作人性化，并帮助其受害者。

如果没有这种持续的反对、抗议和改革的传统，那么美国就会像它在某个时期和某地那样，沦为弱肉强食的丛林，更不必说发展成如今这样一个卓越的生产和分配系统。如果我们只追踪一个方面的历史，也就是税收，我们很容易看到，自由主义传统如何有力地促成了将社会成本转嫁给最有承受能力的群体。五六十年前，我们的社会制度尚未经历自责或温和改革。而今，以务实、追求利润的工业界和商业界为一方，异见者和改革者为另一方，双方无意间、间歇性和通常敌对的合作，使得社会制度在许多方面都被改变和调和。进步主义传统对这一成就贡献巨大，以至于现在可以对其进行批判，而不显得质疑其整体价值。

理想的改革计划是既可行又合理的，但期待历史像直线一样前进以实现这些计划，未免过于乐观。自由主义知识分子持有一套相对合理的政治信仰体系，当某些时刻大众的行为与他们的信念一致时，他们就会出于逻辑和原则，认为这些群体也与他们共享其他理念。此外，知识分子受着孤独感的困扰，他们通常寻求与大众达成共识，以克服这种孤独感，并且容易对民众共情。因此，他们周期性地夸大流行的改革运动与政治自由主义之间的共通点。他们按照自己的心愿重塑了民众反抗的形象。他们忽视的不仅是平民运动中的反自由主义元素，还有历史发展本身的复杂性。理论上，我们可能认为自己能够在大多数情况下轻易区分，哪些改革措施能够挽救时弊，哪些只会适得其反。

实际上却并非如此,很难判断一个运动何时超越了重要且必要的改革范围,变成一种广泛的仇恨的宣泄,这种仇恨不但针对社会的罪恶和滥用,还针对整个社会本身,包括其中一些更自由和人道主义的价值观。阅读莱茵哈德·卢辛(Reinhard Luthin)对20世纪美国政治煽动的研究,或阿尔伯特·科万(Albert Kirwan)有关密西西比政治的论著《红脖子的反抗》(*Revolt of the Rednecks*),我们很难不留意到非自由主义和改革的共存,以及它在我们历史中的连续性。

我相信,这些观点适用于20世纪美国社会的改革运动。例如,我们常将民粹主义和进步主义看作新政的先驱。实际上,正如我在本书最后一章提到的,进步时代与新政时期的精神大相径庭。虽然我不愿意否定或低估两者之间的真正相似性和连续性,但我的兴趣在于民粹主义和进步主义,尤其是民粹主义的某一面,它似乎强烈地预示了我们时代某些奇特的伪保守主义特质。民粹主义-进步主义传统的大部分内容已经变得陈腐,变得非自由主义和怪异。由于本书焦点在1917年以前的时期,而这种陈腐的过程大部分发生在1917年甚至1930年以后,我并未尝试详细阐述这一改变。然而,我认为这很可能是自第一次世界大战以来美国政治运动史的一个重点。在叙述美国早期改革历史时,我努力揭示,这种从改革到反动的转变,并不需要将任何全新东西引入美国公众中,而只需要发展某些一直存在的发展趋势,特别是在中西部和南部。

美国生活中的一些倾向,如孤立主义及通常伴随的极端民族主义,对欧洲和欧洲人的仇恨,种族、宗教和排外主义的恐惧,对大企业、劳工联盟、知识分子、东部沿海及其文化的厌恶——所有这些均在反改革力量中出现,但有时也与改革奇怪地结合在一起。美国生活中一个有趣而鲜少被研究的领域是民众对改革需求的频繁出现,其中许多是为了纠正社会的根本弊病,结合了强烈的道德感和憎恶情绪。迄今尚未有人从民众层面研究政治史的这一特点,但它确实体现在我们国家领导人的政治技能上。例如,查尔斯·A.林德伯格(Charles

A. Lindberghs）和马丁·迪塞（Martin Dieses）家族中，父亲都是民粹主义或进步的孤立主义者，而儿子则成了极右翼的英雄。美国西部和中西部的参议员如伯顿·K. 惠勒（Burton K. Wheeler）、杰拉尔德·P. 奈（Gerald P. Nye）、林恩·弗雷泽（Lynn Frazier）和威廉·莱姆克（William Lemke）等，南方人如汤姆·沃森（Tom Watson）、皮奇福克·本·提尔曼（Pitchfork Ben Tillman）、科尔·布利斯（Cole Blease）、詹姆斯·K. 瓦尔达曼（James K. Vardaman）和休伊·朗（Huey Long）等，也如出一辙。这并不仅局限于现实政治，在文学中有杰克·伦敦（Jack London），在新闻业有威廉·伦道夫·赫斯特（William Randolph Hearst）等。

我们经常听到这样的说法：年轻的异见者随着年龄的增长变得保守，这在某种程度上是"自然而然"的。但我所关注的现象并非完全如此，它涉及的不仅仅是从一种政治立场向另一种立场转变，而是改革主义和反动的持续并存。当当事人随着时间推移变得进步时，个人性格并未发生真实变化。毫无疑问，要精准区分对社会的有益批评与对社会基本价值观的破坏，并非易事。有些人，甚至有些政治运动就在边界附近摇摆不定，甚至反复多次跨越。昨天驱动改革的冲动，今天可能被用来支持改革，但也可能被用来支持反动力量。

我充分意识到，过度强调当下困扰自由主义者的政治潮流与早期改革运动中的对应潮流之间的相似性和连续性是危险的。这种危险在于：过于关注当下，而丧失了对历史真实性的正确感知，将观点推向了其适用范围之外。民粹主义的古怪细节并非现代威权运动的明确先驱；进步主义运动也非当代空洞幻觉的预兆，尽管它有时试图推动的大众民主概念存在缺陷。回顾 1890 年至 1917 年时期，我们必须谨记，那个时代拥有一种一去不返的天真和放松，而极权主义的兴起将其彻底摧毁。批评家杜利（Dooley）在进步主义运动鼎盛时期敏锐地觉察到了这一特征，说："你们听到的动静并非革命的第一枪，而只是美国人在砰砰拍打地毯。"

然而，传统的形象很难捕捉美国历史的复杂性，我们需要比现在更多地了解我们的政治传统，才能完成对早期革命者的准确画像。本书并非试图做出最终判断，而是抛砖引玉，希望能激发更深入探索美国改革运动。

The Age of Reform

第一章

农耕神话
与商业现实

Chapter 1

第一节　自耕农与神话

美国起源于农村，并已转向城市。自一开始，它的政治观念和思想意识便深受乡村文化的塑造。早期的美国政治家和乡村编辑，如果想要与公众对话，就必须选用能触动农民心弦的语言。即便是城镇居民的代言人，也深知他的很大一部分听众是在农场长大。然而，那些滔滔不绝谈论农民及农业议题的人——牧师、诗人、哲学家、作家及政治家——所赞美的美国农业，并不完全符合典型农民的喜好。因为这些能言善辩之人往往被美国农耕生活中那些无关商业、金钱，自给自足的方面所吸引，把它视为一种理想。像托马斯·杰斐逊和赫克托·圣·让·德·克里夫库尔（Hector St. Jean de Crèvecoeur）这样的人士，欣赏的是农民的诚实、勤劳、独立自主、质朴的平等精神，以及生产和享受简朴富足生活的能力，而非他们利用机会和赚钱的能力。但实际上，大多数农民的初衷就是赚钱，他们之所以自给自足，通常是由于交通不便、市场缺乏或为了扩大经营而积累资金。尽管早期美国是一个农业社会，但它迅速变得商业化，其在农村的扩散速度与在其他地区相仿。然而，社会的商业化程度越高，人们就越有理由坚守想象中的非商业化的农业价值观。农耕作为一种自给自足的生活方式逐渐被取代，但人们却越来越从中挖掘出原本的价值。农民的后代迅速地涌向城镇，而整个文化对于昔日乡村生活的怀念日益增强。美国精神建立在对乡村生活的情感依恋，以及关于农民和乡村生活的一系列观念上,我将之称作"农耕神话"[1],这一神话代表了美国人对他们想象中的美国纯真起源的敬仰。

正如任何思想体系一样,难以用一句话来完整概括"农耕神话",但其组成部分构成了一个清晰的模式。它的主角是自耕农,他不仅被视作理想之人,更被奉为理想的公民。在对农民固有的美德和农耕生活的独特价值大加赞颂的同时,人们还认为,农民作为一种特殊的生产力和对社会具备独特意义的群体,理应获得特定的权利,得到政府的特别关照与保护。一个与其家人共同耕作的小农场主,代表了简朴、诚实、独立、健康与幸福的个体典范,其生活深植于与大自然亲密无间的和谐之中,展现了一种堕落都市所无法企及的健全生活方式。这种幸福感不仅体现在身体上,也深植于道德层面;它不仅属于个体,更是公民美德的核心;它超越了世俗,达到了一种宗教性的虔诚,因为是上帝创造了大地,并召唤人们去耕耘。自耕农因其快乐、诚实的本性以及拥有自己的土地而长期被视为社会中最可靠的公民。杰斐逊曾大声疾呼:"小土地所有者是我们国家最宝贵的资产。"[2]

农耕神话最初并非一个大众观念,而是一个文学理念,是上层阶级的精神追求,流行于那些接受过古典教育、热衷于田园诗、尝试畜牧实验、拥有种植园或乡村庄园的社会精英。到了 18 世纪后半期,这一神话在美国得到了明确阐释,并逐渐被广泛接受。由于它是在欧洲和美洲形成,其传播者大量借鉴了古典作家的修辞和权威——赫西奥德(Hesiod)、色诺芬(Xenophon)、卡托(Cato)、西塞罗、维吉尔、贺拉斯等,这些人的作品构成上层古典教育的基础。那些有学识的乡绅,面对与工业界的冲突,高度赞赏古典文学中对农业的讴歌所带来的道德力量。在法国,重农主义者宣扬农业是唯一真正的财富源泉。在英国,对育种和农业革新深感兴趣的乡村企业家在对耕作的赞美中找到了共鸣。他们阅读詹姆斯·汤姆森(James Thomson)的《四季》(*Seasons*),或是德莱顿(Dryden)翻译的贺拉斯的作品,在其中寻找志趣相投的认同。

他虽卑微，而心欢喜，
在贫穷中，寻富足之意；
宁静乡野，何人能尽享，
解去忧愁，避世纷扰。
罪恶种子，未曾撒落，
美好年华，仍得安宁。
牵牛耕耘，故土依旧。

塞缪尔·约翰逊（Samuel Johnson）在 1751 年曾言："事实上，几乎没有哪位作家不曾赞美过乡村生活的幸福。"[3]

当农耕方式被工业化或商业化农业替代，特别是在英格兰乡村生活因圈地运动而荡然无存时，这种情怀带有更深的忧愁色彩。奥利弗·戈德史密斯（Oliver Goldsmith）的经典意象"荒凉村庄"，在一百多年后成为美国民粹主义作家及演说家的至爱。农耕神话主要是通过英国的经历，以及古典作家的作品传入美国的。在美国，像许多其他外来文化一样，农耕神话在新环境中呈现出独特的新面貌。杰斐逊、克里夫库尔、托马斯·潘恩、菲利普·弗莱诺（Philip Freneau）、休-亨利·布莱肯里奇（Hugh-Henry Brackenridge）、乔治·洛根（George Logan），以及一直到 19 世纪的许多人共同弘扬了这一神话。[4] 它如此吸引人，以至于即便是坚定的农业利益反对者如亚历山大·汉密尔顿，也在其《制造业报告》中不得不承认："作为国家财富的最基本、最确定来源，耕种……本质上比任何其他工业都更重要。"[5] 城市化倡导者本杰明·富兰克林也赞同，农业是国家获取财富的"唯一诚实的方式，在这个过程中，人们播种并收获，见证了一种持续的奇迹，这是上帝的恩典，是对他们纯洁生活和勤奋工作的奖赏"。[6]

在 18 世纪，知识分子对农耕神话的痴迷遍及每个角落：从农业改良的小册子、经济学著作、田园诗歌到政治哲学论文，处处可见其踪迹。这一神话同时吸引了崇尚野蛮人和推崇理性主义的人群。一部分人通过农耕神话直观地表达对生命和自然的感悟，另一些人则把它与农业主义、自然权利①的哲学理念相结合。在当时，将自然权利哲学应用于土地占有的做法非常流行。自洛克以来，人们广为认可：土地是社会的共同财富，每个人都有权利享有——杰斐逊将之称为"人类劳作于大地的基本权利"。由于占有和使用土地是衡量真正所有权的标准，农耕者在耕作时投入的劳动便赋予了他们对土地的所有权。鉴于政府成立的宗旨是保护财产，土地所有者的财产便理应享有国家的扶持与保护。[7]

正如开篇所言，农耕神话最初只是在知识分子中产生的概念，到了19世纪初已成为一种大众信条，[8]成为国家政治观念和意识形态的一部分。这种变化的根源最早或许出现在独立革命时期，在许多美国民众看来，这是一群农民战胜了一个庞大帝国，这也似乎能证实自耕农在道德伦理和公民身份方面的优越性，让农民成为新国家的象征，并将农耕神话融入爱国情怀和共和理想中。更重要的是，这种农耕神话在宪法下的第一次两党斗争中发挥了巨大作用，杰斐逊主义者在攻击联邦党人时一次又一次地诉诸自耕农的道德制高点。家庭农场和美国式民主在杰斐逊主义思想中紧密相连，[9]而杰克逊时代的民粹主义倡导者也如法炮制。到了1840年，即便是当时相对保守的辉格党，也接受了这种面向普通人的叙事，并在很大程度上利用虚构的"总统候选人生活在小木屋中"的故事，将威廉·哈里森推上总统宝座。

杰斐逊主义者将农耕神话奉为新大陆发展策略的基石[10]，认为广袤无垠的内陆将确保农民的主导地位，从而促进杰斐逊主义的广泛实践和国家的顺畅运作，这代表了一个充满无限可能的未来。杰斐逊在其就职演说中便宣称美国是"上帝眷顾之地，这里拥有广阔的土地，足以供我们的子孙世代生活"。开发阿勒格尼（Allegheny）山脉以西地

---

① 西方政治与法律学概念，指自然界生物普遍固有的权利，非由法律或信仰赋予。——译者注

区，保护其免遭奴隶制的侵害，以及 1862 年从法国手中购买路易斯安那，都是这一战略的重要步骤，旨在创建一个由众多小农场构成的封闭式帝国。很久以后的《宅地法》①，尽管一度受到南方的阻挠（该地区是唯一激烈反对自由占有土地的地区），但其目标是持续推动小农场主在西部定居。《宅地法》并未能"以法律的形式确立一个土地处置自由的帝国"[11]，正如我们所见，这成为民粹主义者不满的根本原因之一，也是农耕神话在商业现实面前败下阵来的明证。

然而，农耕神话之所以产生巨大影响，关键在于 19 世纪上半叶美国社会主要由受教育且享有政治权利的农民组成。通过对众多农民进行看似无害的逢迎，这个神话为乡村政客提供了公开演讲的常用表述。尽管农民可能对关于非商业生活方式的优点不以为然，但他们无疑乐于听说自己的生活方式在美德上超越许多看似更优越群体的生活方式，也更符合上帝的神圣要求。他们自得于外界对他们独有美德的认可和学习，以及他们对社会道德观的独特贡献。此外，那些赞美农村生活的作家和政客们[12]，并非总是虚情假意。他们中的许多人同样出生于边远的小村庄或农场，他们的言语不但能打动许多城市居民，也唤起了他们自己对童年的深情怀念。[13] 这种情感可能在一定程度上，有助于缓解他们对遗弃乡村父母和童年回忆的愧疚感。在早期，他们还知道，这种根植于自给自足和自力更生的农耕神话，既是对现实的描绘，也是对理想的宣称，他们对此感到满意。

然而，随着农耕神话变得愈加虚幻，广大民众反而愈加坚信其真实性。起初，宣称神话的人是发自真心，但此后却日益变得虚假。有一幅自杰克逊时代遗留下来的版画，画着宾夕法尼亚州州长约瑟夫·里特纳（Joseph Ritner）站在犁尾处，身着粗布裤与丝绸背心，一顶精致的黑色海狸皮帽慎重地置于旁边的草地上。显而易见，此图意

---

① 1862 年美国内战期间，林肯总统颁布的法令，允许公民以极低代价获得西部土地所有权。——译者注

在彰显其农耕出身,然而身居高位的他,显然非耕作之人。一个世纪后,卡尔文·柯立芝总统拍了一组在佛蒙特州晒干草的照片,他身着白衬衣,敞领,着新工装裤及亮黑皮鞋,坐于草垛旁,其背后的特工皮尔斯·阿罗(Pierce Arrow)靠着汽车,显然等待这位伪农民完成拍摄,以便迅速离开。[14] 与前一幅画相比,这组照片更为矫揉造作,也更加不真实。这些例证无疑揭示了农耕神话正变得日益空泛,与现实的距离也日益遥远。直至20世纪,美国精英仍旧对所谓的"农业原教旨主义"[15] 进行仪式化的崇拜。柯立芝对20世纪20年代农民面临的真正问题十分冷漠,却仍然表示:"历史经验反复证明,每当国家的核心利益转向制造业与贸易时,农业便会陷入沮丧和衰退。"[16] 同样,一位与农业的主要接触仅仅是拥有一个乡下庄园的城市金融家伯纳德·巴鲁克(Bernard Baruch)宣称:"农业是我们美国产业中最伟大的,从根本上来说也是最重要的。城市仅是国家生命之树的枝叶,而其根基却深扎于泥土之中。我们所有人的命运都与农民的兴衰息息相关。"[17]

整个19世纪,无数乡村青年做着柯立芝和巴鲁克后来效仿的事情:他们赞颂农耕的诗意,但并未将耕作视为毕生职业,反而在城镇中探求未来与职业生涯。田园诗的美丽辞藻无法留住农民后代于故土,也挡不住那些不甘寂寞的乡村人口的持续迁徙,其中既包括向更西部的农场迁移,也包括向东西边城市的迁移。特别是自1840年以后,大规模的从乡村到城市的迁徙浪潮开始,青年们离弃了父辈久守的生活方式,大量涌入城市。在那里,根据农业理论(即使不是实际情况),他们注定要被贫困与罪恶所吞噬。乡村期刊上的社论、故事与诗歌充斥着一种哀愁:"孩子们,守住你们的农田吧!"[18] 同时,还有各种对农民的建议,教他们如何培养子孙,使务农成为一种对其有吸引力的生活方式。最具代表性的例子包括[19]:

> 西部的繁华引人心动,
> 市集的喧嚣也诱人前行。

但财富非一朝一夕可得，
孩子们，不要急于前往！

银行家和经纪人很富有，
他们腰缠万贯或更多；
但，想想那些诡计与欺骗——
不要急于去那里。

真正的避风港，是你们的农场。
果园里果实累累，
你们自由如山间云霭，
在这片土地上，你们是至尊。

尽管收益来得很慢，
最好还是在农场多待些时光。
记得，这里才是安稳之地，
孩子们——不要急于去那里。

在诗篇中，土地被描绘成一位母亲，商品贸易是妓女，而放弃先祖的生活方式则是一种将遭天谴的背叛行为。1849年，《草原农民》（*Prairie Farmer*）杂志的一位撰稿人错误地赞扬城市的奢华、"高雅社会"与经济机遇，结果遭到口诛笔伐，被警告不要忽视：正是城市生活压迫、奴役并摧毁了无数青年，使他们在不知不觉中沦为失去尊严的投机者，乃至无所不用其极的骗子，贻害无穷。[20]这样的警告无疑是徒劳的。纽约农学家杰西·布尔（Jesse Buel）写道：

每年都有成千上万的年轻人，背井离乡，远离农耕生活，离弃祖辈本分的职业。他们如果不是为了赢得公平，至少也是因为父母给他们灌输了一种观点，即农业从来不是通往财富、荣誉或幸福之路。这种状况将会持续，直至我们的农民得到应有的社会地位。他们的职业重要性和数量使他们有资格获得这种地位，而他们的智慧和尊严也应被赋予相应的价值。[21]

社会地位！这才触及了事件的核心，因为农民开始敏锐地意识到，不仅仅世界上最佳的商品都汇聚在城市中，城市的中上层人士拥有的比他们多得多，而且他们自己也在丧失地位和尊重。他意识到，官方对农民的尊重，掩盖了许多城市人对农民的鄙夷之情。随着时间的流逝，农业期刊中对田园生活的赞美之词也失去了最初的愉悦与自得，而逐渐显现出一种"对真实或想象中的轻视采取防御态度"的尖锐。[22] 1835年，一位农业作家抱怨道："那些在我们的土地上成长的人，却将土地耕作者视为低人一等……他们的最大骄傲似乎仅仅在于讨论煮熟的土豆和一片薄培根。"城市似乎成了各类高利贷者、纨绔子弟、花花公子以及那些持欧洲贵族观念的人的汇聚地，他们无一例外地对农民持鄙夷态度，认为农民不过是粗俗的乡巴佬。有位作家用了一串华丽而晦涩的隐喻来描述"那些在农民头顶翩翩起舞的蝴蝶，身披精美的英国呢绒，享受着农民额头汗水浇灌出的硕果"[23]。

城市市场的发展不可避免地激化了这种对立。在殖民时期的新英格兰地区①，小镇与周边乡村保持着紧密联系，城乡界限分割开了不同的利益群体和职业，城乡之间的敌对情绪没有像在新开发地区那样剧烈。后者从未实施过城镇规划，独立农场比比皆是。随着移民向西扩展和城市市场的扩大，自给自足的农业社区逐渐减少。农民们越来越多地认同自己属于一个职业和经济群体，而非社区成员。在民粹主义时代，城市对许多农民来说是异域。他们为了维护农业作为财富主要

---

① 美国的东北部地区，包括六个州，分别为缅因州、佛蒙特州、新罕布什尔州、马萨诸塞州、罗得岛州、康涅狄格州。——译者注

来源的地位，忍受了诸多痛苦。1896 年布赖恩在他著名的《黄金十字架》演说①中讲道："大城市建立在我们的广阔肥沃的大草原上。烧毁你的城市，留下我们的农田，你的城市将如魔术般再次崛起；但倘若我们毁掉农场，那么每个城市的街道上都将野草丛生。"农耕神话滋养了这样一种信念，即城市对乡村而言，无异于寄生虫。布赖恩代表了一代又一代人，他们认为农民是得到上帝眷顾的特殊群体，在一个由农民组成的国家里，农民的声音便是民主与美德的回响。农耕神话激励着农民坚信，自己不是城市中蓬勃发展的商业与投机活动的一部分，也不应承担其风险；相反，他们是远方策划的阴谋的无辜的田园受害者。这种无辜受害者的形象贯穿了整个农业抗议，乃至整个民粹主义思想史。

当农民发现，外界的口头尊重与自己实际所处社会经济地位之间存在巨大落差时，他们既困惑又愤怒。改善农民经济状况或许是有可能的，虽然这往往做得太少也太晚；但农村价值观和虔诚信念的衰退是无法阻挡的，公众对早期农业主义道德论调的逐渐抛弃也是如此。正如我们将看到的，农民命运的悲剧性在于，正是他自己促成了这种衰退。如同几乎所有优秀个人一样，他从一开始就天真地寻求进步，因此加速了许多自己价值观的消逝。在其他国家，农民通常回望过去，是传统文化的守护者和社会稳定的维系者。而美国农民却只瞻望未来，美国土地的故事成为对未来的研究。在国家初创时期，克里夫库尔就曾赞美美国实际上没有封建的过去和工业化的现在，没有皇室、贵族、教会和君主的权力，也没有制造业阶级，他欣喜若狂地总结："我们是世界上现存的最完美的社会。"但讽刺的是，美国是世界上唯一一个从完美起步并渴望进步的国家，农民却承受了比其他人更多的苦难。

---

① 1896 年 7 月 8 日布赖恩在芝加哥民主党全国代表大会上发表演说，抨击金本位制。演说结尾是"你们不能把人类钉在黄金十字架上"，故此得名。——译者注

第二节 农民与现实

农耕神话在多大程度上是虚构的？当它在18世纪的美国形成时，其刻板印象确实符合美国农业生活的许多现实。几乎从早期开始，殖民地的农业就具备了商业元素，但也有神话中描绘的大量理想化的自耕农，他们独立自主、自给自足，并将工匠式的即兴创作和家庭手工业的强烈倾向传给子女。很长一段时间内，农业的商业潜力受到了严重制约。只有临近河流和城镇的农民才有足够的交通工具。少量工业人口提供了一个极为有限的国内市场，农民则自己生产了大部分食物。除南方外，由于缺乏雇用劳动力，绝大多数农场难以超出家庭经营范围。19世纪初，美国人口仍主要生活在阿巴拉契亚山脉边缘的丛林地带，还未开始那持续半个多世纪的跨越大草原的迁徙。因此自耕农的存在绝非虚构。

当然早期农耕神话的倡导者也意识到商业农民的存在，但真正吸引他们的还是这种独立的自耕农。他们欣赏农场主能够生产和消费自己农场的丰富产出，认为家庭式农场将始终是一个独立的存在单位，就像早期社会经常出现的那样。即便是杰斐逊——他从未被认为是谦卑的自耕农，欲望也绝非简单——也在惊人的程度上实现了自给自足的理想。正如许多种植园主一样，杰斐逊的奴隶中包括一群工匠。即使作为种植园主，他所需要的奢侈品必须从外界获取；但至少作为农民的杰斐逊和他的种植园里的所有"人民"[24]的必需品，都是在自己的土地上生产出来的。这也是理论家为自耕农设定的目标。几乎所有必需品都能在家里获取，因此购买的需求很少，每年仅需寥寥现金。这些人将不受市场的影响，就像不会受到别人的恩惠一样。自耕农也珍视这种自给自足及由此可能带来的储蓄，但他似乎更多是将其视为一种最终进入市场的方法，而非一种避免市场的手段。杰斐逊时代的农民曾说：

我的农场足以维持我及家人的美好生活。依靠它所产农作物，我年入至少可达 150 美元。而我每年的开销从未超过 10 美元，仅需购买盐与钉子等必需品。饮食衣物皆无须外购，农场足以供应我所需。余下之财，一部分用于放贷，剩余则投资于买牛。待牛肥时出售，便能换得更丰厚利润。[25]

这就是自给自足对典型家庭农民的意义："丰厚利润"。商业主义已经开始波及美国社会的世外桃源。

自殖民时代起，定居者中的自耕农已被一些诱人的农业商业模式所吸引：烟草、水稻、南方的靛蓝栽培、中部殖民地的谷物生产，以及各种牲畜和肉类出口等。美国社会竞争的精神异常激烈，相应的机会也多。农民深知，缺乏现金将使他们永远无法摆脱在简陋木屋艰苦开垦的生活。自给自足为他们提供了储蓄，这些储蓄用于购买更多土地、牲畜和更好的工具。他们修建了谷仓、存储设施和更舒适的住所，并进行了其他改进。一旦有机会，农民就会离开农场寻找增加现金收入的工作，最初是狩猎、捕鱼或伐木，后来转为铁路维护和修理。农民渴望获得更好手段来销售农产品换取现金的诉求，深刻影响了美国国内政治，包括修建收费公路和运河。早期外交政策也受到农民一次次呼吁的影响，开放水路以促进美国农产品销售。

从 1815 年到 1860 年间，美国农业经历了根本性的转变。除了特殊或孤立地区，独立自耕农在商业农业的浪潮中几乎彻底消失。本土工业的崛起为农业拓展了国内市场，同时，国际上的需求也在增长，首先是棉花，接着是食品。一个由收费公路、运河和铁路构成的网络，将种植园主、不断西进的农民与新兴市场紧密联结。而受到西部竞争刺激的东部农民则转而专注于附近城市市场。当农民迁往肥沃的中西部大草原，他们发现机械化农业成为可能。随即，他们在草原使用马拉收割机、铁犁和专用于小麦、玉米的播种机与脱粒机。经济作物的种植将自耕农变成了小型企业家，机械化的应用使得传统的耕作方法变得过时。农场主不可避免地沾染上了早期农业作家所称的"堕落习气"。当然他们仍然"独立",因为他们拥有自己的土地。他们是一群勤劳的人,保持着古老的传统。但他们不再种植或制造他们需要的东西,而是专注于经济作物,并开始在乡村商店购置更多日用品。为了最大化机械效益,他们尽可能占有更多土地,借入巨资,无法购买或借款时则租赁所需机械。到了19世纪50年代,伊利诺伊州的农民因负担不起机器和大型谷仓费用,雇佣流动的承包商带着机器来脱粒。从自给自足向商业农业的转变,在整个西部的时间各不相同,无法给出精确的日期,但大约1830年在俄亥俄州完成,随后20年内逐渐在印第安纳州、伊利诺伊州和密歇根州完成。在整个西北地区,世代与外界隔绝、自给自足的农民被承包商、银行、商店、中间商、马匹和机械所包围了。这一进程在1860年前尚未完成,但内战的爆发使其大大加速。正如《草原农民》在1868年所述:

> 农民曾被期望自产自销,自给自足,但这早成明日黄花。如同其他行业一般,农业应该进行分工,每个人种植最适合自己土壤、技巧、气候及市场的东西,并用收益购买其他欠缺之物。[26]

向商业化农业的转变不仅使得曾经赋予农耕神话光环的客观条件变得过时,而且用新的理想取代了原有的理想,即机会、事业发展和白手起家的可能性。这种力量在美国民众中激发了一种前所未有的创业热情,对商业、利润、机会和晋升的狂热追求,也促成了杰克逊式的平等主义思潮,为农业浪漫中的平等主题增添了吸引力。如果农民想要按照农耕神话所赞美的方式来生活,他们就必须坚持一种满足于传统生活方式的品格。但在周围狂热追求成功的氛围下,扬基农民被一种要求超越传统的个人活力所激励。正如大卫·里斯曼(David Riesman)所言,农民不是被传统束缚的群体,而是追随内在驱动力的群体。虽然农业主义神圣化了土地上的劳动和简朴的农耕生活,但农村生活中盛行的加尔文主义①暗示着，美德最终会带来物质成功和财富的回报。

  从我们熟悉的农耕颂歌的角度来看，最大的讽刺在于，广袤的土地原本被视为能够保证自耕农数个世纪的统治，却与其他因素一起，破坏了自耕农精神，代之以商业精神甚至赌徒精神。廉价土地引发了农民的粗放耕作。新开发地区的土地价值上涨，导致农民急于变现和频繁搬迁，使得小型企业家转变为土地投机者。早在18世纪末，关注美国农业的作家就注意到，农民因受到诱惑而购买了远超他们耕种能力的土地。乔治·华盛顿在写给阿瑟·扬（Arthur Young）的关于美国工业状况的信笺中，饱含歉疚地承认：

> 我们的农业工作者——若他们仍称得上是农民——不是追求从曾经廉价或者仍然廉价的土地上获得尽可能多的收益，而是要从昂贵的劳动力中获得尽可能多的收益。其结果是，很多土地被潦草耕作，但没有一块土地得到恰当的耕作或改良……[27]

  这种趋势随着人们在中西部大草原的迅速定居而加强。1818年，伊利诺伊州的英国移民莫里斯·伯克贝克（Morris Birkbeck）写信说道，商人、专业人士和农民都在将利润和积蓄投入未开垦的土地上。农民并未全力改良土地，而是把省下来的钱都用来购买更多的土地。据预测，一个新定居点的土地的投资回报率平均能达到15%。那么，谁会愿意为了15%的回报去忍受农耕的辛苦，除非是要满足基本需求？而且，即便投资土地的回报率真的达到了15%，谁会愿意向这些农民提供贷款呢？因此，社会上几乎每一个群体和个体都缺乏现金流。[28]

  土地价格的持续上涨及其惊人的增长速度，在农民中培养了一种经济繁荣的幻觉，导致他们更多地依靠土地增值过程而非农作物销售

---

① 指新教加尔文派的神学学说，由加尔文创立。——译者注

来获利。只有意志极度坚强的农民才能够抵御这种诱惑，拒绝不断购买可能在10年内轻松翻上三四倍，接下来的10年内再翻一番的土地。[29] 如果人们可以将储蓄或贷款用于购买新土地，那么努力改良原有土地就显得极其保守。美国发展起来的农业社会，其真正的根基不是土地本身，而是土地价值。托克维尔①在19世纪30年代指出了美国农业的普遍特征。

> 几乎所有的美国农民都习惯将某些贸易与农业结合起来，大多数人甚至将农业本身变成了一种贸易。一个美国农民很少会永久地定居在他所占据的土地上。特别是在遥远的西部地区，农民开垦土地是为了再次出售，而不是为了耕种。他之所以建造农舍，是基于投机，即随着国家人口的增长，国家状况将很快发生变化，那些盖好的农舍可以卖出个好价钱。……这样一来，美国农民将他们的商业品质带入了农业，他们的交易热情在农业中得到了展现，就像在生活中的其他追求一样。[30]

投机取巧的倾向和新土地的诱惑，激发了美国农民前所未有的迁移热潮，这并不像通常所认为的观点那样，仅见于失意者，也包括诸多成功者。对于经营不善的农户来说，新土地有时可能起到了安全阀的作用；但对于那些靠投机获利或者刚开始农业生涯的人而言，它成了一种风险游戏——一个利用美国巨大土地泡沫的机会。美国农业从未以精耕细作而闻名，农民的高流动性更使其雪上加霜。在一个土壤多种多样的国家，农民很少有机会了解自己土地的质量，缺乏系统的施肥与补充肥力计划。[31] 他们放弃多样化种植，只种植单一作物以便于换取金钱。他们对土地或地方少有依恋；相反，发展起来的是铁路、

---

① 托克维尔（1805—1859），法国历史学家、政治家，著有《论美国的民主》《旧制度与大革命》等。——译者注

土地公司和农民共同打造的虚假"农业繁荣"。基于祖辈情感的村庄联系和社区精神，被一种建立在希望地价快速上涨的职业乐观主义所取代。[32]

因此，在非常真实和深远的意义上，除了某些特定地区（主要在东部），美国未能孕育出一种独特的乡村文化。[33]如果说乡村文化代表着对土地的深情依恋和工匠般的奉献精神，一种前资本主义社会的传统观念，一种传统导向而非职业导向的性格类型，以及一个致力于传统生活方式并习惯于集体行动的村庄社区，那么中西部大平原地区从未有过这样的文化。这些地区的农业生活，与欧洲农业中的广泛做法，或者说，与农耕神话的刻板印象的不同之处，并不仅仅在于它为市场生产，而在于它如此充满投机，如此复杂多变，如此套路化，如此"进步"，如此彻底地渗透了商业精神。

在移民群体中，那些真正具有纯正农业价值观的自耕农，常常对美国的农业伦理感到困惑不解。[34]马库斯·汉森（Marcus Hansen）曾指出：

> 以一位德裔美国父亲的梦想为例，他希望儿子成年后能在农场周围建立新的农场，女儿也嫁给附近的农场主。拥有一个由儿子、女婿和侄子组成的镇子并非遥不可及的愿望。为此，这位未来的家长全心全意投入农业中。他一个接一个地购买邻近农场，而这些农场原来的主人则纷纷向更远的西部迁移。昔日森林密布的土地和未被开垦的沼泽地，在他们坚持不懈的勤奋劳动下变成可耕种的田地。一句俚语说："德国人来了，扬基佬走了。"当瑞典人、波希米亚人和其他移民群体到来时，也会发生类似的情形。但美国父亲不会为后代做出这样的努力。白手起家是他的梦想。他作为第一个殖民者来到这里，用自己的斧头建立了一个农场，他也期望自己的孩子们延续这个传统。其中或许有一个孩子被留在家里，作为年迈父母的帮手；其他人则必须离家，跨越山脉、

森林和河流，踏上父辈曾经的奋斗之路。家庭就是这样促成了人口迁移。[35]

随着外来移民的不断到来，他们愿意在已经轻微整治和改良的土地上安家落户，这极大地加快了扬基人穿越大陆的步伐。[36]

美国农业与欧洲农业的不同之处还在于它所维护的乡村生活与政治文化。在欧洲，农业主要由小农或拥有强大政治和军事背景的保守派大地主经营。而美国的农民，既非贵族般富有，亦非贫苦如小农；他们带有新教徒和资本家的特征，持有小资产阶级而非传统的政治理念，与欧洲农村阶级的社会观念格格不入。在欧洲，土地稀缺、价格高昂，劳动力充足且廉价；而在美国，则是地广人稀。欧洲的小农家庭世代同耕一地，必须精耕细作以养活日益增长的人口，而这种连妇孺皆需投入的持续辛劳，是美国农民除非在开拓的压力下方才勉强实行的，用来照管土地，保持土壤肥力。机械化在劳动力充裕的欧洲不如美国迫切，导致对流动资金的需求相对较低。多样化、自给自足和接受较低生活标准，也有助于抑制对机械的需求。这种农业模式需要大量的管理技能，但这是指工匠和传统耕作的技能。村庄提供了合作、共有的知识和传统、共同行动的基础，以减少风险。

在美国，土地丰富而劳动力稀缺，这导致了粗放式农业的发展，这种方式对土地的浪费严重，并且提高了对机器的需求，以耕种大片土地。农民对昂贵机械的需求，对更高生活标准的期望，以及为了获得大片耕地而负债，导致了他们对现金的迫切需求。因此，农民越来越多地利用手中最大的单一资产——土地，来获得非劳动性增值。在这种情况下取得成功，既需要传统农耕时代的管理技巧，也需要现代商业精神。在美国农业中，孤立农庄占据了主导地位。经常的迁移和缺乏乡村生活让农民及其家庭失去了在当地社区的优势，降低了交流与合作的机会，助长了多疑并带有自毁性的个人主义。这种个人主义长期以来被认为是美国农民的特点，而像格兰其这样的农民组织试图与之斗争。[37]美国农村社会的典型产物不是自耕农或小农，而是疲惫不堪的乡村小商人。他们辛勤耕作，却不得不时常迁徙，拿土地做赌注，孤独前行。

第三节　边疆还是市场

美国农场主在世界农业世界中独一无二，因为他运营的是一个机械化、商业化的农业单位，其规模远超全球其他地区常见的小型私营农场。而且他是以家庭企业的形式运营，家庭不仅能提供所需的资金和管理技能，还能贡献大多数必要的劳动力。然而，这一系统虽然适合自给自足的家庭农场或自耕农的小规模农场，但几乎不适应商业化农业的要求。[38]作为商人，农场主恰当地展现出务实，对个人利益采取冷静审慎的态度；而作为一家之主，农场主感到他不仅投入了自己的资本，还投入了自己、妻子和孩子的辛勤劳作。对他而言，冒险赌上农场，无异于冒险赌上自己的家庭。简言之，他是一个在非个人力量主导的世界中经营个人企业的人。正是从这个角度，透过农耕神话的微光，19世纪90年代的政治领袖们发展了他们的口号和一些政治行动的概念。农场主采取了商业界的常规策略：联合、合作、政治施压、游说以及针对特定目的的行动。但关于农业的悲怆论调则指向了另一方向：广泛的政治目标、群众政治意识形态、第三党、对金融势力的挑战，以及农村和城市劳工的联合行动。当经济持续不振时，农场主常常拒绝接受他在商业活动中的角色及其失败，退回到受伤害的小自耕农的形象，这使他觉得，自己和其他受剥削者的处境相差无几。正如一位南方记者对棉花种植园主的描写："土地所有者贫穷又劳累到了极点，以至于忘记了自己也是资本家……他的双手如此疲惫，精神如此恍惚，以至于感到自己与雇工处在同样的困境之中。"[39]

美国的农场主具有双重性格，理解美国农业运动的一种方式就是观察在特定时期内，其中哪一种性格更加显著。依我看来，无论是民粹主义者的言辞，还是现代自由主义者对农民运动的宽容看法，都根植于农场主"软"的一面，即土地激进主义、土地理论。而自民粹主义衰落以来，大多数农业组织主要建立在"硬"的一面，即农业技术改良、商业行动和压力政治。民粹主义本身也有"硬"的一面，尤其是早期的农场主联盟（the farmers' Alliance）和民粹党。然而，随着19世纪90年代经济萧条的加深，人们转而支持作为救世良方的白银运动[①]，这一面变得日益模糊。

我们对民粹主义历史意义的看法，主要是通过研究西部开拓及定居过程而形成的。这种方法使人们关注美国农业发展的一些重要领域，但也使人们的注意力从其他方面偏离。对于像弗雷德里克·杰克逊·特纳（Frederick Jackson Turner）[②]这样的作家而言，大平原上的农民之所以重要，首要原因在于他们是边疆传统的承载者。特纳认为，边疆或西部是"美国对人类精神历史做出的独特和有价值贡献"的主要来源。[40] 因此，他对民粹主义者的主要兴趣在于其是"边疆开拓时期的幸存者，努力改变环境以适应自己的传统理想"[41]。尽管特纳有时会批评农民身上的资本主义和投机倾向，但他认为这与农民作为自耕农传统和"土生土长的美国先驱者理想"的承载者相比较[42]，不值一提。特纳认为，民粹主义思想与开拓传统之间的根本区别在于，民粹主义者越来越认识到，需要政府来帮助他们实现传统理想。他对这种

[①] 美国早期实行金银复本位制，即任何人可携金银到铸币厂铸成金币或银币。1873年《铸币条例》只字未提铸造标准银币，实际上是停止铸造银币。1874年美国西部发现丰富的银矿，白银供应量骤增，银价急剧下跌。为寻找市场，银矿主发起白银运动，要求政府购买白银铸成银币，且公民可继续把白银送到铸币厂铸成银币，即自由铸造银币。他们还指责1873年法案放弃铸造银币是英国人的阴谋，称其为"1873年罪恶"。——编者注

[②] 弗雷德里克·杰克逊·特纳（1861—1932），美国历史学家，边疆学派创始人，提出了著名的边疆理论，强调西部边疆对于美国历史的重要性。——编者注

哲学上的转变——实际上，对整个 19 世纪 90 年代农业革命——的解释，基于边疆理论和"无主空余土地的耗尽"的观点。他在 1896 年写道：

> 在一个地区经营失败的人，再也无法通过去边疆开垦土地来重整旗鼓，社会稳定的支柱突然间崩溃，边疆机遇已然烟消云散。这引发了公众的普遍不满，要求政府采取行动……这个由形形色色人群构成的民族，原本就拥有多种多样且互相冲突的理想和社会利益，在完成了最初的填补新大陆空白的任务之后，现在被迫回归自身，开始寻求新的社会平衡。[43]

约翰·D. 希克斯（John D. Hicks）在《民粹主义的反叛》（*The Populist Revolt*）一书中也支持这一观点，认为农民抗议运动是由于边疆的消失和公共土地的耗尽引起的。他指出，早期西部世界给那些不安分和不满的人提供了新机会，减轻了社会治安隐患。然而，到了 19 世纪 90 年代，随着空余土地的消失和边疆消失，这个安全阀被关闭。边疆翻转了回来。不安分和不满的人更多地表达自己的情感，而非逃避。[44]

认为西部边疆精神孕育了美国民主，而民粹主义则是这种精神合乎逻辑的产物，这是从特纳边疆学派那里继承来的错误观点。南方在民粹主义运动中所起的决定性作用，就体现了这种观点的局限性。这些概念可能适用于堪萨斯州，但在佐治亚州就完全失效。南方民粹主义运动几乎与边疆精神毫不相干，但它至少与西部民粹主义运动一样强烈，而且在 19 世纪 90 年代农民抗议运动中表现更为激进。[45] 此外，将西部作为支持农民抗议运动的一个整体来看待，往往过于夸大了，1892 年民粹主义选票和 1896 年布赖恩选票的分布，清晰地展示了这一点。[46]

民粹主义运动有三个密切相关的中心,每个中心的农村人口均占据绝对多数,其主导产品都经历了价格暴跌:以棉花为主的南部,以小麦为主的四个西北州,包括堪萨斯州、内布拉斯加州和南北达科他州,以白银为主的山地州。白银是一个例外,尽管在战略上极为重要,但我们可以暂时搁置对其的讨论,只需指出,山地州白银运动并不能简单归类为民粹主义运动,而更贴近白银主义。在其他地方,农业的强烈不满促成了独立的民粹党的形成,并在1896年总统选举中支持布赖恩赢得一个州的选票。这种不满大致与作物出口创汇和有着沉重抵押债务负担的地区相吻合。

将内部边疆视为民粹主义的发源地,这一观点掩盖了国际世界对农业状况的显著影响。它对南部和西部的民粹主义运动具有深远的意义。在美国,对边疆的迷恋往往被视为一种智性的孤立主义。[47] 19世纪90年代农业危机的更广泛、更重要的原因,不应在美国西部找寻,而应在国际市场中寻找。美国的民粹主义运动几乎完全被视为国内事件和内部边疆的问题,但事实上,整个欧洲和美洲均被一场跨越国界的农业危机所摇撼,好几个国家都处于实际或想象中的崩溃边缘。1893年,一位英国观察家指出:

> 几乎在所有地方,当然包括英国、法国、德国、意大利、斯堪的纳维亚和美国,历来以保守著称的农民现在展现出了极度的不满。他们声称,相比其他群体,自己从文明社会中获得的利益最少,因此要采取激烈行动来弥补自己的损失。[48]

19世纪最后的30年里,国际通信业经历了一场革命,蒸汽火车和蒸汽汽船首次应用于国际贸易。苏伊士运河于1869年开通,同年美国的第一条横贯大陆的铁路建成。1866年,欧洲通过海底电缆与美国实现了连接,1874年又与南美洲实现了连接。一个庞大的电报和电话通信网络在全球范围内建立。阿根廷、澳大利亚、加拿大以及美国西部的广阔新土地被纳入国际市场中，而农业技术的进步也使得这些地区的大规模机械化耕作成为可能。以前地方性或全国性的农业萧条，现在变成了国际性的，随之而来的是国际性的农民不满，这种不满因为 19 世纪 70 年代初至 90 年代期间[49]国际农产品价格的持续下跌而加剧。在美国，最强烈的不满出现在最依赖出口的农产品领域，这并非偶然。[50]

美国农民不满情绪增加的主因在于农业体系因缺乏免费土地而无法进一步扩张，这一观点现在看来已经不可信。实际上，在 19 世纪 90 年代，许多美国民众，包括民粹主义发言人，都对公共土地的即将消失表示担忧。[51]同时，在关注农业问题的人中，也有一派对此感到兴奋，认为新土地的耗尽将降低农业经济的扩张速度，现有土地价值将急剧上升，从而解决已定居农民的问题。[52]然而，重新检视土地耗尽这一概念，我们会发现它是错误的。事实上，即使在所谓的 1890 年边疆消失之后，仍然有大量新土地可供开发。在 1890 至 1900 年农民不满情绪最强烈的时期，有 110 万座新农场建立，比前一个 10 年增加了 50 万座。在 1890 年农民组织在佛罗里达州的奥卡拉（Ocala）召开会议，并制定《奥卡拉政纲》之后的 20 年里，美国新增了 176 万个农场以及 2.256 亿英亩①新土地。[53]

事实上，在 1890 年之后，根据《宅地法》及后续条款占有的土地比之前更多。确实，其中相当部分土地更适宜于放牧和旱作农业，但土地的赢利性不仅取决于土壤的化学成分或湿度，还取决于土地耕作的经济环境。20 世纪初的市场状况使得在这些相对较贫瘠的土地上种植比萧条时期在肥沃土地上耕作更为有利可图。最后，在 1890 年之后，加拿大还拥有大量未开垦的肥沃土地，美国农民便毫不犹豫地扩张至这些地区。1914 年，据加拿大官方初步统计显示，在过去的 16 年中，有超过 92.5 万名美国人越过边境，前往阿尔伯塔省和萨斯喀彻

---

① 1 英亩约为 4046 千米。——编者注

温省定居。[54] 1890 年之后，人们仍拥有大量机会在新土地上定居或开垦[55]，实际上在 19 世纪 90 年代，人们已充分利用这些机会。农民之所以不愿进一步安定，并非因为缺乏土地，而是因为国际农业市场的大萧条，使得 19 世纪 90 年代经营农场成为一件冒险的事。

认为免费或廉价土地的耗尽导致不满情绪加剧，这一观点暗示着这类土地的存在有效缓解了不满。在 1890 年前，《宅地法》的实施效果符合当时民众的预期，但并未能实现土地改革者所梦想的自由持有土地的内陆帝国。其管理不善，加之投机者和铁路公司的规避法案行为，现已人所共知。从 1860 年到 1900 年间，每有 1 个真正的农场主根据该法案免费获得并耕作农场，就有大约 9 个农场是通过购买铁路公司、投机者或政府的土地而来。[56] 由于不限制购买土地数量（直到 1888 年废除该条款），投机者侵吞了大量土地，这种行为对西部农村造成的损害，远不止将"免费"土地转卖给农民，更在于迫使移民前往边疆的偏远地带，造成了所谓的"投机者荒漠"——大片大片未耕种、缺乏本地所有者的土地，从而加剧了人口分散，导致了公路和铁路运营成本的大幅上升。他们拒绝缴纳税款，损害了地方政府财政，限制了地方经济条件的改善。他们在推高土地价格的同时，增加了美国乡村文化中所特有的弊端，导致大量农业人口不得不靠租地为生。[57]

免费或低价土地的承诺，最终导致了失败的结果。《宅地法》要求居住五年才能获得土地的所有权，这一规定基于一种假设，即定居将稳定逐步进行，就像农耕神话中的自耕农一样。这未能考虑到美国农民的迁徙习性。[58] 因《宅地法》而放弃的土地数量惊人。让《宅地法》保护自耕农免受投机者侵扰，按照农耕神话中的自耕农生活方式逐步定居，只是一种乌托邦式的幻想。实际上，《宅地法》成了投机者和资本力量的狂欢，本应平息不满情绪的廉价或免费土地反而激发出农民更多不满。《宅地法》的承诺虽吸引了大批农民快速定居，但他们往往发现，他们面对的并非梦想中的农业乌托邦，而是高地价、低收益和抵押贷款的荒野。

亚瑟·F. 本特利对内布拉斯加州一个小镇进行深入研究，揭示出在投机社会中廉价土地的自我挫败倾向。这个小镇最早在 1871—1872 年就有人定居。那时地价低廉，大批移民迅速定居，经济繁荣。农民在丰收之年能够获得高额利润，这促使他们超出能力范围购买和耕种土地。土地价格的飙升使得农民通过抵押来提前实现收益。他尽可能快地增加贷款，用来应对暂时性的亏空，或者进一步投资或投机。本特利指出：

> 确实，农民经常因过高的利息和债权人的贪婪而遭受经济损失，但更多情况下，他陷入困境不是因为债权人的贪婪，而是因为他对未来过于乐观，假设农产品未来售价将与当前相同，过分信任自己的还款能力。[59]

无论如何，典型的农民很快意识到了自己的脆弱性。一旦某年收成不好，或者如 1890 年至 1891 年土地价值短暂地不再上涨，他们就可能处于破产边缘。那些较早从政府处获得土地、有一定管理技巧并摆脱了沉重债务的农民，生活相对较为舒适；而那些之后到来、取得了铁路用地并犯了通常管理错误的农民则陷入困境。[60] 1892 年本特利在研究中得出结论：在当前的地价和农业条件下，如果一个潜在买家没有足够的资本直接买下农场并在随后的困难时期持有，那么"在内布拉斯加州投资农业，无异于把钱丢水里，除非他有非凡的决心和能力来应对困难"。[61]

显而易见，与其他事物一样，西部的民粹主义运动是一个令人惊叹的扩张时期的产物，这是世界农业史上最伟大的扩张时期之一。从 1870 年到 1900 年间，新增的土地数量超过了之前整个美国历史[62]；到了 20 世纪 80 年代中期，一场激烈的土地热潮正在上演，而正是这场热潮的衰退直接催生了西部民粹主义的兴起。堪萨斯州的经历便是一个典型案例。最初的热潮建立在农产品的价格上涨上，到 1885 年造成了人为的通货膨胀。它不仅席卷了乡村，导致后来者以过高的价格购买和抵押购买土地；而且波及新兴城镇，这些城镇都"为了公共事务改进以及公共事业而发行债券到极致"。[63] 正如后来一位州官员所说的那样：

> 我们中的大多数人越过密西西比河或密苏里州时一无所有，却内心火热，满怀希望和勇气……发家致富的强烈渴望将我们推向借贷，而借贷造就了繁荣，繁荣使人们疯狂，让堪萨斯变成了一个占地8万平方英里①的巨大疯人院。[64]

1887—1888年冬天，这场由铁路、报纸以及政府官员共同推动的繁荣突然崩溃——部分原因是该州西部三分之一地区遭遇了严重干旱，部分原因是地价停止上涨，还有部分原因则是支撑这种狂热的自我鼓励的信念崩解。

创立《宅地法》和无限制占有土地制度的人，所依据的是农耕神话中一系列假设，而这些假设在法案通过前已显陈旧。这些人相信自然界的恩泽，坚持永恒的自耕农式生活方式，反对投机行为；他们希望这片土地能够无偿交给大多数定居者；他们自信农民出于本性会满足于农场丰富多样的产出。然而，这些假设与1862年开始的工业革命、即将到来的通信革命，甚至是平原的自然环境——如暴风、沙尘、干旱和蝗虫的频繁出现——都格格不入。而处于经济作物和商业化耕作包围下的农民，并非通过农场产出的丰富程度来衡量自己的财富，而是通过他们农产品能交换到的商品和服务来衡量。农民的生活水平和家庭安全依赖于他们的商业地位，而这个地位又受到世界市场波动的影响。[65]

我探讨农民在商业中的角色，并非要贬低他的困境或他的不满的

---

① 1英里约为1.6千米。——编者注

真实性和严重性：债务因通货紧缩而加重、高昂的信贷成本、不公平的税负、铁路运费的歧视性收费[66]，以及储存与装卸费用的不合理等。然而，将民粹主义运动解释为边疆的遗产并不尽准确。它更应被视为至少可上溯到杰克逊时代的美国企业家激进主义传统的一个新篇章。[67] 这是高度混杂的资本主义农业中，几支重要力量努力在广泛的剥削和不利的市场条件下争取利润的尝试。它是美国农业历史的一个过渡阶段，商业化的农民开始摆脱农耕神话，摆脱长久以来的现实境况所造就的思维与行为模式。农民早就接受了商业社会的努力目标和投机心理，但仍在实践着那些最先进的工业和金融部门已经超越的竞争性个人主义。他尚未学会商业中的市场营销、合作策略或通过政治施压来自我保护和自我提升，双重身份的困境仍未解决。他带着自耕农的遗产进入20世纪，但对于未来的世界有了更强的商业意识。

The Age of Reform

第二章

民粹主义的民俗学

Chapter 2

第一节　两个国家

在内战后整整一代人的时间里，经济剥削严重，社会内耗深重，政府腐败猖獗，罪恶横行，政治氛围被一种自满的情绪所主导。虽然总有一些持异议者存在，但他们的声音往往被工业增长和新领土开拓的宏大叙事所淹没。民粹主义者的鼓动，则将有效的政治义愤带回公共生活，标志着前一个时代的结束。虽然短期内民粹主义者没有达成他们所追求的政治改革，但他们开启了抗议与批评浪潮，这股浪潮自19世纪90年代一直延续至第一次世界大战爆发。

当时的知识分子对民粹主义运动往往漠不关心，甚至轻视；而后来的历史学家们虽然认可其成就，却经常忽略其局限性。现代自由主义者认为民粹主义者的不满是合理的，其纲领具有启发性，其动机值得称赞。他们经常引用瓦谢尔·林赛（Vachel Lindsay）夸张的言辞来探讨民粹主义运动的种种事件。

> 在广阔草原的守护者，
> 山巅之上的猛兽之王，
> 布赖恩，布赖恩，
> 布赖恩，布赖恩。
> 你这伟大的游吟者，
> 你的声音如同

> 攻城槌的回响,
>
> 裹挟着西部的巨岩之力,
>
> 粉碎普利茅斯的坚石。

民粹主义传统拥有诸多可供借鉴的优点,尽管它的某些缺陷有时被忽视,但这并不代表其宣称的优势完全是空谈。民粹主义运动是美国历史上首个具有实际重要性的现代政治运动,它强调联邦政府应对公共利益负有一定的责任,事实上,它是首个攻击工业主义所引发问题的运动。民粹主义者的抗议、诉求和具有预见性的批评激活了许多美国人潜藏的自由主义思想,令保守阵营感到震惊,变得更加灵活。民粹主义纲领中的"激进"措施,在后来的岁月中被证明大多是无害或有益的。至少在美国生活的一个重要领域,南方的一些民粹主义领袖试图做一些深刻而人道的事情——发起打破传统的种族隔离的群众运动——直到持续使用"黑鬼"这个贬损性称呼分化了他们的追随者。

仅仅讨论民粹主义者的总体意识形态对他们是不公平的,因为正是他们提出的具体措施,为美国的政治生活做出了建设性贡献,而他们对世界的一般性看法则是天真和脆弱的。此外,任何指责民粹主义思想的缺陷,却忽视其形成过程中所经受的压力和苦难的观点,都是偏颇的。但是,任何帮助我们增进对民粹主义传统的了解的人,都不可避免地带有瑕疵。关于民粹主义运动的著作,只是简单提及其显著的地方主义倾向,很少谈到它与本土主义、民族主义之间的联系,对其反犹主义的倾向更是鲜有涉猎。

民粹主义的冲动体现在一系列观念中,这些观念代表了之前提到的农业主义中"软"的一面。这些观念频繁出现在政治文献中,我们必须检查它们,才能再现民粹主义精神。从完整的论战文章中提取出它们无疑会导致过度简化;即便是用历史学家和思想家倾向使用的语言来命名它们,也可能暗示它们具有在现实中明显缺乏的完整性和连贯性。但是,没有标签比有过度简化的标签更不现实,因此我们不妨列举民粹主义意识形态的主要议题：黄金时代思想、自然和谐观念、社会斗争二元论、历史阴谋论以及金钱至上信条。最后一点我将结合自由铸造银币问题进行讨论。这里我打算分析其他几点，展示它们是如何受到农耕神话传统的滋养。

民粹主义者的乌托邦是在过去而非未来。依循农耕神话，他们认为，国家健康与农民主导的程度成正比。这暗示了早期美国政治制度的优越。他们怀念那个农耕的天堂，那时的美国共和国未见亿万富翁，亦无乞丐之苦。工人前景光明，农民富足，政治家对民意反应敏锐，金钱力量尚未统治一切。[1] 民粹主义者虽未明言，但意在复归工业化和商业化兴起前的社会状态。他们继承了杰克逊时代的民主传统，重新唤起杰克逊的"人人平等，无特权者"的古老口号，并在1896年呼应1836年的战斗号召。[2] 1892年，民粹主义总统候选人詹姆斯·B. 韦弗（James B. Weaver）将军，是一位老民主党人兼"自由耕种"理念支持者。他出生在杰克逊政府与美国银行斗争的时代。曾短暂身为共和党人后，他转向支持绿背纸币运动，最终投身民粹主义。他在1892年出版的《行动的召唤》（*A Call to Action*）一书中批判了商业公司，读起来宛如杰克逊式的论战。即便在民粹党充满希望的初期，韦弗也没有为未来规划宏图，而是哀叹近来的历史进程、经济压迫的增加以及贫富悬殊，呼吁读者"尽一切努力阻止我们时代的令人担忧的趋势"。[3]

按照农业传统，大自然是慷慨的。美国广袤的土地和丰富资源本应带来社会进步和人民的繁荣。若社会未能享受这份繁荣，定是人类的贪欲和误行导致了不应有的损失。曾有佚名作家写道：

> 现在的艰难与破产，以及它带来的失业、饥荒、罪恶、苦楚与道德沦丧，并非大自然不可避免的结果，而是反自然法的，是政策失误所致。历史反复证明，在任何国家、任何时代，如此政策皆招致灾难。我们这一代的任务，在于纠正人类立法的过失，采取与天道相合的政策，而非继续沿着反自然之路前行。[4]

在设想一个被人类法律扭曲了的完美的自然秩序时,民粹主义作家们再次借鉴了杰克逊主义传统,其领袖们曾多次呼吁,顺应自然法是实现社会正义的前提条件。[5]

与大自然的慷慨这一观点类似,生产阶层之间存在着一种利益和谐共享的想法。在民粹主义者眼中,农民与工人、劳动人民与小商贩间并不存在根本性对立。虽然每个群体中都可能有不良分子,但大多数生产者的根本利益是一致的;之所以有掠夺行为,仅因为它受到了权力高层中少数寄生者的煽动与支持。与麦迪逊在《联邦党人》中表述的社会由众多相互冲突的利益群体构成的社会多元论不同,民粹主义者尽管没那么正式,但一贯坚持社会二元论。尽管他们明白社会由多个阶级构成,但认为就实际目的而言,只需简化为两大基本阶层。杰里·辛普森(Jerry Simpson)曾指出:"这是一场斗争,是抢劫者与被抢劫者的斗争。"[6]民粹主义者的一份公开宣言声称:

在这片土地今天正在进行的冲突中,只有两方。一方是垄断者、金钱力量、托拉斯①与铁路公司的联盟,他们寻求制定对己有利而使大众陷入贫苦的政策。另一方是农民、工人、小商人及所有其他创造财富和承担税负的人民……在这两方之间,没有中间地带。[7]

布赖恩在其著名的反对废除《谢尔曼白银采购法》②(Sherman Silver Purchase Act)的演讲中说:"一边是美国企业集团、有钱人及其积聚的财富与资本,专断、傲慢、无情……另一边是命名了'民主党'

---

① 托拉斯,英文 trust 的音译,垄断组织的高级形式之一。——编者注
② 在白银运动的推动下,1890 年美国国会通过该法案。它没有批准自由和无限铸造银币制度,但规定美国财政部必须每月购入白银,一年购入量达到 5000 万美元。——编者注

这个名称并且由其代言的广大民众。"[8] 人民与企业集团，大众与富豪，劳动者与金钱权势——各种措辞都描述出这种对立。从这个简单的社会分类似乎可以推断：一旦揭穿了误导民众的各种策略，战胜金钱权势就是轻而易举的事情，因为普通民众在数量上呈现绝对的优势。韦弗将军在1892年竞选活动中乐观表示："没有任何力量能够打败我们。这是劳动者与资本家的斗争，而劳动者是绝大多数。"[9]

民粹主义者把自己面临的任务不真实地简单化了：对抗一个单一的、相对较小但力量巨大的利益集团——金钱力量，从而消除不公正，解决所有社会弊病。参议员佩弗（Senator Peffer）这样说：

> 消灭了金钱力量，将会敲响那些拿粮食和其他商品赌博的人的丧钟，因为那些世界上最可恶的人的业务将被粉碎，赌徒的主要支柱也将被拔除。在大掠夺者被剥夺权力之后，剪除小掠夺者的羽翼将变得简单。一旦摆脱了那些掌握国家命脉者，寄生虫就很容易被清扫干净。[10]

由于旧的政党阻碍了民众寻求平等，民粹党的倡导者坚持认为，只有一个新的独立政党才能完成这项基本工作。[11] 随着白银问题的日益突出，组建第三党的声音逐渐削弱，转向另一种单一解决方案：以金钱击败金钱。布赖恩在著名的《黄金十字架》演讲中指出："当我们回归宪法所规定的货币时，所有其他必要的改革都将成为可能；但……在此之前，没有任何形式的改革能够取得成功。"

虽然胜利的条件被描绘得如此简单，但这并非看起来那么轻松。以为民粹主义思想的基调始终是乐观的，这是大错特错。实际上，民粹主义者经常感到深深的焦虑。他们所经历的斗争的尖锐性，缺乏宪法框架下的妥协方案和中间团体，富豪们的冷酷与顽固——所有这些都暗示，如果民众不能和平地赢得最后的斗争，就只能眼睁睁看着富豪取得全面胜利，民主制度彻底灭绝，而这可能伴随着血腥和无政府状态的混乱。韦弗声称:"一场严峻的危机正在向我们逼近。如果当前富有者与财富生产者之间的紧张继续,最终必将演变成可怕的灾难。我们必须缓解这种普遍的不满,并消除其根源。"[12]

1892年民粹主义者大会纲领说道:

> 在这个面临道德、政治和物质毁灭的国家,我们聚在一起。腐败支配了投票箱、议会、立法机构甚至法庭。人民受到打击……报纸被收买或被压制,公众舆论保持沉默,商业被摧毁,家园被抵押,劳工被剥夺,土地集中在资本家手中。城市工人被剥夺了组织起来进行自我保护的基本权利,被来自国外的贫苦移民压低了工资,一支不受法律认可的雇佣大军挤垮了他们。他们正迅速落入欧洲工人的惨状。数百万人的劳动成果被少数人大胆窃取,让其积累起前所未有的巨额财富。而这些财富的拥有者反过来又鄙视共和国,危及自由。所有这些都预示着文明的毁灭或者绝对暴政的确立。

对世界末日即将来临的普遍恐惧,在伊格内修斯·唐纳利(Ignatius Donnelly)的奇幻小说《恺撒柱》(*Caesar's Column*)中得到了鲜明体现。这本书以笔名发布,是一部具有预见性的作品,可能受到了几年前贝拉米(Bellamy)的乌托邦小说《回顾》(*Looking Backward*)成功的启发,后者在19世纪最后十年激发了众多跟风之作。[13] 唐纳利的小说获得了广泛赞誉,包括民粹主义运动领导人、枢机主教吉本斯(Gibbons)、乔治·卡里·埃格尔斯顿(George Cary Eggleston)、弗朗西斯·威拉德(Frances Willard)以及朱利安·霍桑(Julian Hawthorne)等,[14] 成为19世纪90年代初阅读人数最多的图书之一。

唐纳利的小说与其他乌托邦作品不同。尽管它的结局确实描述了一个位于非洲偏远地区的乌托邦,但主要叙述的却是一个虐待狂式的反乌托邦,可以说是贝拉米作品的反转。该书渊源于1889年唐纳利在明尼苏达州腐败的立法会议结束后深感沮丧[15],突然想到,如果当代社会的最坏趋势出现在下一个世纪,会发生什么样的情形。故事设定在1988年,比乔治·奥威尔的反乌托邦作品《1984》中的时间晚四年,这自然吸引了人们对两者进行比较,尽管不是从文学角度。

书中的主角和叙述者是一位陌生人,他生于非洲乌干达,拥有瑞士血统,以放牧为生。他访问了纽约,并通过一系列信件记录下他的冒险。类似贝拉米小说中的描绘,纽约是一个技术奇迹的中心。陌生人乘坐飞艇接近它,发现其灯火通明,日夜喧闹不休。街道上覆盖着玻璃屋顶,下方是地铁系统,无烟、无噪声的电动列车来来往往,乘客通过自动电梯自由升降。空调的酒店顶层是豪华餐厅,提供难以置信的奢华享受,在那里,"星光般眼眸的少女们在树叶间若隐若现,如同天堂中最摄人心魄的美女"。[16]

这种奢华生活的背后是民众深重的苦痛,以及激烈的社会斗争。1988年的世界由一群寡头组成的内部委员会统治,他们不择手段地压制潜在的反对力量。他们雇佣了一支"恶魔"舰队,操纵着携带毒气炸弹的飞艇,随时准备镇压民众的任何反抗。人民本身也变得同样残忍——"上层的残忍导致了下层的残忍"。农民"不再是华盛顿、杰克逊、格兰特和谢尔曼时期参加军队的老实自耕农……而是他们的野蛮后代,一群凶猛、残忍而嗜血的农奴"。[17]

然而,社会斗争的中坚是城市工人,他们沉默寡言,表情阴郁,营养不良。主角在一次谈话中了解到(唐纳利引用了当时杂志的真实文章),早在1889年许多作家就对此潜在危险提出了预警。这并非不可避免,但贪婪和愚蠢使统治阶级忽视了这些灾难预言。贪婪的商业手段、贿赂选民、富豪对工人和农民的剥削,直到19世纪末无产阶级反抗后才得以遏制。起义被农场主镇压,那时后者还没有被取消借债抵押权,还属于财产所有者和企业主。而现在,农场主也被赶出现存秩序的支持者行列,统治者完全依靠炮弹、飞艇和雇佣军来统治。

小说情节复杂,包含了两个平淡的爱情故事,使它更像一部小说。但作品充满了一种压抑的放纵情绪，这在那个时期的流行文学中很常见。故事的高潮部分，秘密革命组织"毁灭兄弟会"在收买"恶魔"舰队后发动叛乱，随即开始了一轮令人难以置信的抢劫和杀戮，这或许是以法国大革命时期的恐怖统治为原型，但描述显得苍白无力。一些统治阶级的原本成员被迫堆起火刑柴堆，然后被烧死。死尸堆积如山，以至于对尸体的处理成为一个巨大的卫生问题。三名领袖之一的恺撒（他本人最后也被斩首处决）命令将尸体堆积起来，用水泥覆盖，形成一个巨大的金字塔柱，作为起义的纪念碑。最终，城市被烧毁，但一些正派的人借助飞艇逃到了非洲山脉，在一批知识精英的指引下，建立了一个基督教社会主义国家，将民粹主义者的土地、交通和金融设想付诸实践，并宣布股票投资为非法。

　　无疑，这本书意图说明，如果改革者的警示和民众的不满被忽视，将会产生什么后果。然而书中更不祥的，比任何生动而恐怖的预测更可怕的，是字里行间流露出的虐待狂和虚无主义精神。这可能是一本幼稚的小说，但在20世纪中叶，它似乎一点都不可笑：它提供了对受挫民众反抗潜力的可怕窥视。《恺撒柱》一书出版时，美国的改革运动还未能回应大部分民众感受到的折磨和压迫。一些民众在这种情势下产生了一种绝望感，而唐纳利的小说正是一部绝望的作品。它出现在社会末日似乎对很多人来说并不遥远的时刻；即使现在，它仍被视为一部不重要但让人不愉快的预言之书。

第二节　历史即阴谋

　　《恺撒柱》描绘的斗争双方，寡头的内部委员会与"毁灭兄弟会"，都显然是神秘组织，尽管后者有数百万成员。民粹主义者似乎天然喜欢想象阴谋和秘密会议。实际上，民粹主义者有一个普遍的观点，认为自内战以来，美国的整个历史就是国际金融力量的持续阴谋。

　　这种看待事物的角度可能归因于一种普遍的感觉，即农民和工人不仅被压迫，而且被"利益集团"有意识地、持续地、恶意地压迫。当然，民粹主义者并非唯一将自己时代的所有事件视为密谋的结果的人，在政治和社会对立加剧的情况下，这种看法屡见不鲜。某些群体，尤其是那些受教育水平较低、获取信息渠道有限的人，更容易被这种思想打动。他们远离权力中心，感到无力自保，只能任由权力集团操控。[18] 此外，某些对社会不满的群众运动为那些有偏执倾向的煽动者提供了特殊的机会，甚至使他们的心理障碍变为一种职业优势。[19] 这些人有机会将自己的思维强加于他们领导的运动。然而，否认历史上存在阴谋同样是误导。任何涉及政治策略的行动，可能至少在一段时间内需要某种程度的保密，这就很容易被视作阴谋。腐败本身就带有阴谋的特性。从这个意义上说，信贷动产事件（Crédit Mobilier）及茶壶顶丑闻（Teapot Dome Affair）①都是阴谋。如果我们在这个问题上鄙视民粹主义者，那么有必要提醒自己，他们目睹了大量贿赂和腐败案例，特别是在铁路方面，他们面对的是一个通过阴谋管理事务的真实模型。事实上，阴谋论之所以流行，部分原因是它们往往包含了一些真理。然而，说历史中存在阴谋与说历史实际上就是一场阴谋有很大不同，区别在于一个是挑出那些偶尔发生的阴谋行为，一个则是凭空编织出一个覆盖一切的阴谋网。

当阴谋不存在时，那些以这种模式思考的群体就会发明阴谋。现代历史上最著名的一个例子就是伪造的《锡安长老议定书》（Protocols of the Elders of Zion），这种"阴谋"是恶意的。在美国政治争议的历史中，有一种指控阴谋的传统，指控者是真心相信阴谋的存在。杰斐逊真的相信联邦党人密谋重建君主制。一些联邦党人相信杰斐逊主义者在密谋颠覆基督教。许多北方人指控美国吞并得克萨斯和与墨西哥

---

① 也称蒂波特山油田丑闻。1922年内政部部长福尔收受40余万美元贿赂，未经竞标，把怀俄明州茶壶顶和加州爱尔克山的海军石油保留地秘密出租给石油大亨。——译者注

的战争是奴隶主的阴谋。包括林肯在内的早期共和党领导人指控斯蒂芬·道格拉斯（Stephen Douglas）密谋将奴隶制推广至全国。此外，内战前的一无所知党（Know-Nothing）[①]和反共济会运动（Anti-Masonic movements）等几乎完全基于阴谋论。多年前，奈伊委员会试图证明美国参与第一次世界大战纯属银行家和军火商阴谋的结果。而今，不仅美国参与第二次世界大战，连20世纪20年代的整个历史，都被我们这个时代的怪人和政治骗子打上了阴谋论的标签。[20]

然而，考虑到这些假设，民粹主义仍然展现出一种强烈倾向，即通过高度个人化的术语来解读相对非个人化的事件。压倒性的不满很难在非个人化的解释中得到满意的宣泄，除了那些具有深刻思想认识的知识分子。毕竟，城市才是复杂知识的家园。农民与决定他们命运的大世界相隔绝。他们被指责过于多疑[21]，而且，尽管他们处境艰难，但确实难以用非个人化的方式思考。或许民粹主义运动中的中产阶级领袖（民粹主义运动是一场农民运动，但实际上并非由农民领导），对民粹主义思想的影响超过了农民本身。无论如何，民粹主义倾向于将个人带入这样一个世界，其间农村日常生活的纯朴美德和恶意被直接投射到全国乃至全球。在民粹主义思想下，农民不是投机商人，不是风险经济的受害者，而是一个受害的自耕农，被那些与农村美德格格不入的人所侵害。民粹主义设想出一个恶棍，给他贴上道德剧中坏蛋的标签，并且越是偏离农民熟悉的生活，其恶行就越是夸大。

仅仅说一场针对普通人民的金钱势力的阴谋正在进行是不够的。自内战以来，这场阴谋就一直存在。单单说此阴谋源于华尔街也是不够的。它是国际化的，源于伦敦的朗伯德街（Lombard Street）。在1892年民粹党纲领的前言中，伊格内修斯·唐纳利简洁而正式地表达了民粹主义观点：

[①] 该党派成员对一切问题几乎都回答"我一无所知"，故而得名。——译者注

一个庞大的反人类的阴谋已在欧美大陆显现，并且正在迅速控制全世界。如果不立即对它迎头痛击并加以摧毁，它将带来巨大的社会动荡、可怕的文明毁灭，或者绝对专制的建立。

1895年，一份由15位民粹党杰出领袖签署的宣言称：

早在1865—1866年，欧洲与美国的黄金赌徒之间就达成了阴谋共识……近30年来，这些阴谋家引诱民众为琐事争执不休，而他们却无所不用其极地追逐唯一的核心目的……国际黄金圈的阴谋家们利用他们所知的每一个欺骗手段，每一个国家谋略，每一个诡计，来侵占大众权益，破坏国家金融与商业独立。[22]

阴谋论背后的金融逻辑相当简单：债券持有者希望收到黄金而不是普通货币，因为黄金是升值的；靠放贷为生的人则期望通过限制贷款来抬高利息。这些策略导致的恐慌、衰退及破产只会增加他们的财富；这些灾难提供了通过企业合并和取消抵押品赎回权来侵吞他人财富的机会。因此，这些利益控制团体实际上非常乐见甚至期待经济困难时期的到来。绿背党人很早就发起了争论，要求发行足够数量的法定货币来打破"夏洛克"们的垄断。他们主张人均50美元的货币流通量，在民粹党成立时这一诉求尚未成功，很快就被更为温和的要求自由铸造银币的诉求所取代。但绿背党人和银币派的共同点在于，他们都认为货币紧缩是一种蓄意的压迫，是"英美黄金托拉斯"长期阴谋的结果。在19世纪90年代的民粹主义文学中，这种阴谋论比比皆是。无论是民粹主义的报纸、白银大会的记录、美国复本位同盟散发的大量小册子，还是美国国会关于货币政策的辩论，以及S. E. 埃默里（S. E. V. Emery）夫人的《奴役美国人民的七大金融阴谋》（*Seven Financial Conspiracies Which Have Enslaved the American People*）和戈登·克拉克（Gordon Clark）的《夏洛克：作为银行家、债券持有者、腐败分子和共谋者》(*Shylock: as Banker, Bondholder, Corruptionist, Conspirator*)等流行读物，均明确阐述了这一观点。

埃默里夫人的著作于1887年首次出版，题献给"一个垂死共和国里被奴役的人民"，一经问世便收获了极为可观的发行量，特别是在堪萨斯州的民粹主义者中。根据埃默里夫人的说法，内战前的美国是一个经济上的伊甸园。人们的堕落可以追溯到内战本身，当时的"华尔街货币大王"决定通过操纵货币流通来利用同胞的战时需求。"一旦控制了货币流通，他们就可以随心所欲地拉动或压制商业，他们可以将生命的热流通过贸易渠道传输，散播和平、幸福和繁荣；或者阻止其流动，让国家的工业完全瘫痪。"[23] 手握这种行善的巨大力量，华尔街的金融家们却宁愿作恶。林肯在战时发行绿背纸币的政策，给他们带来了货币供应充足的严重威胁[24]。于是他们聚会讨论并"完善"出一个阴谋，以满足他们对黄金的需求。该书的其余部分描述了1862—1875年间通过的7项措施，据称这些措施都是这一持续阴谋的组成部分，其总效果是进一步收缩国家的货币，直到最后像钢箍一样挤压国家工业。[25]

埃默里夫人所用的言辞——"恶毒的抢劫"，并且是通过"最无情的手段"实现——毋庸置疑地表明了该计划的持续性和目的性。[26] 她详细阐述了所谓的"1873年罪行"，即白银非货币化，并对这个事件给出了完整的"绿背纸币-银币派"神话式的解读。根据她的说法，英格兰银行的代表欧内斯特·赛德（Ernest Seyd）于1872年携带50万美元抵达美国，用这笔钱在国会赢得足够的支持，确保1873年《铸币条例》的通过。该法案规定只能用黄金支付美国债券，从而使得英国资本家持有的美国债券的价值上升了4%。埃默里夫人将1873年的恐慌、破产及一系列人道灾难都归咎于它："自那时起，谋杀、精神错乱、自杀、酗酒、离婚以及各种不道德和犯罪行为以令人震惊的速度增加。"[27]

"钱币"哈维创作了整个货币争论中最受欢迎的单篇文本——《货

币金融学》(Coin's Financial School),还出版了小说《两个国家的故事》(A Tale of Two Nations)。在小说中,他将历史阴谋论编织进一个充满戏剧性的故事中。一位有权势的英国银行家巴伦·罗特计划在美国实施白银非货币化政策,部分是为了增加个人财富,部分则是为了阻止美国超越英国。他成功地说服了一位国会议员(从身份来看极有可能是约翰·谢尔曼,他被银币派视为眼中钉)合作,用英国的黄金反对自由铸造银币政策。为了确保成功,罗特派遣了亲戚兼盟友罗加斯纳前来美国,这个人就像迪翁·布西高勒(Dion Boucicault)[①]戏剧中的恶棍一样到处游荡,时常会喃喃自语:"我来这里是为了摧毁美国——康沃利斯也不会比我做得更多。为了洗清冤屈和耻辱,为了国家的荣耀,我将把刀子深深插入这个国家的心脏。"[28]在类似格兰特政府时期的腐败背景下,罗加斯纳贿赂美国国会议员,并收买经济学教授为黄金背书。后来他爱上了一个骄矜的美国女郎,但惨遭拒绝,因为女郎深爱着一位来自内布拉斯加州的、支持白银通货资格的、年轻英俊的议员,这位议员与威廉·詹宁斯·布赖恩惊人地相似!

民粹主义阴谋论经常被人忽视的一点是,它们有时与反犹主义的论调交织。19世纪90年代初美国社会中的反犹情绪并不强烈,与货币和信贷的议题密切相关。[29]到了19世纪末,这种倾向开始明显加强。[30]尽管亨利·亚当斯在1890年的一些信件中表现出一种调侃但又严厉的反犹主义,表明这一偏见超出了民粹主义文学的范畴,但主要是民粹主义作家将犹太人、放贷者与"国际黄金集团"联系起来,这是当时美国反犹主义的核心议题。无处不在的"夏洛克"用语并不能作为反犹主义的证据,但频繁提及罗斯柴尔德家族则清楚地表明,对于许多银币派来说,犹太人是历史阴谋论的一部分。"钱币"哈维的《两

---

① 爱尔兰裔美国剧作家及演员,出生于都柏林,1853年迁至美国纽约。——译者注

个国家的故事》中，巴伦·罗特显然是以梅耶·罗斯柴尔德（Meyer Rothschild）为原型；罗加斯纳是出自并不鲜明的反犹传统的阴暗人物。在故事的高潮部分，有人对罗加斯纳说："你的方式非常聪明。商业的聪明是代代相传的结果。策略、诡计和狡猾也是如此。"[31]《货币金融学》中的一幅插图显示了一张世界地图，其中不列颠群岛的位置被一只章鱼的触角所覆盖，上面标着"罗斯柴尔德家族"。[32] 在民粹主义的敌人名单中，反犹主义与恐英症是相互关联的。

　　反犹主义的呼声在白银运动中经常公开响起。例如，在1892年第二届全国白银大会上，新泽西州农业合作社的一位代表毫不犹豫地警告，要警惕那些代表"华尔街和欧洲犹太人"的政治候选人。[33] 玛丽·莱斯（Mary Lease）将格罗弗·克利夫兰（Grover Cleveland）描述为"犹太银行家和英国黄金的代理人"。[34] 唐纳利的小说《恺撒柱》中，作为统治机构的内部委员会中有一位卡巴诺（Cabano）亲王，是一个有权势的犹太人，出生时叫雅各·艾萨克（Jacob Isaacs）。领导"毁灭兄弟会"的三巨头之一也是一个被流放到俄罗斯的犹太人，带着1亿美元逃离了大屠杀，打算用这些钱"在世界废墟中重振古老犹太民族的辉煌"。[35] 阴谋论者的另一份更详尽的文献追溯了罗斯柴尔德家族对美国权力操控的源头，直指林肯、约翰逊总统任内的财政部部长休·麦库洛赫（Hugh McCulloch）与詹姆斯·罗斯柴尔德（James Rothschild）男爵之间的一笔交易。"罗斯柴尔德家族与美国财政部这笔交易中最可怕的部分并非损失了数十亿美元，而在于整个国家落入英国之手，而英国长期以来已落入犹太人之手。"[36]

　　类似言论在运动中已成为常态，并经过民粹主义运动，融入更广泛的政治抗议潮流。到了1896年总统选举期间，一位美联社记者注意到，圣路易斯民粹主义大会上，"一个引人注目的事情"是对犹太种族的极度敌视。他指出，"走进该市任何一家旅馆，都能听到对犹太人种族及个别发迹的犹太人的严厉批评"。[37] 这份报告可能有所夸张，但反犹主义与白银运动之间的联系已足够紧密，以至于布赖恩不得不在竞选过程中停下来，向芝加哥的犹太民主党人澄清，在谴责罗斯柴尔德家族的政策时，他和他的银币派朋友们"不是在攻击一个种族；我们是在攻击那些不分种族或宗教的贪婪与吝啬"。[38]

民粹主义中的反犹倾向常被误解或夸大。这种反犹主义停留在口头上，而未付诸行动。它是一种表现方式，一种修辞风格，而不是策略或计划。它并未导致排犹法律、暴乱或大规模屠杀。毕竟，在19世纪80年代末90年代初，美国犹太人口较少，大多远离民粹主义力量强大的地区。不过，说这种偏见没有超出象征性语言的范畴是一回事，说一个民族选择的象征性语言没有意义则是另一回事。民粹主义的反犹主义确实有其重要性，主要是它体现了民粹主义思维中某种不祥的轻信。可以说，绿背纸币-民粹主义传统很大程度上激发了美国现代大众反犹主义。[39] 从塞迪斯·史蒂文斯（Thaddeus Stevens）、"钱币"哈维到考夫林（Coughlin）神父，从布鲁克斯（Brooks）、亨利·亚当斯到埃兹拉·庞德（Ezra Pound），反犹态度与对信贷危机的不满之间一直存在一种奇特而持久的联系。我相信，全面审视美国现代反犹主义的历史，将揭示其实质上的民粹主义血统。但这里要指出，20世纪20年代布赖恩与三K党①的非正式联系，以及托马斯·E.沃森（Thomas E. Watson）在利奥·弗兰克案（Leo Frank Case）②中的行为，并非偶然。而且，亨利·福特（Henry Ford）③在20世纪20年代臭名昭著的反犹主义，以及他对"华尔街"的仇恨，都是一个曾广泛接触民粹主义观念的密西根男孩的怪癖。[41]

---

① 奉行白人至上主义、歧视黑人的党派。——译者注
② 1913年犹太人利奥·弗兰克居住地的一名年轻女孩被害，审判中利奥·弗兰克试图说服白人陪审团自己是无辜的，但最终被白人暴徒处以私刑。——译者注
③ 福特公司创始人。——编者注

第三节　尚武精神

阴谋论及相关的对英国和犹太人的恐惧，源于土生土长的美国人心中对未知的恐惧和疑虑，这种情绪困扰着他们，并持续影响至今。这种情绪并非仅限于民粹主义者或布赖恩支持者，但在他们身上表现得尤为强烈。所有来自遥远他乡的人或陌生人都受到怀疑与敌意——即便是住在城市的美国人。古老的将城市视为道德堕落之源的观念有了新的发展。芝加哥可恶；住着华尔街银行家的纽约更远，更可恶；伦敦最远，也就最可恶。

随着城市化加剧和移民激增，这种传统的怀疑观念日益强烈。早在1885年，堪萨斯州的传教士乔赛亚·斯特朗（Josiah Strong）在其广受西部欢迎的作品《我们的国家》（Our Country）中将城市视为未来社会的巨大挑战，好似它们是身体的异常肿瘤。[42]哈姆林·加兰（Hamlin Garland）回忆，他在19世纪80年代末首次访问芝加哥前，从未见过比伊利诺伊州洛克福德（Rockford）更大的城镇，想当然地认为芝加哥充斥着小偷。"如果这座城市横跨数英里，"他思考，"我从火车站走到酒店，怎样才能不被袭击呢？"尽管一些极端的恐惧可以通过与城市的直接接触缓解，但其他恐惧实际上得到了证实，尤其是当农民面对城市高昂的物价时。[43]

移民也引起了本土美国人的偏见，城市制造商因为对劳动力的贪婪需求被指责。托马斯·E.沃森（Thomas E. Watson）写道：

> 我们已经成为世界的大熔炉。上帝创造的所有废物都被丢弃给了我们。一些主要城市更像是外国的而非美国的。旧世界（指欧洲）最危险、最腐败的群体已经侵入我们的环境，在我们中间散播的罪恶和犯罪行为令人作呕和恐惧。是什么将这些哥特人和汪达尔人带到我们的海岸？制造商们难辞其咎。他们寻求廉价劳动力，他们根本不在乎他们的卑鄙行为可能带给我们的未来什么伤害。[44]

盎格鲁－撒克逊人，无论是民粹主义者还是上层阶级，都难以接受与其他民族平等和互相信任；其他民族应该被他们所支配——这种支配出自善意，但也是坚定的。内陆民粹主义的代言人玛丽·莱斯因提出"少种玉米，多搞麻烦"而出名。1895 年，她撰写了一本书，书名取巧地定为《文明问题的解决之道》(The Problem of Civilization Solved)，巧妙地展示了种族优越感。莱斯认为，欧洲和美国正处于两大灾难的边缘：要么是普遍的无政府恐怖统治，要么是世界性的俄国专制政权。她认为，避免灾难的唯一出路是"史无前例的种族大迁移，这将减轻世界人口密集中心的一半人口，并为人类的一半提供自由家园"。[45] 莱斯提出一种大规模的人口重组，由白人种植园主掌管全球热带地区，黑人和东方人成为"土地耕种者"。她称："随着时间的变迁，高加索人在道德和智力上属于世界最高。现在，这个上帝恩宠的种族最适合管理地球，从体力劳动中解脱出来。"[46] 这种管理远非对低等种族的简单强加，而是一种慈悲为怀的行为，目的是接纳世界上饥饿贫困的农民和劳动大众，通过管理和监督，不仅给他们提供生存手段，还将他们从异教中解救出来，他们将对这样的改变"感恩戴德"。[47]

除了建议在政府监督和补贴下进行殖民，莱斯还坦诚地提出了"分割世界"的宏伟计划。其中日耳曼人和拉丁人将分别形成两个联邦，英、俄帝国将解体并由其他强国监管。美国成为美洲共和国联盟的领导者。加拿大应该被吞并，古巴、海地、圣多明各和夏威夷也是如此。拉丁美洲的肥沃土地将由美国多余人口殖民——因为美国不再有公共土地可以授予公民——而美国将引进"大量亚洲人作为种植园劳工"。莱斯相信，拉丁美洲人和亚洲人会从中获益，感到心满意足，并对美国感激涕零。

多年来，我们一直准备以鲜血和财富，捍卫拉丁美洲不受欧洲列强的侵扰。难道他们不能通过给予我们在此大陆的领导地位来回报我们吗？若不然，我们应该夺过来！让我们效仿欧洲各国的做法，尽可能多地吞并土地和建立保护国。[48]

莱斯的这本书，是一个天真而富于想象力的头脑，在超常怀疑能力驱动下完成的独特作品。尽管她是深受民粹主义政治文化影响的土生土长美国人，但这本书并不像《货币金融学》或《恺撒柱》那般具有代表性或受欢迎。莱斯关于世界政治的独特观念，她对热带地区殖民化的特别见解，在民粹主义思想中并不常见。然而，她在书中提出的其他观念在民粹主义者中则极为常见，如盎格鲁-撒克逊人的优越感和善意的自满、对领土扩张的需求、对英国的仇恨、对俄国的畏惧，以及对城市大众可能成为独裁基础的忧虑等。[49]

莱斯书中表现出的民族主义热情也揭示了民粹主义的奇妙的双重性。表面上，民粹主义运动和布赖恩式民主带有强烈的反军国主义和反帝国主义色彩，反对庞大的常备军和海军建设。他们中的大多数支持布赖恩，反对美国占领菲律宾。他们将军队视为对民主的威胁，认为帝国主义只会让金融家和"君主主义者"受益，[50] 而对广大民众无益。但实际上，他们反对的是制度化的军国主义，而非战争本身；是帝国主义，而非沙文主义。在和平主义的外衣下，民粹主义者实际上是深层的国家主义者和好战主义者。民族主义思想最坚决反对的不是战争本身，而是与欧洲政府为任何目的进行的合作。[51] 在我们这个时代，对于像参议员塔夫脱和将军麦克阿瑟这样的人的反欧洲态度，以及他们在好战和和平政策之间来回横跳感到困惑的人，可以在民粹主义心态中找到启发性的先例。

民粹主义者区分了为人类利益而进行的战争和征服战争，认为前者是合法的，但很显然他们很难区分这两者。他们很乐意为所谓的正义战争摇旗呐喊，比如美西战争（美国以解放西班牙殖民地古巴为由发起）。19世纪早期，美国民众，特别是民主党阵营，普遍对欧洲和拉丁美洲的共和主义运动有着强烈的支持。但到了19世纪90年代，人们对外界的态度发生了显著变化，由最初的同情被压迫者为主，转变为对其政府的敌视为主。民粹主义者毫不怀疑,人民与政府之间一定存在对立,因此即使最民主的欧洲政府,也被他们视作反动的君主制国家。[52]

唐纳利在《恺撒柱》取得成功之后,创作了另一部奇幻小说《金瓶》(*Golden Bottle*),其中生动地表达了这种对立。故事迅速展开,直接切入主题:堪萨斯州的依弗雷姆·贝尼泽特(Ephraim Benezet)获得了一个能够点石成金的神奇瓶子。这天降财富让他能够解决个人乃至国家的经济难题。不久,依弗雷姆被选为总统,挫败了银行家们策划的刺杀他并引发内战的阴谋后,他发表了一篇非同寻常的就职演讲。他向民众宣告,阻碍他们"更伟大、更幸福"的唯一障碍便是旧世界。美国"与一具死尸——欧洲——通过一根韧带相连!"他呼吁关闭国门,以防更多来自欧洲的移民涌入,避免他们被美国的资本家利用来压低本土劳工的工资。正如他所言:

> 我们本可以通过明智的法律和公正的条件,将我国勤勉的劳动者的生活水平提高至中产阶级水平。然而,来自他国的无数可怜人士却紧紧抓住了我们的衣角,试图将我们拖下泥潭。我们国家是旧世界释放不满情绪的出口。如果这一通道关闭,那么二十年内欧洲大陆的每个王座都将轰然倒塌……旧世界的民众将不得不在饿死和反抗暴政之间作出选择,他们将会转而对抗那些压迫他们的人,最终将那些人撕成碎片。

他接着呼吁欧洲民众起义反抗他们的统治者。欧洲国家以宣战来回应,引发了大规模国际战争。美国以解放者的身份攻入欧洲。依弗雷姆总统当然取得了胜利,仅仅通过使俄国人识字,就让他们获得了自由。他还建立了一个旨在维护和平的世界政府。[53]

因此,19世纪90年代美国民粹主义和沙文主义同时发展,并非巧合。缺乏包容的民族主义情绪上升是全国性的,当然不可能仅局限于民粹主义的强势地区;但在所有社会阶层中,民粹主义者对这种情绪的认同是最强的。此外，正是借助沙文主义问题，民粹主义者和布赖恩派在不入流报刊和许多政治领导人的协助下，与城市广大民众建立起密切联系，而这种联系他们从未在经济问题上达成。即使保守派政客也意识到，无论他们与广大民众在其他方面是否和谐一致，都可以在战争中团结携手。

对于民粹主义者而言，首要的对手显然是英国这个黄金权力的中心。《货币金融学》结尾对英国进行了深入批判：

> 若有人宣称，我们必须接受英国选定的金属作为通用货币，且在这一点上我们无权独立作出选择，那么，让我们进行一次测试，看看真相如何。因为未尝试便轻言放弃，绝非美国人的风格。如果这一说法成立，让我们把英国纳入美国版图，抹去它在世界地图上的名字。与英国的战争，将是地球上最受欢迎的战争……是人类最具正义性的战争。[54]

一些共和党领袖曾在1890年通过《谢尔曼白银采购法》来平息白银运动风潮；而在动荡的1894年，他们又采取了一个战略行动来安抚西部民众。5月2日，在伦敦举行了一次非正式的金融汇率大会，布鲁克斯·亚当斯（Brooks Adams）和科罗拉多州参议员沃尔科特（Wolcott）作为美方代表出席会议，包括著名共和党人在内的15位知名参议员通过电报支持国际复本位制。参议员洛奇在参议院提出，若英国不接受复本位制——这是一个精心盘算出来的方案，旨在让西部银币派和仇英分子达成一致——就通过一项歧视性关税来打击它。[55]

这一提案最被克利夫兰领导的民主党人击败了。但第二年，民主党人试图利用沙文主义情绪来捞取政治资本，在委内瑞拉事件上的过度好战行为，成为克利夫兰政府少数受欢迎的行动之一。[56]一家西海岸的报纸代表了很多人的观点："在财务方面，我们受制于英国，（战争）是我们唯一的出路。"[57]内华达州的银币派参议员威廉·M. 斯图尔特（William M. Stewart）表示："即便我们被打败，战争也会是一件好事，因为它将使我们摆脱英国银行的控制。"[58] 另一位来自民粹主义势力强盛的州的国会议员写信给国务卿奥尔尼（Olney），祝贺他通过强硬的外交政策，擦亮了民粹主义者和无政府主义者的武器。驻哈瓦那的美国领事也督促奥尔尼，要和支持金本位的民主党人一起持强硬政策，对古巴进行调停或干涉。[59] 结果可能是两种：要么制止了暴行，收买了古巴而获得荣誉；要么，"一旦战争爆发，就打一场成功的战争。在后一种情形下，民众的热情、志愿入伍以及许多失业者的就业，将极大地有助于把人们的注意力从自由铸造银币这个错误的议题中解脱出来。"[60]

当委内瑞拉问题得以解决，沙文主义者的焦点转向了古巴。被压迫的古巴人民的处境，能够轻易唤起国内民粹主义者的共鸣，他们也加入了全国要求积极介入的呼声中。布赖恩的竞选失败后，受到挫折的银币派民众在古巴问题上找到了新的出口。终于有一个地方可以击败金本位者。不论是大企业、银行，还是克利夫兰（1885—1889，1893—1897 在任）和麦金利（1897—1901 在任）政府，都不认同全国范围内对战争的热烈呼吁，保守派和民粹主义报纸之间爆发了激烈论战。华尔街被指责对人类利益漠不关心；反过来，民粹主义者被指控用支持战争来掩盖通货膨胀政策。明显的是，"大多数支持对古巴干预的国会成员来自南部和西部，那里的民粹主义思想和银币派势力最强大。"[61] 1898 年许多有影响力的共和党人建议麦金利政府顺从民众对战争的要求，原因之一就是担忧民主党人将以"自由白银""自由古巴"的口号投入下一次总统大选中。[62]

沙文主义并不局限于任何阶层、派别或政党，但民粹主义者站在前列，他们的压力极大地推动了一场不必要的战争。战争结束后，民粹主义运动所依赖的经济和社会环境不复存在，其影响力分散并减弱。大多数民粹主义者在支持战争后，试图通过参与反帝国主义运动来抵制战争的果实。托马斯·沃森（Thomas Watson）是为数不多的始终反战的民粹主义者之一,他后来坚持认为:"西班牙战争终结了我们,军号声淹没了改革者的声音。"[63]事实上,改革事业的生命力过于顽强,不可能被一场短暂的战争永久压制。但就目前而言,公众的兴趣已经从"自由白银"转向了"自由古巴",当改革的浪潮再次来袭时,它将展现出新的面貌。

回顾民粹主义思想的各个方面,会发现一种奇怪的相似之处。在美国思想界,我们在哪里还能找到这种好战性和民族主义,这些世界末日的预言和世界政治战略的草案,对大商人、银行家和托拉斯的憎恨,对移民和城市工人阶级的恐惧,甚至偶尔的反犹主义言论?答案很奇怪,这些观点似乎更明显地出现在各方面都与民粹主义者对立的群体中。

19世纪80年代末期和90年代,美国东部出现了一个小规模的帝国主义者精英团体,他们代表了曾经在政治上有头有脸的人物,包括亨利·亚当斯、布鲁克斯·亚当斯、西奥多·罗斯福、亨利·卡伯特·洛奇(Henry Cabot Lodge)、约翰·海依(John Hay)以及阿尔伯特·贝弗里奇(Albert J. Beveridge)等坚定而可敬的绅士。当银币派公开且认真地反对银行家和犹太人时,布鲁克斯·亚当斯和亨利·亚当斯在他们充满讽刺和戏谑口吻的私人信件中表达了同样的情感,带着些许困惑嘲讽的意味承认自己在这一点上与暴民站在一起。当民粹主义议员和报纸呼吁美国与英国或西班牙开战时,罗斯福和洛奇也予以呼应。当莱斯提出她的世界分割和热带殖民的宏伟计划时,罗斯福、洛奇、贝弗里奇和马汉等人则提出了更现实的征服市场和吞并领土的计划。当民粹主义读者在思考唐纳利的世界末日幻想时,布鲁克斯·亚当斯和亨利·亚当斯也在叹息自己身处时代的文明即将终结,甚至连性格乐观的西奥多·罗斯福有时也在担忧"布鲁克斯·亚当斯预言的我们被黄金、资本主义和高利贷控制的前景"。莱斯写下:"我们需要一个工业界的拿破仑,通过鼓动和教育,引导民众认识到他们如今的状况,寻找补救之策。"[64]其后不久,罗斯福和布鲁克斯·亚当斯谈到了工人阶级争取 8 小时工作制运动的威胁，以及国家有被托拉斯组织者"奴役"的危险，还笑言罗斯福最终可能"领导一些不满的阶级爆发，至少可以暂时压制这个经济王国"。[65]

这些帝国主义的精英阶级，不仅普遍受教育程度高于民粹主义者，还对他们抱有明显的轻蔑。我认为，两个不同社会阶层在思想上的相似性，根源于国家主义者和民粹主义者都感到在工业化进程中被抛弃，因而都反对工业和金融资本家对国家的统治。精英们渴望夺回他们认为理所应得的权力和地位，这些早已被新兴的制造商、铁路大亨和强大的银行所剥夺。民粹主义者则追求恢复曾经的小农经营和平民政府。面对工业文明的迅猛发展，两者都发现自己无能为力，被共同的敌人挡在了前进的道路上。尽管在许多问题上这两大阶层有所不同，但他们同样拥有强烈的民族主义倾向。

在 19 世纪 90 年代的绝望和焦虑中，两者都准备开战，希望战争能够让富人和他们的权势陷入困境，或者最好能颠覆现有的政治制度，为被剥夺土地的农民领袖或野心勃勃的绅士开辟新的出路。但如果这种情况下出现任何类似于现代社会的权力主义运动的先兆或暗示，也绝不应该夸大。那个时代的人们比我们这个时代更天真，更幸运。与 20 世纪更严峻的现实相比，19 世纪 90 年代的许多事件带有一种滑稽剧性质。最后，仅仅发生了一场小战争，并且很快就取得了胜利。当农民和绅士最终在政治上联合时，他们只实行了温和的进步主义改革。而他们的领袖原本只是哈佛拳击队成员，带着一系列陈词滥调，却在民主舞台上嬉戏，自得其乐。

The Age of Reform

第三章

从悲情
到平等

Chapter 3

第一节　从失败到成功

　　现代人对19世纪90年代农民抗议运动的理解常带有一种悖论。一方面，农民抗议运动的失败一再被描绘为农民的最后失败。约翰·希克斯（John Hicks）在他的运动史中称民粹主义者开始了一场"长期斗争的最后阶段，也许是一场注定要失败的斗争——这场斗争是为了拯救农业美国，使其免受工业美国的吞噬"。另一位历史学家则称民粹主义者是"国家农业利益的最后统一阵线……农民们为了击退工业文明所做的最后一次尝试，即便工业文明的力量几乎将他们彻底吞噬"。[1] 另一方面，历史学家也经常列出民粹主义者曾经被嘲笑、但在布赖恩失败后不到20年间得以实施的提案清单，来说明这个运动的持久力量，并高度评价民粹主义时代的农业运动对进步主义改革黄金时代产生的重要影响。[2] 一个长远来看如此成功的运动，怎么能被看作它所代表的阶级的彻底和灾难性失败？

　　这两种观点都有其合理之处。民粹主义和布赖恩主义是最后一次试图将农民双重性格中"软"的一面融入全国性群众运动中。但进一步的结论，即这种改革的衰落代表了农业的彻底失败，不过是现代自由主义者对农耕神话的哀怨修辞的妥协。在民粹主义运动和布赖恩竞选受挫，农场主的抗议呼声失败之后，农民运动中基于农业商业化现实的"硬"的一面却比以往任何时候都更强有力。在威廉·麦金利击败布赖恩就任总统后的20年里，美国农业迎来了现代和平条件下空前的繁荣，一直持续到 1944—1945 年；也正是这 20 年，农场主在立法上取得了最大进步。

建立在传统农业观念上的政治运动的失败，不应与作为经济利益集团的商业化农场主的失败混为一谈。当然，没有人会坚持认为，如果布赖恩在 1896 年获胜，也可能会严重推迟国家工业化进程，延缓农村人口的相对减少。但可以说，民粹主义运动虽然失败了，却激发了农业组织和抗议斗争的热潮，并在之后取得了一个又一个的成功。在取得这些胜利之前，农业市场状况和国家政治环境需要发生变化。原本的建立基于农业主义的第三党来引导群众运动的尝试，也必须被施加压力、游说议员的现代政治手段所取代。民粹主义代表了美国农业政治发展的一个过渡阶段，它最后一次重申了一些旧思想，也预示着新思想的开端。农业领袖们受到其成就的鼓舞，也从其失败中吸取教训。这绝不是农民的最终失败，而是建立有效的农业组织的第一步，尽管这一步迈得不那么坚定。

美国的农业组织在两种类型的计划之间摇摆：一种主要基于地方和区域性问题，主要通过非党派活动实施；另一种基于更全面广泛的目标，倾向于依靠第三党行动。19 世纪 70 年代的格兰其运动强调在各州内行动，直到 1875 年至 1876 年参与的人数和声望均已下降时，才犹豫不决地转向全国立法。[3] 标志着民粹党开端的各种农民联盟，也是从商业、教育和社会组织发展而来，是明确的非党派组织。与格兰其运动不同，它们迅速而果断地转向政治行动。到 19 世纪 80 年代末，随着农民纷纷参与联盟运动，成立第三党的可能性日益增加。在 1890 年的州和国会选举中取得令人瞩目的初步成功后，民粹主义者带着极大的热忱筹备 1892 年的总统选举。南方的同盟运动主要是通过民主党协助开展工作，然而 1892 年民主党对格罗弗·克利夫兰的提名表明，两大政党都掌握在对农民毫无同情心的保守派手中，这促进了全国范围内建立第三党的运动。

向第三党政治的转变似乎是联盟成员们以戏剧化形式达成目标的

一种尝试。他们所对抗的力量,他们试图解决的问题,对于任何比联邦政府弱小、缺乏多样性的机构来说,都显得过于强大和复杂。而两大政党对他们的诉求一直是令人沮丧的漠不关心。农耕神话教导他们,任何不促进农业阶级利益的政府都是失败的,这使得民粹主义者放弃了对流行的自由资本主义的忠诚,不拘一格倡导任何可能帮助农民的政府措施,无论是通过政府控制交通设施还是仓储系统。

然而,美国的第三党领袖必须寻找与主要政党不同的路径,否则就是死路一条。历史上,没有任何第三党执掌政府或取代一个主要政党(共和党并不是由第三党发展成主要政党,而是从主要政党分化而来)。第三党在美国政治中经常扮演重要角色,但与执政党相比,它们的作用性质明显不同。[4] 主要政党的存在更多基于各阶层的赞同而非原则,目标是联合足够多的不同利益集团来掌权。一旦掌权,就通过协调各方利益来维持权力。次要党派通常坚守某些特殊的思想或利益,以坚定的、可识别的纲领和原则来表达自己的立场。其宗旨不在于最终胜利或执政,而是鼓动、教育、培养民众,产生新思想,为政治生活注入新活力。当第三党的诉求变得足够受欢迎时,就会被一个或两个主要政党所吸收,从而自然消失。如此,第三党就像蜜蜂,蜇人后即死。

如果根据第三党的要求被采纳的程度来衡量第三党,它们在历史上也不乏成功案例。甚至鲜为人知的反共济会党也把党的全国大会引入了美国政治体系,改变了党的秘密会议模式。在内战前,自由党和废奴党成功地将奴隶制问题推到政治舞台中心。在进步时代,社会主义党和社会主义思想的道德和智力影响尚未被我们充分认识。民粹党就是一个相对弱小的势力通过第三党行动发挥广泛影响的典型例子。

如果第三党的领导人总是接受第三方注定会遭遇这种特殊的"虽败亦胜"的命运,他们很可能就没有勇气和动力去发起改革。民粹党创始人对于自己要做的事情并不完全清楚,但他们似乎被该运动早期在地方取得的成功,以及 1892 年总统选举中韦弗将军获得 100 多万票所误导,认为自己有望成为主要政党。让历史学家印象极深刻的是,民粹党几乎不可能取代某个主要政党。如果我们还记得，1892年韦弗将军获得了总选票的8.5%，接近尤金·德布斯（Eugene Debs）①1912年参选时所获总选票的5.9%，但远少于罗伯特·拉福莱特（La Follette）②在1924年的16.6%。民粹党的支持者也有着明显的地域限制。韦弗在平原和山区州以及南方6州势力强大。但是在拥有55%选票的其他州，包括西部的艾奥瓦州、威斯康星州和伊利诺伊州，东部的中亚特兰大和新英格兰，以及南部的弗吉尼亚州，民粹党的踪迹几乎无处可寻，只得到总票数的5%弱。只有在9个州——其中几个州人口稀少——韦弗才得到了超过三分之一选民的支持。显然，民粹党已经显示出足够的实力，可以在几个州发挥主要政党的影响力，或者在参议院形成一个小集团，但是也仅此而已。

  民粹党受到的限制并不难理解。作为一个第三党，它的活动范围主要局限于对农业现状极度不满的地区。这些地区的农业依赖于单一作物出口，面临特殊的运输问题和高利率抵押贷款。在其他地方，除了人口稀少的山区，民粹党几乎无能为力。中产阶级对于那些将民粹主义者描述为过激的无政府主义者或社会主义者的歇斯底里文学信以为真，要么嘲笑他们，要么害怕他们。工人阶级尚未作为一个阶级有意识地投票。劳工骑士团面临衰退，而美国劳工联盟尚处在萌芽状态，几乎谈不上有劳工运动。[5]东部的农民虽然面临自身问题和不满，但他们视西部农民为竞争对手和敌人，认为民粹党的提议并不适合他们。[6]

  但民粹主义在地域上受限的最主要原因，可能在于它未能赢得西北旧农业州的支持，这些州在10到15年前曾是不满情绪的集中地。

---

① 尤金·德布斯（1855—1926），社会主义宣传家，美国社会党创始人。他领导了1894年普尔曼罢工。1900—1920年间他5次代表社会党竞选总统，其中1920年的竞选是在他因反战入狱的情况下进行的。——编者注

② 罗伯特·拉福莱特（1855—1925），1901—1906年任威斯康星州州长，1906—1924年任参议员，20世纪20年代为进步党的主要领导人，1924年代表进步党竞选总统。——编者注

到 1892 年,艾奥瓦州、伊利诺伊州和威斯康星州等地早已度过了最火热的投机发展期。他们在格兰其时代与铁路公司和掮客打过交道,不满情绪没有更西部地区那么尖锐。最重要的是,兴旺的、能获取现金流的乳制品业和玉米 - 猪复合产业——它们不像小麦和棉花那样依赖出口和世界市场——已经在许多地区取代了小麦。这些州已经形成了一个相当大的地方性市场[7],农业总体而言也更加繁荣。不仅韦弗在 1892 年在这些州输掉了选举,而且四年后的严重萧条期间,打着主要政党旗号竞选的布赖恩也失去了伊利诺伊州、艾奥瓦州、明尼苏达州和威斯康星州这几个州的支持,因而输掉了选举。在这些州,奶牛和养猪业的稳步发展至少和马克·汉纳(Mark Hanna)的贿选基金一样,缓和了农业运动的力度。

在 1894 年的国会和州选举中,民粹党风光无限,但有迹象显示,民粹党作为第三党的巅峰时刻已经过去。尽管两大党在全国范围内仍然由保守势力主导,但在民粹党势力较强的地区,它们采取灵活的策略来阻击平民运动。1892 年在堪萨斯州,民粹党取得了控制议会的决定性胜利,却被共和党诱使陷入了一场徒劳的"立法战争",未能通过任何重要立法。[8] 在其他地方,比如明尼苏达州和内布拉斯加州的经历也表明,当民粹党制订计划要解决当地农民困难时,他们的方案要么被主要政党充分吸纳,为他人作嫁衣;要么,他们自己提出不成熟的法案,结果遭到敌对的保守派法院的否决。[9] 在南方,黑人问题被有效利用来转移对改革的关注。自 1893 年以来,民粹党被迫更仔细地寻找具有普适性的议题,以期引起全国的关注,团结各州分散的力量,对主要政党发起挑战。

对此,我们有必要考量民粹党领导层的特性。农民并未从自己中间选出政治领导人;相反,这些领导人通常来自参差不齐的精英阶层,包括专业人士、农村记者、有经验的第三党运动活跃分子及专业改革家等,他们在鼓动上经验丰富,但很少承担责任和权力。[10] 值得注意的是,这场"激进"运动的领袖中,包括了极多生于杰克逊时代的老者，无数格兰其运动、绿背纸币运动及反垄断运动的老将。他们中的许多人像韦弗将军一般，对正义有着深厚的热爱；而有些则是在传统政治体系中找不到位置的边缘人物或野心家。多年来，他们在反复的失败中挣扎，直到90年代经济危机，他们认为第三党的机会终于来临。正如主要政党的领袖所预见，这些人渴望成功，易于被诱导；换句话说，如果认为这是取胜的最佳途径，他们很可能轻易被说服放弃自己的大部分主张。

此外，民粹党领袖一直面临着资金的匮乏，这并非他们之过。人们往往忽略了，由于民粹党可获得的资金有限，他们领导的运动几乎从一开始就容易被收买，这并非出于腐败，而是迫不得已。他们找到了买家，那就是白银利益集团。不要忘记，农民虽然热情慷慨，但很难大手笔贡献现金。许多拮据的农民连一个硬币都拿不出来，而农场主联盟、民粹党、无数作为运动喉舌的小报，都需要资金来支撑。比如，根据1890年农场主联盟的财务报告，会费收入仅11 231美元。而该组织声称有超过100万农民成员。按照每位成员贡献5美分计算，会员应该可提供5万美元资金！[11] 1895年，艾奥瓦州的民粹主义者在参加州议会竞选时，不得不以每人5美分的标准，向支持者募捐，最终所获仅317美元。[12] 有时大量农民愿意提供支持，但因为贫困，心有余而力不足。一位农民在给伊格内修斯·唐纳利的信中写道：

> 自1881年8月29日起，我一直在为生计而挣扎，却无力为世上最正义的事业捐献哪怕1美元。但如果你能找到一个人，他愿意以每英亩35美元的价格，购买我的240英亩土地及其作物（总价值8400美元），我将捐赠800美元……不仅如此，我还愿意为这项事业鞍前马后，尽心尽力，直至胜利最终归于我们。[13]

在民粹党早期，竞选经费的确少得可怜。1891年，肯塔基州的一些民粹党领导人相信，只要他们能够拥有几千美元资金，就能获得肯塔基州的全部选票。[14] 然而，直到第二年的 8 月初，他们在明尼苏达州仅筹到 400 美元，远低于他们最初的预期。[15] 到了 1892 年，民粹党领袖希望为在阿肯色州、佐治亚州和佛罗里达州的竞选活动筹集 2000 美元。[16]

在 1889 年至 1893 年间，三大事件显著推进了白银运动。1889 年至 1890 年，西部 6 个态度激进的州——艾奥瓦州、蒙大拿州、南北达科塔州、华盛顿州和怀俄明州——加入联邦，增强了白银运动在参议院的影响力。1893 年经济萧条爆发，那些原本逃过农产品价格下跌危机的地区深陷困境，重新激起人们对原有的万应灵丹的兴趣。同年，联邦财政危机，在格罗弗·克利夫兰倡议下废除《谢尔曼白银采购法》，进一步激怒了银币派，并促使西部银矿利益集团采取行动。

自由铸造银币并非民粹党特有的目标，也不被视为其纲领中较为"激进"的条款之一。例如，堪萨斯州的共和党人多年来就在其纲领中提倡自由铸造银币。国会两大党内均有大量支持白银运动的声音。众议院中近半数民主党人曾投票支持一项关于废除《谢尔曼白银采购法》的修正案，以实现自由铸造银币，只是未获成功。毕竟，单一金本位制在 19 世纪 70 年代以来才成为美国的国策，而民众在 19 世纪 90 年代初主张自由铸造银币，可看作一种旧政策的回归，而非一种激进的政策创新。白银运动继承了美国内战以来绿背党人挥舞的通货膨胀旗帜。虽然它受到了很多嘲笑，而且这种嘲笑并非无稽，因为它被 90 年代的民粹主义者视为灵丹妙药，但有必要记住，从负债的角度来看，无论银币通胀的理由有多少缺陷，它并非完全不合理。

然而，对于那些最激进的民粹主义者，如亨利·德马雷·劳埃德（Henry Demarest Lloyd）这样希望将民粹主义运动变为美国民主运动第一步的人，自由铸造银币是一个陷阱，一种错觉。最初的民粹主义纲领已经包括了一系列旨在解决土地、交通和金融等核心议题的改革计划。支持这一纲领的人要求政府掌握通信，给农业提供信贷支持，将自由铸造银币视为对当前困境的一种误解和逃避，担心它可能会分散公众对于更广泛改革运动的关注。[17]然而大多数"务实的"、渴望成功的民粹党领袖,如韦弗将军和该党全国常任主席、伊利诺伊州的赫尔曼·陶贝内克(Herman Taubeneck),都认为自由铸造银币是第三党扩大选民基础的一个议题。因此第三党成了一个战场,一方是少数希望坚持最初"纯粹的"民粹主义纲领(包括那些被认为是极端激进、集体主义的纲领)的人,另一方是大多数希望通过自由铸造银币政策获得成功的人。

在支持白银运动的过程中,领袖们的一切行动基于这个前提:无论是马克·汉纳领导的共和党,还是格罗弗·克利夫兰领导的民主党,都不会在1896年接受自由铸造银币的提议。如此,两大党中支持银币的势力就会退党(事实上支持银币的共和党人确实这样做了)。随后,所有支持银币的力量可能会联合成立一个新的党派,这个党派实质上拥有与主要政党相匹敌的影响力,而民粹党领导者将在其中扮演关键角色。简言之,这些领袖试图以白银议题为桥梁,与主要政党内支持银币的力量建立联系。他们确实成功地架设了这座桥梁,但出乎意料的是,过桥的"车辆"行驶的方向却与他们期望的背道而驰。

在此时,组织有力的白银运动变得极其关键。关于这一运动的历史尚未有确切的记录,此处我提及的仅是基于零散证据。但有理由相信,这是美国历史上最成功的宣传活动之一。即便按照当时的社会标准,民粹党并没有足够的资金支持,但它在所有持异议者中拥有唯一的实质性资金来源,并且有效使用了这些资金。它资助了报纸记者、政治家和政治小册子作者;它在美国几个州组织了年度白银大会,并通过像美国复本位联盟这样的组织,在其受众中传播了这样一个观点:国家几乎所有的问题都可以通过自由铸造银币这一简单措施加以解决。

民粹党领导层面对的问题在于:是反对将白银作为改革运动的唯一议题,还是选择与主张自由铸造银币的势力联手?接受白银议题意味着对其他社会议题的淡化,这不仅是因为将白银视为万能灵药的趋势会压制其他议题,还因为接受白银就意味着要争取保守派如银矿主的支持，而这些保守派对其他民粹主义议题持怀疑态度。务实的领导人选择了白银运动。他们中的许多人担心，正如陶贝内克在给唐纳利的信中所表达的，如果民粹党置身于白银运动之外，那么它将不再是一个左翼新政策，而仅仅成为一个"伟大的第三党的先驱"[18]，就如同废奴党之于共和党。

随着1896年芝加哥民主党大会的临近，情况变得明朗起来，与之前民粹党的预期相反，自由铸造银币势力占据了上风。当民主党人以超过二比一的比例通过了自由铸造银币议案时，民粹主义者考虑提名共和党中的银币派参议员泰勒；但当泰勒转向支持布赖恩时，他们陷入了困境。他们唯一的议题——白银——掌握在布赖恩和民主党人手中。如果他们提名自己党派的候选人，并强调自己的政纲，他们将不仅会大大输给布赖恩，还会分散选票，导致布赖恩失败，麦金利当选。但如果民粹党支持布赖恩，那么他们作为一个政党也就到此为止了。最终获得胜利的呼声占据了上风，经过合并派采取的诸多欺骗手段，在圣路易斯召开的民粹主义大会宣布支持布赖恩并自掘根基。[19]这对于共和党内有原则的改革者而言无疑是一枚苦果，他们清楚地看到了自由铸造银币这一万能灵药的不足之处。对于南方民粹主义者尤其如此，他们是在南方民主党派最顽固、最肆无忌惮的反对下建立自己的政党的。

亨利·德马雷·劳埃德深信，绝大多数民粹主义者私底下会承认，他们深知白银问题在整个改革中仅占微不足道的一部分。而且，许多人毫不讳言，这根本不能算作一项真正的改革。劳埃德抱怨："代表们非常明白，银矿主们投入了大量金钱和政治手段来让他们做现在正在做的事情"，但他总结说，由于这些人渴望成功，担忧改革势力间缺乏团结，他们坚定、全面地执行改革的意志被大大削弱。[20]劳埃德在私下里承认，民粹党接受白银问题为中心议题，就已经奠定了自身的失败："我们已经教导大众，白银是核心问题。他们当然会有常识，将选票投给承诺解决此事的最强大政党。"他清楚地观察到，改革运动

的领导层经历了显著的权力集中,虽然他似乎没有完全理解这一点与土地运动历史的契合程度:

> 奇怪的是,新党、改革党和民粹党,竟然比过往两大主要政党更专断、更顽固、更腐败。这个党自称为全民投票和公民创议权的坚定捍卫者,却完全受制于一个终身制的全国主席,这在其他政党中是前所未见的!我们倡议的投票权和创议权,最好像仁慈那样,先从家里开始吧![21]

同情亨利·德马雷·劳埃德和托马斯·沃森的作家们或明或暗地谴责其放弃自己全面、明确的改革主张,转而支持自由铸造银币的决策。为证明最初方案的有效性,他们列举了那些最终成为法律的民粹党提案:铁路监管、所得税、更大的货币流通量、贷款法规、直接选举参议员、创议权与全民公决、建立邮政储蓄银行,甚至极具争议的金库分库计划。正是由于在这短短 20 年间实施了这么多议案,我们有理由认为第三党行动终归是相当成功的。民粹党似乎已经履行了其作为第三党的职能。它改变了一个主要政党,也对另一个产生了深刻影响,并且在不长的时间内看到其大部分方案变成法律。那么,真正的胜利属于谁呢?银矿主未能看到自由铸造银币,而韦弗派、陶贝内克派和唐纳利派的代表们不久后也被边缘化,默默地成为第三党很快消失的功能的纪念。但他们的事业仍在继续前进,那些"纯粹"的民粹主义者欣喜地看到,他们的政策纲领被那些曾鄙视他们为狂人的政党变为了法律。成立第三党并非赢得高官厚禄的方式,但只要有足够的耐心,它同样可以成为解决问题的一条有效途径。[22]

第二节 黄金时代及之后

就在麦金利和汉纳以压倒性优势击败农民抗议势力仅仅两年之

后，美国的商业化农场主们便迎来了他们所经历的最长久的和平与繁荣期。1909年，西奥多·罗斯福领导的乡村生活委员会宣布："考虑到农民的收入，以及他们可能获取的各种舒适和便利，我们可以说，美国的农民从未像今天这样富有。"[23] 因此，工业主义对农民的"最终胜利"，却讽刺性地带来了农业的黄金时代。后来农业利益相关者在制定国家农业政策时，常常充满怀念地回顾这一时期。

在工业化和城市化的推进使得农村人口减少的背景下，农业的繁荣因何而来？答案在于，农业的兴盛不但受到工业和城市发展的影响，而且在很大程度上正是因为其带来的机遇。不仅如此，在美国农业的黄金年代，农民政治和经济地位稳步提升，尽管与城市人口相比，他们的数量逐年下降。

最主要的改变则是来自物价上涨，这是一开始让农民感到困扰的黄金所带来的。从1897年开始，全球黄金供应的增加导致了通货膨胀，而这正是农民以前试图通过白银运动获得的。在1896年之前的30年间，商品价格一直在下降；但是到了19世纪最后几年，物价开始急剧上涨，并持续至第一次世界大战后。例如，小麦价格从1896年的每蒲式耳①72美分涨至1909年的98美分，玉米价格从21美分涨至57美分，棉花价格从每磅6美分涨至14美分。

然而，拯救美国农民的不仅仅是黄金通货膨胀，还有美国城市本身。就在这个黄金时代，大多数农民正在迅速失去大量海外市场。[24] 维持农业繁荣的正是被用来论证农民在政治上失势的事实——城市人口的大规模增加。到了1890年，美国有573.7万个农场供应了2210万的国内城市人口；随后的30年间，只新增了71.1万个农场，却新增了3200万名城市消费者。在比以往更稳定、更有利的运输及金融条件下，相对较少但更大、更高效、更机械化的农场，将产出的农产品更多供应给国内市场，而较少供应于国外市场。确实，农业社区的扩张

---

① 1蒲式耳在英国相当于36.268升，在美国相当于35.238升。——译者注

不如以往迅速，但这种缓慢而理智的扩张速度本身就是农村繁荣的一个标志。农村剩余人口在快速发展的城市中找到了一个扩张的安全阀。许多无法适应农业经济的农民子女陆续迁往城市，去寻找工作机会或开创事业。[25]

商业农民地位的提升，从根本上改变了农业组织关于如何促进其利益的思路。战前的黄金通胀自然结束了货币问题在19世纪90年代农业思想中的首要地位。绿背党、民粹党和布赖恩派都迷恋于货币数量问题，提出了各种旨在增加货币供应量的立法计划。而新的方法则注重通过减少和控制农产品供应量来维持或提升商品价格。

随着农业技术的飞速进步和耕地面积的扩张，美国的生产能力迅速超越了世界市场对农产品的需求增长。农场主发现世界市场上农产品过剩，认识到销售成本、低效和资源浪费是农场问题的核心。[26] 1902年成立的两个主要农民组织——美国公平协会和农场主协会（farmers' Union），都强调了控制农产品产量和改善销售方式的必要性。[27] 这些组织的领导人提倡控制生产量，并通过储存计划暂时不将过剩产品投入市场。这些销售计划预示了后来罗斯福新政中的政策和"永久性粮仓"理念。不同的是，这些早期的倡导者希望通过自愿联合而非政府资助来实施这些计划。

另一种控制农产品价格的方法，源自农民和关注生活成本的城市进步派对中间商盘剥的新认识。城市领导人认为，削减中间环节的过高利润，可以使农民以更低的价格向城市消费者销售更多的农产品，同时仍保持较高的收益。1911年，由于农场主协会领导的这方面宣传活动，一项要求在农业部内成立市场局的提案在国内获得了广泛关注。最终在1913年成立了一个独立的市场管理处（后被并入农业经济署）。一年后，大卫·休斯顿（David Houston）担任美国农业部长，农业部的工作随着领导人的观念变化而改变，开始越来越多地向农民提供关于产品销售的信息和指导，而不仅仅是专注于帮助农民提高产量。[28]

关注分配问题的直接结果是农民合作组织的兴起，这类合作组织最初在运作良好的乳品等行业中出现，并逐渐扩展到其他领域。19世纪90年代成为转折点，接下来的20年见证了其快速的扩张。尽管统计数据并不完全可靠，但据1925年农业部的记录，10 803个市场和采购组织中，仅有102个是在1890年之前成立的。1890年至1895年间新成立的协会数量超过之前所有年份的总和，并且此后每年都在加速增长，直到20世纪20年代初。1928年，包括信用社、互助保险社、公共事业合作社以及销售和采购合作社在内的农业合作组织总数达到约58 000个。[29]

传统上反对垄断和托拉斯的农民，此时发现自己（这表明他们已经变为成熟的现代商人）违法了反垄断法。过去几代人中，农民在反对垄断行为上的正直性从未受到质疑，但现在他们却成为《谢尔曼白银采购法》攻击的目标，尽管这似乎不太公正。1890年到1910年间，人们多次尝试对农场销售合作社的负责人和相关官员提起诉讼，尽管无人因价格操纵被定罪，但合作社的法律地位仍然充满争议，直到后来几个州立法确认了合作社的地位。[30] 1914年的《克莱顿反托拉斯法》特别豁免了农民和劳工组织不受国家反托拉斯法制约。[31] 1922年通过的《卡普-沃尔斯特德法》(The Capper-Volstead Act)进一步明确了合作销售协会的法律地位。但起诉的真正意义在于，农场领导层不再将重点放在与大企业的传统斗争上，而是更注重在商业模式上建立自己的组织。

随着农民对市场和组织的关注，他们开始对专家产生新的敬意。自从1862年《莫里尔土地授予法》(Morrill Land Grant College Act)①实施以来，农民一直对所谓的"书本农业"持批评态度，在这些土地赠予学校里，学习农业的学生通常不及学习工程的学生数量的五分之

---

① 《莫里尔土地授予法》规定各州凡有国会议员1名，拨联邦土地3万英亩，用这些土地的收益维持、资助至少1所学院。其宗旨在于教授农学、军事战术和机械工艺，不排斥古典教育。——译者注

一。[32]然而，进入20世纪，公众态度迅速转变，应用科学开始影响许多农民的思维方式。据威尔逊回忆：

> 1902年我去埃姆斯（Ames）学习农业时，并非我们艾奥瓦州社区第一个上大学的人，却是第一个选择农业大学的年轻人。十到十五年后，这已成为所有经济宽裕农民的常态。一些农民开始记账，计算成本与利润得失。越来越多的农民遵循农业杂志上"饲养技巧"专栏的建议，采用科学方法饲养牲畜。首蓿由于农民认识到土壤对氮的基本需求而进入市场；奶农们引入产奶量更高的荷斯坦奶牛；更多农民选择了抗寒抗锈的小麦新品种；养猪户改良畜种，并为牲畜接种霍乱疫苗。最终，这导致了对县级农业代理人需求的增加，也就是说，需要训练有素的专业人士向农民提供科学培训方法和指导。[33]

商业化农场主长期以来对农业技能的漠视正在结束。

农民在市场地位和经济技术方面的变化，与其政治状况的改变密切相关。在19世纪90年代，农业组织不得不在充满敌意的环境中展开活动，缺乏其他阶层和地区的强大盟友。而随着进步时代的到来，农业组织曾经的孤立状态被打破，和谐的政治氛围使得两个主要政党能够吸纳并实施一些早期提出的农业改革措施。从那时起，除了那些在1924年支持拉福莱特竞选总统的人，农民普遍对全国性的第三党行动持保守态度。只有在州或地区层面上，如无党派联盟和明尼苏达州的农工党等，才会尝试进行独立的政治活动，甚至传播过去的民粹主义敌对情绪和言论。

随着第三党行动的结束和城市化的兴起，农业运动的整体策略经历了根本性的变革。在一个多世纪的时间里，农民占据人口多数，农业主义的理论家们一直主张多数决定原则，认为土地主义与民主之间存在着一种内在的必然联系。[34]农民的政治斗争始终是为了支持或确保广泛的大众民主，他们的思想充满了对有组织权力的深深怀疑。现在，随着经济中农业部门的萎缩，农民不再考虑多数人的统治，开始越来越依赖少数人的行动——最终甚至是少数人的统治，因为这是富裕农民的福音。20世纪美国政治的一个显著特点是，尽管农业人口在数量上相对减少，但在政治上的影响力却不断增强。从比例上看，他们与城市之间的差距变得越来越大，但却变得更团结，更有发言权，行动更高效。[35] 1870年，美国53%的就业人口依靠农业为生；到了1945年，这一比例降至15%。然而，在1945年，农民上层作为一个整体却比他们在1870年拥有更高的政治影响力。

农业力量的崛起建立在其数量的减少之上。农业主义者声称，工业化和城市化的"无情"推进，在1896年的最后一战中"压垮"了农民；但实际上，它也使得农民在立法机构中拥有越来越多甚至过多的代表。美国的立法程序在严格的"衰败选区"①框架内进行，城市选区常受到农村地区的压制。甚至连城市，也因为受到农村代表主导的立法机构的影响，而无法独立管理自己的事务。例如在康涅狄格州的众议院中，有16.6万人口的哈特福德（Hartford）和人口数量仅为547的科尔布鲁克（Colebrook）都各有2名议员。洛杉矶县的412.5万名城市居民在加利福尼亚州仅有1名参议员，而因约县（Inyo County）的13 560名农村居民同样也有1名。这种不平等现象在国会中反复出现。一个拥有908 403名居民的俄亥俄州选区只有1名国会议员，而拥有148 140名居民的南达科他州地区也是如此。一个拥有80.2万人口的得克萨斯城市选区与该州一个只有22.6万人口的农村选区拥有相同数量的国会议员。参议院以最极端的形式体现了这种不平等。1940年美国25个最小的州有50个席位，总人口为2520万；而23个最大州有46个席位，总人口为10 650万。因此19%的人口选出了参议院的多

---

① 衰败选区是指很多农村选区最初设立时人口较多，根据人口比例获得相应的议员名额。但后来人口显著减少，议员名额却不变。——编者注

数席位，剩下的81%由少数人代表。南大西洋、中东部、中南部和山区的24个州——总的来说都是农业区，占全国人口的35%，却拥有参议院总席位的一半。考虑到参议院的章程增强了决定性的少数派的力量，我们就能更清楚地理解农业的潜在力量。[36] 政治讨论中，关于大城市政治及其在政治中的作用屡见不鲜。相对而言，公众较少关注农村集团的过度权力，这证明了我们农业传统的强大影响力。

然而，我这里主要关注的不是农村立法权力对我们时代的影响，而是1896年之后的农民如何利用自己日益增强的代表权和在政治经济组织中不断增长的力量来赢得早该进行的改革。1900年前后的变化格外引人注目。自1865年至19世纪末，农产品价格持续下跌，农业经济长期陷入困境，农民在联邦政府中几乎得不到什么同情，也几乎未见任何旨在帮助他们的重大立法政策。[37] 但在20世纪早期，西奥多·罗斯福的"公平交易"和伍德罗·威尔逊的"新自由"政策催生了许多重要的农业立法。衡量联邦政府对农民扶持程度的一个指标是农业部的预算，1920年农业部对此的预算是1890年的30余倍。[38] 一些对农民有价值的联邦措施，如1906年通过的《赫本法案》（Hepburn Act）加强了对铁路的监管，以及收入税修正案的通过，都让人想起了过去的民粹主义提案。

一系列针对农业的措施得以通过。其中最重要的措施之一是扩大农业贷款：通过《联邦农业贷款法》和1916年的《仓库法》，后者显现了民粹主义国库分库的特点。教育措施也占有重要地位，如1914年的《史密斯-利弗法案》（Smith-Lever Act）为农民提供了系统的示范教育，1917年的《史密斯-休斯法案》（Smith-Hughes Act）对农业职业教育给予财政支持。还有一些措施涉及农产品的市场营销、分级和标准化：1906年的《纯净食品和药品法》（Pure Food and Drug Act）、1907年的《肉类检验法》（Meat Inspection Act）、1916年的《谷物标准法》（Grain Standards Act）、1916年的《棉花期货法》（Cotton Futures Act）以及1916年的《农村邮政公路法》（Rural Post Roads Act）。

在20世纪20年代，尽管议员中的农业集团强大，且农业游说力量雄厚，但两项重要的农产品价格控制方案——平均费用和出口债券方案均告失败。农民推动联邦政府有效行动的能力因柯立芝总统的坚决反对而减弱。从20世纪50年代末的角度来看，20年代相对匮乏的立法成果似乎只是农业政治势力的暂时受挫。到了20年代末期，农业被普遍认为是"需要国家特殊政策支持的特殊国家利益"。[39]罗斯福新政时期，这一认识得到制度化，政府介入，实现了以前私营农场未能做到的事情，即在全国范围内组织农场生产者，以维持农产品价格。

农业游说集团的一项重大成就，是将均价原则确立为国家政策的目标。它的含义是，保证某一利益集团的产品价格水平，使其购买力等同于该集团在现代最繁荣时期的水平，即所谓的1909—1914年的"基准期"。当然，这并不暗示着自该政策制定以来，农业生产者一直享受着均价收入，但似乎毫无疑问，农业集团成功地为商业化农业赢得了前所未有的政策权益，这是美国任何其他单一阶层都无法比拟的。使该原则得到通过，让超过600万农民获得数十亿美元的均价收入补偿，这可能被视为农业利益的全面胜利。然而，在1942年的第二次世界大战期间，农业集团的强大力量以一种让人震惊的方式体现出来。他们迫使美国国会在《紧急价格控制法》（*Emergency Price Control Act*）中增加了一项条款，禁止物价管理局为任何农产品设定低于公平价格110%的价格上限。因此，许多农产品的最低价格都超过了消费者能够承受的最高价格。消费者不得不支付最高价格，而政府必须通过对生产者支付补贴来弥补这一差额。这种要求超越了均价本身的标准，被罗斯福总统斥为"对社会某一特定群体的特殊照顾"，是美国农业政治力量的显著标志。正如A.惠特尼·格里斯沃尔德（A. Whitney Griswold）所指出的，美国农业已"从一个慈善机构演变成了一股政治力量，不仅能够追求自身的利益，甚至能在战时反抗国家领袖的决策"。[40]自内战以来，均价一直是每任政府都必须非常谨慎处理的问题。

因此，在布赖恩竞选失败半个世纪后，当农民被描述为在"工业美国的巨口之中挣扎"，同一个工业美国继续生产社会剩余产品，而商业化农民从中获益。[41]

第三节 消失的乡巴佬

在民粹主义时代，美国农场主的双重身份尚未解决，即"软"的农业传统和"硬"的商业特质。随着 20 世纪的经济、政治和社会变迁，农场主们越来越公开地认同他们的商业角色。当然，农村观念和民粹主义论调依旧被保留，并在某些地方仍然存在，但它们逐渐被纳入更顽固的保守主义思想之中。这种保守主义最明显的特征之一，是对所有劳动者的传统认同感迅速下降，富有的农场主们越来越视自己为商人和雇主。随着农业机械化的发展，以及越来越依赖季节性劳动力的浆果、水果和蔬菜作物的兴起，有地位的农场主越来越少将雇工视为熟悉的农业工人或学徒。这一过程在不同地区不同时间发生，但在世纪之交的几年里，变化显著加速。一位马萨诸塞州的农场主在 1890 年注意到："我们已经不再使用'帮手'这个老式用语，而'劳工'这个词带有一种特殊的含义。"[42] 农场主对这种新型的劳动关系看法模糊，对他们来说，这只是一个纪律问题，是生产成本的一部分。对劳动者身份的理解和态度正在发生根本性变化。[43]

民粹主义者坚信，无论是城镇还是乡村，都存在一个被压迫的劳动者阶级，他们与所有劳动人民，无论是农业还是其他行业的，始终站在一起。他们在 1892 年的纲领中宣称："财富应归创造财富者所有……农村和城市的劳动者拥有相同的利益，他们的敌人也是相同的。"在 19 世纪农民的用语中，"劳工"一词适用于所有在城市或乡村做工的人；甚至直到 1860 年，一位在威斯康星州拥有 240 英亩土地且自己耕种了其中 80 英亩的农场主，在接受人口普查员访问时，仍将自己视作"农场工人"。[44] 这个术语的误用暗示了一种尚未消解的心理联系。农场主原本将城市"技术工人"视为一种原始的手工匠人–商人，类似于农场主自己，同为贵族和剥削阶级的受害者。劳工骑士团对民粹主义的兴趣表明这种同情是相互的。

在 20 世纪，随着工会主义在工人中稳步发展，农场主采用了更加商业化的手段，并越来越将自身视为劳工的雇主，这种相互的认同逐渐消散。[45] 尽管农场主和城市工人偶尔能在特定议题上携手合作，但他们之间出现了尖锐的紧张关系。农场主对于长工时习以为常，难以理解城市工人对缩短工作时间的迫切需求，同时他们往往忽略了城市生活成本的高昂，认为劳工对于工资的要求过高。受到商业倡导者和保守派领导者的影响，农场主认为劳工的工资提高是导致自己购买的商品价格上升的重要原因。工会越是壮大，农场主对劳工的同情就越少。正如一位研究农业传统的学者所指出："一个世纪以前，美国农民倾向于将对城市的控诉指向富裕阶层和贵族；但如今他们往往将失业者的懒惰和工会的抗议作为城市腐败最突出的象征。"[46]

确实，在繁荣且有组织的农民中（只有富裕的农民才会组织起来），社会同情已部分消散。[47] 民粹党人以一种相当感人的方式呼吁普遍原则，认为自己代表所有劳动者的利益，包括整个农民群体。实际上，美国农民的利益如此多样，以至于这即使对农民来说也不总是适用。但民粹党人的这种口头承诺，至少显示出对田园民主传统的一种颂扬。然而，随着民粹主义的消逝和 20 世纪美国农业的商业化，农民运动的基调完全转变了。核心议题不再是劳动或农业利益的普遍性需求，而是特定作物、特定技能、特定问题、特定地区，最重要的是农民群体中的特定阶层。现代的农民组织，除了少数例外如农场主协会，往往没有对那些在农业繁荣进程中被边缘化、被抛弃的农民表现出同情，甚至显示出强烈的敌意。[48] 边远地区的农民，被大型机构吞并土地且无处可去的农民，因为贷款困难、租约到期、种族歧视、政治上丧失选举权而陷入困境的农民，以及带着家人居无定所、收割了一种又一种作物，使得雇主能够以最低劳动力成本和最小雇主责任种植季节性水果和蔬菜的农业工人,都被商业农民所鄙视。毕竟,美国农村有一半人被排除在美国生活的物质和社会福利之外,对这一大群体,商业农场主始终很不友好。试图解决这一问题的最重要组织是农民重新安置管理局和农场安全管理局,但他们的工作遭到了农业局联合会(Farm Bureau Federation)的幕后操控者与游说集团的坚决反对,无果而终。[49]

在 20 世纪初,美国企业界因农业运动的反企业言论而不安,开始主动讨好农民,并着手建立两个利益集团之间的融洽关系,这种关系现已成为美国政治的显著特点。这一趋势似乎萌芽于地方,与农业改革者希曼·A. 科纳普(Seaman A. Knapp)在农民中推广的示范教育项目密切相关,目的是激发农民对正确的耕作技术、良种作物和牲畜养殖的兴趣。大多数农民对此持极度保守的态度,科纳普意识到,要获得积极反响,就要赢得当地因农业繁荣而受益的商人、企业家和银行家的支持。这些人实际上通过威胁停止贷款来迫使农民合作。由此,许多保守的农民被迫接受了进步农业模式。随着时间的推移,铁路公司也参与进来,与农业院校合作,安排农业火车穿越农村地区,举行教育展览。银行家们也产生了兴趣。美国银行家协会成立了农业发展及教育委员会,旨在建立农民与银行家之间的和谐合作关系("银行家们被误解了"),并协助推动农业的繁荣,以造就"一个更满意、更富足的民族"。银行家们还开始发行一份公关刊物《银行家 – 农民》(*Banker-Farmer*)。紧随其后的是农业设备制造商,通过全国农具及车辆协会投身其间。全国铁路、工业和商业组织也不落人后。在强大商业游说团体的支持下,1914 年通过了《史密斯 – 利弗法案》,创立了庞大的全国性农业示范教育体系。[50] 美国商业界通过支持农业技术和教育促进了农业繁荣,也为商业界与农业界的联盟奠定了牢固的基础,这个联盟至今仍未破裂。

许多农民开始积极响应商业利益集团和农业学院的劝导,采取更商业化的态度。当美国企业总体上开始将注意力从简单地扩大生产及建新工厂,转向提升市场营销技巧、合作、改进内部管理以及市场整合上来时，农业界也表现出类似趋势。1907年，《华莱士农民》(Wallace's Farmer)的一位读者给编辑写信说："你们难道不应该讨论一下如何销售我们的农产品，而不是不断地教我们如何生产更多吗？"[51]这正是新型农业组织、农业新活动，以及整个农业"新时代"的关键所在。

在19世纪末，许多农业期刊的撰文和农场组织的工作都呼应了一个主流趋势，即鼓励农民将自己看作商人，并在管理和销售方法上仿效商人。这一呼声甚至在内战之前就能偶尔听到，但现在它们已经形成了声势浩大的大合唱。早在1887年，一份南方农业杂志就曾报道："现在，农民既需要成为农业专家，也需要成为精明的商人……他将不得不记账，知道自己花了多少钱，作物成本是多少，利润总计几何。"在《作为商人的农民》(The Farmer as a Merchant)一文中，作者强调："谁能最好地销售其产品，谁就是最大的赢家……（农民们）需要观察并研究市场，了解商人和各种农产品的交易方式，还要学会如何将自己的产品'卖出好价钱'。"[52]另一位作者在1904年的《康奈尔乡村报》(Cornell Countryman)上表示："现在从事农业的首要目的，不是维生，而是赚钱。为此，它应该像任何其他生产性行业一样，在同样的基础上运行。"该报刊还声称，在农业学院举办的农民协会会议，实质上是"企业家间的商务会议"。[53]

新型农民组织的领袖们不再谈论卑微且被剥削的自耕农，而是鼓励农民像工业老板一样行动，限制生产，防止过剩，驾驭市场，并如美国公平社会组织的领袖所言，将农业"置于安全盈利的基础上"，使其收益"与其他商业活动中所得相当"。[54]1919年，美国规模最大且最权威的农场组织之一——农业局联合会成立。该组织从一开始就表达了最保守、最富裕农民的观点，并且通过与农业部的县级代理人在全国范围内建立联系，搭建与农业部的半官方关系。它成立之初，《华莱士农民》的编辑，后来在哈丁总统任内担任农业部部长的亨利·华莱士发表了一篇颇具影响力的演讲，敦促：

如果农业局联合会想要证明其存在的正当性，就必须立刻着手制定一个真正的商业策略。这并不意味着将工作交给农民的委员会。每项工作都需要由专家负责。应该聘请美国顶尖的专业人士来管理各项不同类型的业务。联合会绝不能仅仅沦为一个教育或社会机构，它必须成长为国家内最强有力的商业机构。[55]

像其他商人一样，农业局联合会招募专家。他们高薪聘请知名的领袖和有能力的说客，并且接纳了那些不是农民、主要利益也不在农业的个人入会并发挥重要作用。[56]

富裕农民的经济角色所呈现的真相，同样适用于他的社会生活，尽管这种转变可能不那么彻底与显著。我之前提到，除了在有限的地区，19世纪的农场主已经失去了在传统文化和民间社区中的优势，由此而产生了强烈的物质、社会和文化孤立感，他们的妻子感受可能尤为深刻。这正是格兰其、农场主联盟和肖托夸（the Chautauquas）①等组织试图填补的农场生活的空白。[57]20世纪的社会变革极大地弥合了富裕农民与城市中产阶级之间的文化差异。早期的农民被剥夺了享受民间传统文化的机会，他们的后代现在却能自由接触现代流行文化。农村免费送报、邮购图书目录、改善的道路、汽车和卡车、乡村电气化、电话和收音机乃至电影，让农民得以享受与城市中产阶级相同的娱乐活动。"乡巴佬"的旧有刻板印象变得毫无意义，而且农民自身也越来越不能接受。1921年，一份面向富裕农民的杂志发表了一系列全国知名漫画家创作的漫画和评论，主题为"农民的真实面貌"。其观点是，以往描绘的瘦削、留着胡须、戴着破草帽的乡下人形象已不再准确，现代的农民与其他社会阶层无异，更像商人。[58]

---

① 亦称野外文化讲习会，或夏季教育类户外集会。肖托夸为美国纽约州西部城市，位于宾夕法尼亚州边界附近的肖托夸湖畔，是葡萄生产区。——译者注

随着这些变化，美国农村富裕和贫困群体之间的生活水平和观念差距，就像城市各阶层一样，日益拉大。当边缘化农民和流浪劳工在绝望的贫穷与污秽中挣扎时，成功的农场主却能进行炫耀性消费，一掷千金于奢侈品。汽车制造商在农业杂志上刊登广告，将他们的产品描述为"富丽堂皇的豪华汽车……设计考究，外观精美，如同巴黎和平街①般时尚豪奢"。一位农业记者描述农业局联合会大会时说："看到……成千上万的农民及其妻子，富有又时髦，让人感觉置身一个巨大的世界博览会或娱乐中心。"[59]

这种画面与19世纪90年代的氛围相去甚远，与传统自耕农形象更是遥不可及。可以通过以下两段引文，来说明它如何影响了农村的消费观。

1860年，未来的堪萨斯演说家玛丽·莱斯尚是小女孩，某份农场杂志讽刺了一个城市女郎自以为是的优雅与做作，描述如下：

> 她从沙发上缓缓起身，因为起得过早而慵懒地打着哈欠。她柔弱无力地站起来，啊，那是怎样的风姿！瘦骨嶙峋，面色枯败，臀部瘪塌，身形干瘪，发丝稀疏，牙齿缺失。多么光彩照人的女郎啊……改头换面的仪式开始了。首先，把牙医的杰作放进嘴里。接着把迷人的卷发放在她的"古典模型的头"上。随后适当调整身形，裙撑、臀垫相继穿上，显露出女性特征。之后是一番涂脂抹粉，在苍白的脸上涂上"永久的玫瑰色"。最后，她将"斩男色"外套披上曼妙的身体。

与之相比，1935年4月的《爱达荷农夫》（*Idaho Farmer*）上则给了农妇们这样的美容建议：

---

① 位于巴黎第二区的一条街道，是世界知名的时尚购物街之一。——译者注

手必须保持柔软，如同最新面料一样滑腻。修指甲的时候要仔细，不要涂抹任何色彩艳丽的指甲油。清浅细腻的色调更能体现清新气质。指尖的色彩与唇色要匹配。检查你的散粉与腮红，确保它们与夏日阳光下的肤色相得益彰。[60]

尽管这些广告并未告诉我们，即使在富裕农民的妻子中，有多少人有闲情逸致来涂抹那些雅致的指甲油，但可以肯定的是，广告商、杂志，甚至可能大多数农民的妻子，都不觉得农业杂志讨论这些事情是荒谬的。这种理念本身就具有重大意义。玛丽·莱斯习惯于穿着褪色旧印花布裙对疲惫农妇们发表演讲，如果她知道这些关于玫瑰色指尖的建议，会不会在黄泉下无法安宁？我不敢肯定。她想要为农民及其家庭争取更多生活中美好的事物——她那个时代所知的美国生活水准。标准已经改变；很难确切地说，战斗状态的农场主会选择在哪一步停下来。历史的辩证法充满了讽刺与巧合，在这漩涡中，起初的反抗者最终发现自己成为被反抗的对象。

The Age of Reform

第四章

地位革命
与进步党领袖

Chapter 4

第一节　财阀与中立派

民粹主义主要在农村和地方层面进行，而进步主义则是城市化的、中产阶级的和全国性的。两者的主要不同在于，城市中产阶级不仅加入了抗议行动，还掌握了领导权。布赖恩的追随者仍然对某些改革项目保持兴趣，但现在他们发现大量曾经的反对者也加入他们的队伍。随着改革呼声从农民扩散到中产阶级，从民粹党转向主要政党，它变得更加强大，更受重视。民粹党的反对者可以将其贬低为疯狂的无政府主义者，尤其是在数百万美国民众从未见过民粹党人或无政府主义者的情况下。但要将进步党歪曲成这样的形象是行不通的，因为他们在全国各地蓬勃发展，无处不在，而且广受尊敬。

威廉·艾伦·怀特（William Allen White）在自传中，或许有所夸张地回忆了他童年以及作为年轻记者时见证的绿背纸币运动、民粹党大会的场面。作为中西部殷实的中产阶级，他总结说："那些农业运动常常吸引一些不务正业、不适应环境的人：失败的农民、非主流的律师和医生、不合格的教师，以及满怀怨恨和三分钟热情的神经质者。"多年后，当他分析1912年进步党成员时，他发现其"在主要方面和内心深处都属于小资产阶级"，"这是一场由小商人、职业人士、富裕农民以及劳工组织上层熟练技工发起的运动……成功的中产阶级农民、住着漂亮房子的农民、收入丰厚的铁路工程师和乡村报纸编辑"。[1]

怀特自认为是一个很好的例子。用他自己的话说，在19世纪90

年代，他是"统治阶级的孩子"，是"一个年轻勇敢的反抗分子"，与其他年轻的堪萨斯共和党人联合起来反对民粹党，并以一篇激烈的反民粹党文章《堪萨斯到底怎么了？》赢得了全国声誉。在进步时代，怀特成为改革运动的杰出宣传家，著名的扒粪（又称揭露黑幕）记者的朋友和同事，热情洋溢的进步党人。他的心态转变并非孤例，他所处阶层的很大一部分人也有类似经历。这个社会曾把民粹党和布赖恩视为疯子，之后却又采纳了民粹党纲领的很大一部分。正如怀特所言，他们的政治领导人"在民粹党游泳时偷走了他们的所有衣服，只留下自由铸造银币这条破内裤"[2]。

显然，如今全国各地普遍感受到了政治和经济改革的迫切需求。同时，另一股潜流也在进行中，它源于美国政党体系的灵活性和机会主义：要成功抵制改革的诉求，得部分吸纳改革计划。正如布赖恩式的民主吸收了民粹主义的一些精神和计划，之后的西奥多·罗斯福通过改头换面的形式采纳了布赖恩的相关议题，从而不断削弱布赖恩的吸引力。就这样，进步主义变成了全国性的，并获得了两个主要政党的支持，涵盖民主党和共和党，乡村与城市，东部、西部和南部。布赖恩的老根据地和城市的新改革运动结成了有效联盟，没有这个联盟，进步主义的广泛传播和强大力量是不可能实现的。进步党精神传播得如此广泛，以至于到了1912年三派竞选总统时，保守派候选人塔夫脱总统所得选票，不到进步党人威尔逊和罗斯福合起来所得票数一半。

1900年之后，民粹主义与进步主义已混为一体，尽管细心的历史学家可能会区分出其中的两种主要思潮：一种深受民粹主义影响，另一种则源于城市生活的经验。当然，进步主义的特点是以全新的眼光，以更人性化和富有同情心的态度关注城市问题，如劳工和社会福利、市政改革和消费者权益等。然而，那些具有全国意义并需要国会行动的时代成就，如关税和金融立法，对铁路和托拉斯实施监管等，都依赖于农业地区参议员的投票，并以符合他们需求的方式来制定。

尽管过于严格地区分民粹主义与进步主义会扭曲现实，但中产阶级改革热情的增长，以及专业人士和受教育群体所做的贡献，使得进步主义比民粹主义更有洞察力、更温和、更复杂。此外，作为繁荣时代的产物，进步主义带有的敌意较少。除了一些有争议的高度实用性问题，民粹党人在大多数普遍的社会议题上往往意见一致，而且观点相对狭隘和固定。相比之下，进步党人更可能认识到社会问题的复杂性，并因此内部分歧明显。

实际上，典型的进步党人在许多议题上经常持有双重看法。关于大公司，一方面，他们认为这是社会的潜在威胁，可能会被不择手段的人操纵；但另一方面，许多进步党人清楚地看到工业和金融组织是社会演化的产物，有其积极面，也将持续存在。关于移民，他们经常也有民粹党人的偏见，对种族混乱感到恐惧；但他们更倾向于用对移民的某种责任感来约束这种情绪。关于劳动力，尽管进步党人可能比19世纪90年代的多数民粹党人更敏锐地意识到，工会力量的增强构成了全新的挑战；但他们也看到，工会组织是为了满足城市大众的真实需求而出现的，这种需求必须以某种方式得到满足。关于政治老板、政治机器和城市的堕落腐败，进步党人认可这些是严重的邪恶，但他们愿意，也许太愿意承认其存在很大程度上是自己的过错。与民粹党人一样，进步党人充满了义愤，但他们的愤怒更多地被责任感，甚至是罪恶感所束缚，并且得到了更大的组织、立法与行政能力的支持。不过，为了避免对民粹党人不公平，应该补充一点，进步党人通常没有19世纪90年代民粹党人的勇气和创新力量，而且他们的政治努力很多时候仅仅局限于实现民粹主义者十五到二十年前已提出的建议。

奇怪的是，即使我们考虑到1907年短暂的经济恐慌和1913年的经济衰退，进步主义运动几乎完全发生在一个持续和普遍繁荣的时期。大多数中产阶级在19世纪90年代中期的经济危机期间满足于接受汉纳和麦金利的保守领导，却在随后的经济复苏时期转而支持两大政党中的进步党领导人。这一事实对历史学家提出了挑战。为什么中产阶级会出现这种显著的觉醒，尤其是在他们大多数人似乎都能共享普遍繁荣的时期？经济上的不满在进步主义运动中占据什么位置？改革在多大程度上是出于其他因素？

当然，进步主义得到了不同阶层民众的支持，其中各部分对各种不同的需求作出了相应的回应。但我关注的是进步主义运动的领导层中大量具有战略意识的人士。运动在政治、知识和财务上均有赖于他们的贡献，其成员在确定运动理念方面做了很多工作。我以为，这些广义上可称为中立派的人，之所以成为进步党人，并非因为经济上受到剥削，而主要因为他们是19世纪末至20世纪初美国社会地位变动中的受害者。换句话说，进步主义在很大程度上是由这些人领导的：他们并非因为财富减少，而是因为尊重和权力分配模式变化，而感到痛苦。

直至1870年前后，美国仍是一个财富、地位和权力较为分散的国家。尤其是在小社区中，中等收入群体能够获得较多尊重并施加较大影响。在这个地方声望非常重要的时代，小商人、制造商、知名律师、编辑或牧师，是地方上的头面人物。由于拥有全国性权力和声望的人稀少，地方社区的支持就具有重大意义。亨利·亚当斯关于他自己管辖范围的回忆，总的来说，也适用于整个国家：

> 直到1850年甚至更晚的时期，新英格兰地区的社会仍旧是由专业人士主导的。律师、医生、教授和商人不是作为个人，而是作为阶层行动，仿佛每个职业都是一个教会，而他们就是其牧师。[3]

内战结束后，这一切都改变了。大城市的迅速发展、大型工厂的建立、铁路的修建以及作为企业主要形式的公司的兴起，改变了原有的社会，也使权力和声望的分配发生了革命性变化。在19世纪40年代，全国的百万富翁人数不足20位。而到了1910年，仅参议院中的百万富翁数量可能就已经超过20人。[4] 到19世纪80年代末，这种财富的积聚和分布已成为媒体热议的话题。1891年，《论坛》(*Forum*)

杂志发表了托马斯·G. 谢尔曼（Thomas G. Shearman）撰写的《即将到来的亿万富翁》一文，广受关注。文中估计，美国有 120 人的个人资产超过了 1000 万美元。[5] 1892 年，受到日益增长的对富人群体的批评的鼓舞，《纽约论坛报》（New York Tribune）发布了一份包含 4047 名百万富翁的名单。接着在 1893 年，美国人口普查局的一位统计学家发表了一项关于财富集中的研究报告，他估计美国 9% 的家庭掌握了全国 71% 的财富。[6]

腐败奢侈的暴发户与大公司的老板们，取代了早期的乡绅、传统商店的老板、小制造商、有影响的专业人士，以及早期的民政领袖。在全国的许多城市和小镇，特别是在东部，那些名门望族的受教育的成员，原本在当地名声显赫，坐拥家族企业，继承了父辈的政治遗产，出入爱国团体和高端俱乐部，担任慈善和文化机构管理者，领导市政改革运动，现在却在基本政治经济决策过程中被边缘化，被排挤出局。他们的个人事业，也像其社会活动一样，被新兴公司的代理人、立法机关的败类、特许权的购买者、政治老板的同盟所阻挠和压制。这是一场不平等的斗争，他们受到自身道德顾虑、对名望的重视甚至社会地位本身的约束。诚然，他们所知道的美国并不缺乏机会，但对于具有最高标准的人来说，却似乎缺乏最佳机会。这些人作为一个阶级并未变穷，但与新贵的财富和权力相比，他们的财富和权力相形见绌。他们的重要性降低了，他们自己也清楚这一点。

面对新兴财富的挑战，相对不那么富有的地方绅士几乎无力自保。当然，相对富裕和地位较高的人仍然可以依靠继承的财富和社会地位与新贵们勾兑。贵族身份成了他们的门面，对他们支持的任何企业来说，都是良好资产。实际上，新兴富豪经常试图融入他们的圈子，或者像从政治老板那里购买立法权和特许权一样，从他们那里购买社会地位。但即使在最好的情况下，绅士们也只能被动防守，在绝对意义上维持自己的社会地位，但相对地位却不断滑落。即便如此，他们也只能在他们的传统政治势力范围才能如此操作。当每个人都能看到，声望的战场已经像商品市场一样扩大到全国范围时，他们的显赫地位不再像过去那样尊贵和令人满意了。当城镇中的世代显赫之家不得不面对地方老板或大富豪的傲慢时，已经够恼火的了；[7]但更令他们难以忍受的，是他们的每一笔财富、每一份事业、每一份名声，相比起范德比尔特家族（Vanderbilts）、哈里曼家族（Harrimans）、古尔德家族（Goulds）、卡内基家族、洛克菲勒家族以及摩根家族这些新贵，都显得微不足道。[8]

中立派对地位革命的最初反应，与后来的进步党人继承者展现出的态度截然不同。整个19世纪70年代、80年代乃至90年代，企业上层和高层专家一直表达着他们对政治机器、腐败以及企业粗暴干预政治的不满。这些人大多是共和党人，但足够独立，如果他们感到自己的原则被背叛就会离开。他们第一次有组织地出现是在1872年倒霉的自由派共和党运动，但他们最重要的时刻是在1884年，他们在詹姆斯·布赖恩被提名为共和党候选人后离开了共和党，这一行为被普遍认为是帮助克利夫兰在势均力敌的总统选举中获胜的定舱石。

在这些年间，中立派在波士顿发展最快，波士顿成为一个财富和知识的中心，马萨诸塞州的一些最著名人士就是在此。[9]纽约这样的超级大城市同样聚集了许多中立派。在中西部城市如印第安纳波利斯和芝加哥等地，他们同样占据一席之地。人们可以从他们身上感受到新英格兰的文化理念和传统的影响，而这些又是从旧英格兰承袭而来。他们大多数是新教徒和盎格鲁-撒克逊人，常常带有新英格兰的血统；即使没有，也倾向于从新英格兰的历史中寻找文学、文化、政治典范，以及道德理想主义的范例。这些人的治国理念源于开国元勋的高尚榜样，或者是白银运动中雄辩的政治家如韦伯斯特（Webster）、萨姆纳（Sumner）、埃弗雷特（Everett）、克莱（Clay）和卡尔霍恩（Calhoun）等。这些人心目中的理想领袖是富裕、受过良好教育的高尚公民。他足够富有，因此可以不受他们常常所说的"粗鄙的物质主义"的诱惑。他的家庭不但深深植根于美国的历史，还应扎根于当地社区。他们认为，这样的领袖才能将国家利益以及公民权益置于个人动机或政治机会主义之上。就像亨利·亚当斯屡次抱怨的那样，这种人在美国政治生活中绝不可能有立足之地。当然，中立派确实能在大型工厂与公司中找到位置，为形式多样的企业形象增添光彩。但他们往往并不拥有主导权，或者他们的行动无法与他们的最高理论和谐一致。他们不再发号施令，不再享有昔日的尊重。他们不但在经济上，还在道德上被剥夺了。

他们认为自己几乎完全被粗俗的暴发户取代了。尽管实际上镀金时代①的伟大商业领袖通常出自那些家境优越或特权之家，[10] 中立派最关注的还是新兴的企业巨头的野蛮。他们和进步党改革者一样，乐于辛辣地讽刺大企业家。只需翻阅那些在世纪之交描写企业家的"现实主义"社会小说——如威廉·迪安·豪威尔斯（William Dean Howells）、H. H. 博伊森（H. H. Boyesen）、亨利·布莱克·富勒（Henry Blake Fuller）、罗伯特·赫里克（Robert Herrick）等人的作品——便可看到大多数中立派想象的工业巨头的形象。他们被认为是未受良好教育、没有修养、不负责任、底蕴浅薄、沉迷腐败、缺乏优雅或贵族气质的。亨利·德马雷斯特·劳埃德（Henry Demarest Lloyd）这样评价这些强盗贵族：

> 如果我们国家的文明真如麦考利所说的那样遭到毁灭，那绝非底层的野蛮人所为。我们的野蛮人来自上层。赚钱的高手们在一代人的时间内就攀升到连君王都未曾染指的权力宝座。这些力量与财富是新的，为新人提供了机遇。这些财富新贵不受文化、经验、自尊心的束缚，甚至没有继承下来的谨小慎微的作风，误认为自己是波浪而非浮标，认为自己创造了他们的企业。在他们

---

① 镀金时代指美国内战后到进步时代之前，大概是从19世纪70年代到1900年。——编者注

眼里，科学只不过是大自然为辛迪加①储备的庞大投资库，政府仅仅是特权的源泉，民众不过是成群结队的顾客，而一百万则是他们创造的新式财富计量单位。他们要求不受控制的权力，它通过保密、匿名、永久的方式运行。一旦他们开始行动，他们的欲望便无止无休，即便他们的财富膨胀至数十亿，他们也不会感到满足，也看不到何时该停止。[11]

然而，与劳埃德不同，典型的中立派在经济和政治观点上倾向于保守。当然，他们鄙视那些肆无忌惮的新贵，就像他们鄙视那些为他们服务的投机取巧、贪污腐败、操纵关税的政客一样。但是，面对镀金时代经济秩序的最严重弊端，他们要么坚决忽略，要么袖手旁观，认为这是生存斗争的必然结果，或是大众的短视与懒惰所致。[12]通常情况下，中立派教条式地坚守着当时盛行的自由放任经济学理论。他们的经济纲领并未超出关税改革和建立健全货币体系政策的范围，那些通过商业活动和专业而非制造业和新型企业获得财富的人，更容易接受这两大原则。中立派的政治纲领建立在诚实高效政府和文官改革之上。作为古典意义上的"自由主义者"，他们认为关税改革是对抗正在兴起的大企业联合体的灵丹妙药。中立派中的杰出记者和哲学家戈德金，作为《国家报》（Nation）和《纽约晚报》（New York Evening Post）的可敬老编辑，强烈支持自由贸易主义，最推崇格罗弗·克利夫兰这样的政治家，后者称关税为"垄断之母"。戈德金相信自由贸易可以解决大多数经济问题，正如他相信良好政府的本质在于由诚实且能干的领导者来管理。

洛德·布莱斯（Lord Bryce）评价中立派运动时指出："这场运动之所以重要，更多在于其成员的知识和社会地位，而非其选举的力量。"[13]实际上，正是知识和社会地位等因素，导致他们与潜在的选民

---

① 垄断组织的重要形式之一。——编者注

隔绝开来。他们批评掠夺成性的资本家及其政治盟友,也炮轰"激进的"农业抗议运动以及领导这些运动的"煽动者",反对由"无投票权"①领袖组织起来反抗雇主的城市工人,也攻击城市移民和让这些移民了解到美国公民生活奥秘的"无良老板"。中立派是无可挑剔的宪政主义者,但美国政治的演变使他们变成坚定的贵族分子。选举结果出来后,他们对普选制的益处持怀疑态度。[14] 他们从未想过要呼吁大众反对财阀或地方政治老板。中立派之所以被选民排斥,在于其高高在上与矜持态度,以及公开的保守主义观点。他们是以贵族绅士的方式寻求民众支持。

进步主义在世纪之交成为可能的原因之一,在于共和党自由派与民众之间隔绝的消失。由于前面所述的一些原因,旧的障碍逐渐消失了。共和党自由派如何找到追随者是一个复杂的故事,但必须指出,前提是他们本身经历了某种转变。共和党自由派的后代和继任者必须挑战父辈的思想,修改其对自由放任主义的教条式理解,用对大众民主政府的强烈热情替代对贵族身份的偏好,以更大的灵活性处理公众的诉求,如此才能在进步时代的政治生活中发挥领导作用。

虽然哲学和精神经历了变革,但社会构成和公众的不满依然如故。中立派扩大了自己的基础。例如,两大主要政党的进步党领导人中都有一些富人,他们的个人境况让人回想起上一代中立派,这并不让人惊讶。正如乔治·莫里(George Mowry)教授所指出:"在美国历史上,很少有哪个改革运动得到如此多富人的支持。"[15] 像乔治·W. 珀金斯(George W. Perkins)和弗兰克·蒙西(Frank Munsey)这样的人可能会被指责加入进步主义运动主要是为了削弱其锋芒,我们可以不予考虑。像查尔斯·R. 克莱恩(Charles R. Crane)、鲁道夫·斯普雷克尔斯(Rudolph Spreckels)、E. A. 法林德(E. A. Fileneand)、平肖家族(Pinchots)以及威廉·肯特(William Kent)这样的富豪,可以被视为

---

① 众议院范围内准州地区的代表,无投票权。——译者注

例外。然而，在考察那个时代改革者的生活和背景时，我们会注意到那些拥有可观资产的人的数量，尤其是那些继承财产的人的数量。

迄今为止，尚未有人对两大政党的改革领导人进行研究，但有关1912年进步党领袖的完整信息可以提供启发。小阿尔弗雷德·D. 钱德勒（Alfred D. Chandler, Jr.）调查全国260名进步党领导人的背景和职业生涯，发现他们绝大多数为城市中产阶级，而且几乎都是土生土长的新教徒，其中专业人员和大学毕业生占比非常高。除此之外是商人和实力雄厚的企业家。没有一个是农民，仅有一名工会领袖，而大工业或运输业的白领和领薪水的经理也完全没有出现在这份代表名单中。不出意料，他们中的大多数人之前仅有在地方上的政治经验。总体而言，正如钱德勒所说的那样："他们几乎没有任何被制度约束的经历，从这个意义上来看，他们虽然居住在城市，但绝不是典型的城市人。除了极个别的例外，所有这些人一直是并且继续是他们自己的老板。身为律师、商人以及职业人士，他们为自己工作，并且大多数时候都是如此。作为不熟悉制度和纪律的要求或控制的个人主义者，进步党领导人尽管拥有绝对的城市背景，却代表了更古老、更农村化的美国思想。"[16]

唯一可堪与其相比的研究，是乔治·莫里对加利福尼亚州进步党的调查，也得出了基本相同的结论。普通的加州进步党人"用当时的行话来说，是'生活很滋润'。这些人多半是共济会的成员，也基本都是城镇商会的会员。……至少在1900年以前，他们一直是保守的共和党人，对麦金利及其之前的共和党人的统治感到满意"。[17]

尽管一些较富裕的改革家是白手起家，如约翰·P. 奥尔特盖尔德（John P. Altgeld）、底特律市长和密歇根州州长哈森·平格利（Hazen Pingree），以及托莱多市的好斗市长塞缪尔·（"黄金法则"·）琼斯[Samuel（"Golden Rule"）Jones]，但在改革派中更常见的是富二代或富三代，或者是曾经落魄但又东山再起的人，特别是像汤姆·约翰逊和约瑟夫·费尔斯之类。不管怎样，进步主义意识形态始终区分"负责任"与"不负责任"的富豪——这种区分似乎与那些审慎使用钱财的"老钱"对于那些挥霍无度的"新钱"的敌意密切相关。

进步党的杰出同代人沃尔特·韦尔（Walter Weyl），在其深刻但如今几乎被遗忘的著作《新民主》（The New Democracy）中指出，在美国城市中，人们常能观察到不同的财富类型：

> 随着财富的积聚，老钱和暴发户之间的情感裂隙日益加深。昔日辛辛那提（Cincinnati）的老富户和新富户之间的区分，如今同样出现在纽约的退休百万富翁与克利夫兰、波特兰、洛杉矶或丹佛（Denver）正在致富或渴望致富的富翁之间。一条标准铁路公司的百万债券持有者，对盗伐林木的劳工很少同情，尽管他们自己的财富可能来自几代前的铁路破坏、奴隶交易和牙买加朗姆酒贸易；而那些具有文化修养的棉纺织厂主后代，则对那些最近通过购买或出售特许经营权而发家的人进入他们的阶层深恶痛绝。一旦财富因古老而变得神圣……它自然倾向于反对那些新的、邪恶的致富方式，那些潜在的社会攀爬者的各种手段。在反对财阀的斗争中，旧富豪并不总是财阀的忠实盟友，他们或许不完全支持民主，但至少倾向于温和的改革。……在财富争夺激烈的城市，财阀与民主之间的冲突尖锐；而在财富积累已经完成的城市，斗争则较为缓和。遗产也发挥了同样的作用。随着财富从一代转向二代，富豪阶层逐渐放弃了对财富积累方式的宣扬。[18]

韦尔进一步认识到，大部分持不同意见的民众对美国富豪统治的不满，主要并非因为在经济上受到剥削，而在于富豪超越了他们。在由炫耀性生活方式带来的声望竞争中，新的富豪们设立了如此奢侈和臭名昭著的标准，让社会上的其他群体都自愧弗如。财阀的这种压力不仅在全国范围内存在，而且在每个社区、每种职业内都存在财阀，他们激起了同样的模糊的怨恨。美国人对于财阀的敌意是非常普遍的：

奇怪的是，尽管大多数人的生活比以往任何时候都要好，他们的痛苦却日益加深。这个多数群体遭遇的不是财富的绝对下降，而是其增长速度相对较慢。他们反对的是财阀增长得太快，挤压了正在崛起的其他阶层。增长是正确、适当的，但据称，有一种增长速度是绝对不道德的。……在很大程度上，富豪阶级之所以受到憎恨，不是因为他们的具体行为，而是因为他们的存在。……富豪统治的存在，富有的同代人的存在，才是主要的冒犯。我们过于富有的邻居导致了我们人格的相对贬值。当然，在财富的消费中，就像在它的生产中一样，存在"非竞争性群体"。一个年收入仅有2000美元的普通人不必像古尔德或古根海姆（Guggenheim）[①]那样消费。然而，不管百万富翁行善还是作恶，我们都对他们同样怀恨在心。我们慢腾腾的马车被这些富人的大马力汽车飞驰而过，只能望洋兴叹。

　　由于疯狂的竞争性消费，我们的财富被分成无数等级（富豪集团不可避免地与其密切相关），从而加剧了社会的普遍摩擦，产生了尖锐的冲突。……我们正在形成新的穷人——没有汽车、没有游艇、没有纽波特（Newport）度假小屋的人。精致的奢侈品现在变成了必需品，缺少它们的人会产生强烈的怨恨。这种不满在社会上层尤为突出。

　　因此，富豪统治被指控终结了昔日社会的平等。……我们的工业发展（托拉斯只是其中一个阶段）一直在进步。显赫人物的地位越发高不可攀，生活的目标提高了，也变得更加狭隘。尽管律师、医生、工程师、建筑师和一般专业人士的薪酬普遍高于以往，但一个年入10万美元的律师，会使得成千上万年薪仅有1000美元的律师显得窘迫。竞争的领域扩大了差异，加剧了成功与失

[①] 古根海姆家族是一个有着犹太人血统的家族，以经营采矿业及冶炼业而全球闻名。——译者注

败之间的对比，导致了不平等和不满。[19]

第二节　专业人员的异化

　　每当现代社会遭遇重大变革，多数知识分子、专业人士和舆论领袖都会洞察趋势，并投入他们视为进步与改革的方向。在历史上的几次运动中，这些阶层所扮演的角色，没有比在进步主义运动中更引人注目的了。这些支持进步主义事业的知识分子和专业人士的动机，部分基于中产阶级共有的特性，部分则出于职业内部显著变化，以及社会的日益复杂性和地位革命带来的社会地位变化。

　　在之前的时代，即19世纪70到80年代工业化和政治冲突期间，体面的知识阶层几乎无条件地在大多数问题上持极端保守立场。如新教牧师被视为"维护社会现状的广泛、几乎牢不可破的防线"。[20]大多数大学教授广泛传播自由放任主义的伟大真理，为社会达尔文主义辩护，并猛烈抨击工会和社会改革者。律师们志得意满，只偶尔有一些小城镇律师为落魄的农民或小企业主发声。虽然偶有报刊编辑发起一些针对地方性问题的运动，但新闻界整体平静。

　　从19世纪90年代开始，并在此后的二十年内日渐明显，这些专业人士抛弃了内战后的顽固保守主义，加入自由主义抗议的主流中，为其提供道德和智力上的指引。这种转变的原因是复杂的。不过，这些专业集团改变其观点和所忠于的观念，并不仅仅代表着对国家变化的简单回应——实际上，1897年之后的美国问题并没有那么尖锐——而是因为他们开始关注过去被忽视的事项，并对以前未曾重视的事务感到不安。在这里，我感兴趣的不是美国社会外部环境的变化，而是专业人士内在的社会和心理地位，这促使许多人成为改革运动的顾问或鼓吹者。实际上，专业人士的异化是多种因素共同作用的结果，但在这些因素中，地位革命的影响不可轻忽。各专业领域的状况有所不同，但所有声称拥有知识和技能的团体都对富豪统治感到羞耻和怨恨。

比较 19 世纪 70 年代至 90 年代牧师态度，可以看出这一变化。1873 年大恐慌后的艰难时期引发了广泛的劳工动荡，其顶点是 1877 年的铁路罢工。新教主要媒体对此的反应是冷酷无情的，将劳工描述为"野兽"或"肆无忌惮的亡命之徒"。一些宗教报纸甚至建议，如果不能用棍棒制服劳工，就应该用加农炮和加特林机关枪对其扫射。在 19 世纪 80 年代的社会冲突中，牧师们的表达没有那么歇斯底里。而到了 19 世纪 90 年代，少数自由派开始对工人罢工采取较为温和的态度，不过主要宗教报纸仍全然敌视，例如在 1894 年普尔曼（Pullman）大罢工中对美国铁路联盟大加挞伐。此时人们的观点已经有了实质性转变，社会基督教和社会福音理念深刻改变了主要教派许多牧师的看法。从 1895 年到进步时代，"由早期社会福音派那一代人发展出来的教义……逐渐主导了美国新教中最能言善辩的群体"[21]。

牧师可能是地位革命中最显而易见的失意者。他们不仅像大多数中产阶级一样失去了表面的风光，而且由于 19 世纪最后 30 年间美国社会和知识分子生活中的广泛世俗化浪潮，他们作为道德与知识的引领者身份也受到质疑。[22] 一方面，他们被教区一些富有信徒的态度所冒犯甚至敌对；另一方面，他们看到教会正在大规模失去工人阶级的支持，这是一个不祥之兆。无论他们身处何地，他们的判断似乎越来越没有分量，宗教的重要性也似乎逐年减弱。即便是社区道德与智识领袖的位置，牧师们现在也不得不与科学家和社会学家共享。例如，在内战前，牧师在美国高等教育界占据主导地位；而现在，他们在学术机构董事会的地位已经被商人、银行家和律师所替代。[23] 而商业大亨资助建立的新型世俗化大学培养出大量社会科学家，其言论开始享有牧师们曾经稳固享有的权威。在许多领域，大学教育带来了进化科学日益增长的权威性，而牧师们似乎只会宣讲陈旧的教义。

对牧师的尊重的普遍下降，在这一事实中表现得尤为明显：1897

年后，随着美国城市生活的日益复杂和物价的持续上涨，新教教会的知事未能保持牧师的生活标准。不但牧师不再被视为思想塑造者，而且人们期望他们以菲薄的报酬进行传道，并且要温顺地服从那些更富有的教区委员的意愿。[24]

鉴于此，认为牧师转向改革和社会批判，不仅仅源于他们对社会问题的深刻洞察和改善世界的真挚愿望，这一观点并非站不住脚。还应考虑到，作为在地位革命中被边缘化的群体，他们能够理解和同情其他被剥夺群体的困境。牧师在19世纪90年代之后对社会福音运动的兴趣日益浓厚，在很多方面是一种尝试，试图通过世俗领导力，来弥补因地位革命和社会世俗化趋势而失去的精神影响力、权威和社会声望。

毋庸置疑，自由派牧师在进步主义队伍中成为一支重要力量，从而成功地恢复了一些声望。[25] 作为实际的参与者、理论家和倡导者，牧师们使自己重新引人瞩目。进步主义的广泛影响，以及其中的乐观主义和天真，很大一部分可以归功于他们在进步党中的位置。实际上，从这个角度来看，进步主义可以被视为新教道德观历史的一个阶段，一种后期的宗教复兴。自由主义的政治观和神学，都是宗教对社会世俗化反应的固有部分。在美国政治史上，除了废奴运动和禁酒运动，没有其他重大运动获得了如此广泛的牧师支持。杰斐逊主义曾受到牧师群体的强烈抵制，杰克逊主义在没有牧师帮助的情况下赢得了胜利；但是，进步主义运动拥有完整的随军牧师队伍。

教授的处境与牧师形成了鲜明对比，但他们与牧师殊途同归。当牧师在相当程度上被剥夺地位时，教授们却在崛起。他们在世纪之交不断对现状提出挑战，特别是在社会科学领域。这个进步群体的人数、信心和专业地位逐年增长。现代社会心理学研究表明，阶级上升和下滑的群体，其社会心理的紧张程度都会加剧。[26] 这可能解释了为什么命运如此不同的教授群体和牧师群体会对改革意识给予如此普遍和相似的支持。

与牧师不同，1870 年之前，美国的学者们往往缺乏对公众的广泛影响力，没有专业传统，缺少自我认知，甚至几乎没有严格的专业标准。[27] 然而，现代大学的兴起彻底改变了 19 世纪最后 30 年的美国的学术研究。曾经仅有一些教派学院的地方，现在出现了大型大学，这些大学拥有丰富的图书馆资源、先进的实验室设备、巨额捐赠、研究生院和专业学院，教职工薪水也不断增长。教授群体数量急剧增加，专业标准显著提升，收入和安全保障也在增加，他们在课堂内外获得了前所未有的影响力和声望，这是他们的前辈们曾难以想象的。尽管如此，普遍不满仍然存在。[28] 过高估计学术界激进主义的程度，是一种脱离现实的传统观念。在进步时代，学术界的主要功能仍旧是维护、支持、合理化现有的社会秩序。

但这一时期的重要特征是，存在一个庞大的具备创新力的少数派，他们充当了进步主义运动的非正式智囊团。进步时代杰出的社会科学家，都是批评既得利益或支持改革事业的著名干将：经济学领域的约翰·R. 康芒斯（John R. Commons）、理查德·T. 伊利（Richard T. Ely）、E. R. A. 塞利格曼（E. R. A. Seligman）和索尔斯坦·凡勃伦（Thorstein Veblen），政治学领域的查尔斯·A. 比尔德（Charles A. Beard）、亚瑟·F. 本特利和艾伦·史密斯，社会学领域的爱德华·A. 罗斯和莱斯特·沃德（Lester Ward），哲学领域的约翰·杜威（John Dewey），以及法律领域的罗斯科·庞德（Roscoe Pound），尽管他在形式上表现得十分保守。

教授群体对富豪统治有着切身体会和怨恨——这正印证了沃尔特·韦尔的精辟评论：百万富翁们所行善举激发的敌意，不亚于他们所做恶行激发的敌意。在美国，教授们一直处于被雇用者的地位，但除了少许短暂的抗议，他们从未表现出足够的职业自豪感来表达自己的思想。现在，尽管他们的专业状况正在改善，却反而开始抱怨自己的状况。他们不满的一个重要原因是他们的专业事务受到富豪的控制，因为董事会往往是由商人组成的，而这些商人在其他领域因其掠夺性和不道德的生活方式而备受质疑。此外，社会科学领域的学者发现自己在意识形态方面受到压力，不能畅所欲言。他们的自我意识由于一系列学术自由案例而明确，这些案例涉及新兴社会科学领域的知名人士，例如理查德·T.伊利、爱德华·A.罗斯、J.艾伦·史密斯等。1915年美国大学教授协会的成立体现了这种日益增强的自我意识。

如果说教授们是由于对社会的怨恨而行动，其中的社会科学家们对改革运动的热情则源于他们特有的动机。法律草案的制定、行政架构的规范化以及人员安排，需要经济学家、社会学家、政治学家及律师等专业人士提供专业支持。这些议题为专家们的著作和文章创造了新的市场，也激发了公众对他们的专业知识的新的尊重。改革带来了智囊团。甚至在世纪之交以前，威斯康星大学麦迪逊分校就与拉福莱特政府建立了密切的合作，这预示着后来的智囊团。1918年，前教授、总统伍德罗·威尔逊率领多个知识领域的专家组成的顾问团，当时称为总统咨询团，前往巴黎参加凡尔赛会议。大学学者的显著重要性自此得到全国性承认。

美国律师业与政治的关系，比其他任何职业都更正式、更密切。它提供了一个典范，来展示在公司社会的发展中中产阶级专业人士的地位变化。许多律师首鼠两端，既参与利润丰厚的公司业务，又在心理情感上与公司企业有隔阂，这在很大程度上促进了进步思想的形成和进步党领导者的增加。尽管很多律师接受委托成为政治候选人的重要顾问，从而参与进步政治活动；但也有不少律师参与政治活动是由于感受到了普遍要求改革的冲击，也是对自己职业地位变化的回应。

在19世纪最初几十年，美国律师业遭遇了一场内部危机。它源于更早时期传承下来的律师独立性与现代商业实践之间的冲突，这一冲突造成了律师自尊的危机。回顾历史，律师业主要有四个特点。首先，在法律运行最为良好的地方，律师业是一门有学问的职业，有着自己的调查和批判标准，自己的思想体系和专业伦理。律师的声望和财富基于他们的法庭辩护、办案能力、学识和风度。其次，它是一个具有特殊公共影响力和权力的专业群体。托克维尔在他著名的《论美国的民主》中指出，在缺乏世袭的受人尊敬的富裕阶层的美国，法官和律师职业最接近过去的贵族阶层。这虽可能夸张，但确实公正地反映了19世纪中期律师群体的地位——律师是大多数各个层次政治家和活动家的摇篮。再次，律师业的道德和知识体系中蕴含着一种公共责任感，这种情感体现在这样一种观念中：律师不仅是某个诉讼当事人的代理人，而且从本质上来说也是"法院的代表"，即公众的仆人。最后，尤其是在美国，律师为阶层上升提供了最顺畅的路径，即使缺乏社会地位的人，也可以通过律师职业获得财富或权力，而无须资本的帮助。人们小心翼翼地保护着律师行业的民主化入门，以至于发展出了一种关于"从事律师业的自然权利"的特殊观念。许多专业的领导者认为，这一行业的门槛太低了。

在世纪之交，律师作为一个群体，比以前远为多样。成功的、规模巨大的律所，甚至那时就开始被称作"法律工厂"，由富有、有影响力且通常非常保守的少数律师领导，这些人往往在律师协会中最为显眼。这些大律所雇佣了众多有才华的年轻律师作为廉价劳动力。第二梯队的律师在规模不大但稳定的律所，常见于小城市。这些律师通常与新兴企业家或小商人密切往来，有共同的世界观，并时常参与和指导地方政治。第三梯队主要由合伙律师或个人律师组成，业务不稳定，勉强维系中等生活水平。随着独立职业者情况的恶化，他们常转为处理交通事故案件的律师，收取提成。代表大事务所的富有律师在律师协会大谈提高法律伦理，很大程度上是一种不怀好意的尝试，试图以牺牲较弱的同行为代价，提高整个行业的声誉。

在职业律师队伍之外，讲授法律的专业教师逐渐发展成为行业中的一支独立力量。兰德尔（Langdell）的案例教学法是最有效的法律教育类型，在美国顶尖法学院中逐渐占据主导地位。它将法律教学定位于研究而非实践。随着兼职律师在法律教育中的影响降低，专职法律教师取代了他们的位置，律师业的独立和专业意识再次得到加强。对专业知识和理论有深入兴趣的律师转向教育领域，而对公共服务有热情的律师则投身政治或行政管理。例如，年轻的查尔斯·埃文斯·休斯（Charles Evans Hughes）暂时放弃了一个前途光明的大城市律师职位，选择成为康奈尔大学法学院的相对低收入教授。[29] 在推动更广泛的专业服务、新的法律概念和程序改革、更深层次的专业责任，以及对法院的批评的运动中，法律教学变得重要起来。法律教师成为职业道德的守护者，塑造了一代又一代法学院毕业生的专业价值观和社会责任感。

随着公司工业主义和资本主义的崛起，尤其是在那些提供高薪的都市中心，律师业变得日益吸引人。法律从业者们频繁声称，法律失去了其独有的特性，而是变成了一种生意。在对律师业历史有更深入了解前，我们难以判断他们的哀叹中含有多少真情实感。但不管他们的结论是否基于对过去时代的错误怀旧，许多律师确实相信，他们的职业在智力、道德以及社会地位方面正在下滑。在世纪之交，法庭辩护和撰写诉状这类专业技能逐渐被视为"失传的艺术"，因为成功的律师更多关注为客户提供咨询和商业建议。社会不再需要通才，而是偏向于专业领域的深耕和律所内部的明确分工。

律师事务所本身也在扩大。企业合并带来的集中趋势，使得有利可图的法律咨询服务仅限于大型律所，进而导致案件过度集中。大型律所随着其规模和利润的增长，与主要业务提供者如大型投资公司、银行和工业企业建立了更紧密的联系，成为它们的"法律顾问"，后者提供了它们的大部分业务。但这种关系带来利润的同时也削弱了法律从业者原本的独立性。与此同时，小型独立律所则面临着另一种挑战，即原本属于他们的业务被房地产、信托公司、保险公司、税务公司和银行抢走，这些机构接手了越来越多的法律服务工作。[30] 在1911年巴尔的摩律师协会会议上，一位发言人保守估计，该行业70%的成员无法过上体面的生活。他说："我们的业务伙伴正侵蚀我们的利益……缓慢但坚定地，公司正在把律师逼向绝境。它们做广告，招揽业务，并利用公司影响力和财力垄断了法律领域。"[31]

律师业的尊严和独立性大大受损，这一点在行业内外已成为共识。1904 年，一位知名律师在芝加哥律师协会的一次演讲中表示："我们经常听到人们说，律师这个行业已经变得越来越商业化，今天的律师与 75 年或 100 年前相比，在社会地位和影响力上已大不如前。"他接着否认了——许多律师并未否认——所谓的商业化是严重的，但他承认律师确实受到了他所称的"社会和工业条件变化"的影响。他指出，这些变化已经"削弱了律师在非法律事务中的威望和影响力"，并且"在不同程度上也影响了其他需要知识的职业，实际上同样影响了社会中所有受过教育的优秀知识分子"[32]。多年后，另一位律师在一篇题为《法律职业的消逝》的文章中一针见血地指出："律师曾在美国中占据的经济影响地位，现在已经被自身才华创造的人造实体——公司所取代。对公司而言，如今的律师不过是领工资的员工罢了。"[33]

洛德·布莱斯比较了 1885 年的美国和托克维尔时期的美国，得出结论："律师界已经不再能像过去那样，作为指导和制约力量，通过对规则和先例的坚持，来调和民主制度的粗暴与仓促。"进入 20 世纪后不久，他又注意到律师们"不再像以前那样是特定知识的学习者，特殊艺术的实践者。他们似乎不再是一个明确的专业群体"[34]。1905 年，路易斯·D. 布兰代斯（Louis D. Brandeis）评价洛德·布莱斯的见解，称律师在公众心目中的地位不再像 75 年前那样高尚，甚至也不如 50 年前。但布兰代斯断言，其原因并非缺乏机遇，而是未能维护独立的道德基础。"律师们没有作为独立一方站在富人和民众之间，准备遏制任何一方的极端行为。在很大程度上，优秀的律师们让自己变成了大公司的附庸，从而忽略了利用自己的权力来保护人民的责任。我们经常听说'公司律师'，但很少听到'人民律师'的称呼。"[35]

因此，律师看到的行业内部状况，以及身为美国公民所察觉的外部状况，使得这个在政治上具有决定性作用的群体中相当一部分开始具有变革的冲动。经济拮据的年轻律师、小城镇的法律从业者、与小型企业有往来的律师，以及法学院的教师们经常在探讨法律及社会问题时批判大公司，这并不出人意料——尽管在这些成员中，只有教师群体一以贯之地明确表达自己的立场。

更值得注意的是，即便在一些大公司的杰出律师中，偶尔也会出现复杂的心态。这些律师忠心耿耿服务于富翁，但也对一些律师过于偏袒富翁忧心忡忡，对其中最肆无忌惮者感到愤怒。顶尖的法律人士处于公司决策层，作为工业巨头不可或缺的政策顾问，享有比以往任何时候都更多的财富和影响力。但他们的影响力不再是独立行使的，而是通过公司、银行和商业领袖来实现的。正如 A. A. 伯利（A. A. Berle）所指出："在社会发展中，负责人的领导已经从律师转移到商人"，律师业的主要功能变成了"维护、合理化和保持这种剥削性发展"。[36] 公司律师经常与一些极其富有，但受教育程度较低甚至比较粗鄙的商人打交道。出于专业传统和所受培训，他们能更为公正地看待问题。虽然律师的职责是为商业人士提供服务和建议，但有时他们也会感到为难。伊莱休·鲁特（Elihu Root）曾经说过："一个正派的律师大概有一半时间是在告诉潜在的客户，他们是一个彻头彻尾的傻瓜，绝对应该收手。"[37] 他在 1898 年给一名记者的信中写道："我为许多公司提供专业服务，但我并没有忽视，在它们在与政府公众事务的关系中，存在着重大的政治和社会风险……"[38]

这样的人往往带着一种解脱的感觉投身于公共事务服务中。鲁特发现，在麦金利政府担任战争部部长让他的生活充满了"千万种全新的乐趣"，与他在内阁中的工作相比，之前的律师实践几乎是蹉跎人生。[39] 同样，亨利·L. 斯廷森（Henry L. Stimson）在 1908 年耶鲁大学的第二十次同学聚会上表示，他从未觉得律师业"完全令人满意……观察那些在纽约律所的日常工作人员，他们辛勤工作仅仅是为了赚钱，而这种努力并不总能成功……以我所见，在公共利益与私人利益冲突时，私人利益总是得到更多的辩护"。在他私人执业的最后三年，他处理的是"纽约大公司"的事务。当他成为联邦检察官后（他早期主要

负责针对企业回扣的起诉），他报告说，

> 我的第一感受是，我终于走出了那段漫无目的、徘徊在黑暗中的日子，步入了一个可以抬头仰望星空的全新世界，我重新找到了自己的方向……在这里，我发现了更吸引我的东西，感觉自己能够比以往任何时候都更贴近生活的问题，也认为自己的工作充满了意义和价值。当一个人意识到自己正在参与一项有意义的伟大事业时，总能体验到一种更加真实、更加神奇的感觉。[40]

有人可能反驳称，那些公司律师基于道德所倡导的进步主义，实际上是相当保守的。这一点确实不假。然而，这与进步主义运动的整体基调并不矛盾，特别是在东部各州，律师的领导力发挥了重要作用。在这些地区，进步主义被视为一种温和且理智的运动，它的目的并非促进社会结构的急剧变化，而是帮助形成一个负责任的精英阶层。这个阶层将化解民众的变革冲动，将它们引向一条温和的、他们所称的"建设性"渠道。正如布兰代斯所强调的，"作为独立一方站在富人和民众之间，准备遏制任何一方的极端行为"。

第三节 从中立派到进步党

前面所述地位革命的影响可能有助于解释进步主义运动的发生，但未能解释其为何会在此时爆发。还有一个重要问题需要解答：地位革命自内战以来一直在进行，并且在19世纪90年代已经相当成熟，但强大的抗议和改革运动为何直到20世纪前十五年才真正兴起？为何中产阶级在经历了六年的公共焦虑和三年的严重萧条之后，在1896年仍然信任汉纳和麦金利，并给他们投了大量选票？而后来，经济复苏，这种信任似乎得到了验证，并且美国在约翰·海伊所说的"我们的辉煌小战争"（美西战争）中迅速获胜，国家安全感和力量感大增，乐观情绪再次占据主导，但民众为何却在此时转而热情洋溢支持那些批评美国生活的力量？

首先，必须指出，在美国生活的某些领域，一些我们认为属于进步时代的现象，在 1900 年之前就已经非常明显。在有限的、地方性的层面，进步主义运动事实上在 1890 年前后就已经展开。为某些商业利益而发动的反垄断和争取廉价交通的运动已经足够强大，足以推动不情愿的国会于 1887 年通过《州际商务法》(Interstate Commerce Act)，1890 年通过《谢尔曼反托拉斯法》。[41] 同样，市政改革在 19 世纪 90 年代已经如火如荼地进行。大量致力于建立良好政府和推动改革的地方组织如雨后春笋般涌现，在某些城市已引起了显著变化。[42] 此外，一些州议会已开始通过社会立法，比如关于劳动时间和条件的监管，这些举措后来被进步党人以更有效的方式推广。[43]

这些是一场大改革的序曲。直到 1901 年之后，进步主义运动才成为全国性的。19 世纪 90 年代的公共事件彻底吓坏了中产阶级，使他们不敢考虑对既定模式进行根本改革的想法。这阻碍了改革运动的发展。进步主义的呼吁很大程度上针对那些感到自己确实有东西可以失去的人。民粹主义，霍姆斯特德（Homestead）和普尔曼罢工及其表现出的暴力和阶级仇恨，科克塞（Coxey）的军队抗议，商业活动的萧条，以及越来越长的领取救济金的队伍，似乎像是社会革命的预兆。在那些胆小的资产阶级看来，布赖恩、奥尔特盖尔德和德布斯就像法国大革命中的革命领袖丹东、罗伯斯庇尔和马拉那样具有威胁性。因此，中产阶级倾向于暂时搁置自己的抱怨和不满，直到时机成熟，可以安全地表达他们的诉求。[44]

也许更相关的事实是，进步主义的动荡是由第一代在地位革命中出生和成长的人所引发的。在 1890 年，美国的领导层还是那些出生于 19 世纪 30 年代和 40 年代的人，他们出于惯性，仍然用 19 世纪中叶的乐观视角看待社会事件。接下来的二十年，在 90 年代还十分年轻的一代开始发挥主要影响，他们的思想受到新出现的社会棘手问题的影响,这些问题是他们的前辈在西部拓荒时未曾遇到,也无法提供解决方案的。90年代的经济危机是一个痛苦的经历。1893年至1897年的大萧条期间,很明显国家正在经历深刻的震动,民众开始思考国家发展的可能转折点。在此之后,人们再也无法在过去一个世纪指导美国生活的旧理想框架中生活。长期以来,美国人在成长过程中一直有一个稳定的假设,即美国的发展与世界其他地方大不相同,困扰其他国家的社会冲突在这里永远不会成为主要议题。然而到了19世纪末,年轻一代美国人开始意识到,他们未来将生活在一个充满欧洲工业化所有常见危机的世界中。在亨利·布莱克·富勒1895年的作品《与游行队伍同行》(With the Procession)中,一个角色表示:

> 我们以为……我们历史的和平进程表明了社会科学的全面发展。但今天我们拥有了旧世界本身所拥有的一切要素,我们必须接受它们衍生出来的任何东西,就像旧世界所做的那样。我们最终建立了完整的工业设备及其代价:噪声、废弃物、恶臭、污染以及爆炸。[45]

进步主义的一代是在90年代成年的那一代。当时的观察者经常注意到,在任何民粹主义大会上,都有很大部分领导人是参与过以往金融改革运动的白发老兵。但进步主义运动的领衔者是一群年轻人。威廉·艾伦·怀特在其自传中提到,他们是"数以百万计的20多岁、30多岁和40岁出头的年轻人",他们对美国的不公正、不平等和根本错误抱有强烈的意识,这为改革注入了动力。[46]西奥多·罗斯福作为史上最年轻的美国总统上台,只不过是一个时代的象征。这代人的思想与他们的父辈截然不同,他们深感需要新的哲学和政治。[47]罗斯福本人在1890年32岁,布赖恩只有30岁,拉福莱特35岁,威尔逊34岁。大多数进步党领袖,以及那些对进步主义思想做出巨大贡献的扒粪记者,在世纪之交都是30岁出头,或者更年轻。因此当进步时代开始时，这些人只不过 40 岁左右。[48]

进步党领袖是中立派的精神继承者，但他们摆脱了前辈的大部分意识形态包袱。中立派即使不在关于政府的正式理论中，也在情感上信奉贵族统治，而进步党则主张将政府还给人民。中立派拥护自由经济和放任主义，进步党却愿意在合适的时机使用国家干预。中立派缺乏广泛的民众支持，进步党却拥有一群近乎狂热的追随者。中立派几乎没有在其他政党中找到盟友，而进步党则在许多国家问题上都有可靠的盟友，即那些曾被中立派鄙视的农业反抗者。在很多方面，中立派被自身追随者的需求和要求重新塑造成进步党。环境如何唤醒公众并为进步党领导人提供大量城市支持，是接下来两章的主题。这里可以预先提出的是，至少有一个重要事件围绕着价格趋势的逆转。

如今，无组织的中产阶级发现自己正处于商品价格上升周期，与美国工业和劳工组织的增长有关。从 1897 年之后开始上涨的物价，在整个进步时代持续稳定上升，并在随后的战争期间进一步加剧。在 1897 年到 1913 年，生活成本上涨了约 35%。我们这些在过去 15 年里经历过通货膨胀的人可能会对这样温和的上涨付之一笑，但对那个时代的人来说，这种物价上升引发了不满，特别是对那些无法增加收入来应对通胀的人，或者那些发现自己收入的增长赶不上生活成本的上升的人。正如 1865—1896 年的商品价格下跌激起农民不满，这一时代的价格上涨也增加了进步党的力量。

价格上涨本已带来许多困扰，而高昂的生活成本更具有重要意义，因为在公众心中，它与另外两种不受欢迎的社会趋势相关联：一是蓬勃发展但规模较小的劳工运动的突然发展，二是美国工业垄断程度的显著增强。两种趋势都在 1898 年到 1904 年以惊人的速度发生。约翰·穆迪（John Moody）称 1898 年为"现代托拉斯真正开始形成的一年"。[49] 普遍的商业繁荣、物价上涨和活跃的证券市场，促进了社会化垄断的爆发。在穆迪 1904 年列出的 318 家托拉斯中，有 82 家是在

1898 年之前成立，总资本为 119 670 万美元。但在 1898 年 1 月 1 日到 1904 年 1 月 1 日之间成立的托拉斯有 234 个，总资本超过 60 亿美元。[50] 因此，在这短短几年内，社会上近四分之三的托拉斯和七分之六的托拉斯资本都被集中起来。正是在麦金利政府末期和罗斯福政府初期，诸如美国钢铁公司、标准石油公司、统一烟草公司、联合铜业、国家商业海运公司和美国熔炼与精炼公司等令人恐惧的庞然大物纷纷成立。同时，电话、电报、煤气、交通和电力照明等领域也发生了重大整合与并购。

劳工组织的发展没有如托拉斯那般引人注目，但对于中产阶级来说担忧并不少。在 1865 年至 1896 年商品价格长期下跌的背景下，劳动者的实际工资平均每年稳步增长约 4%。[51] 但自 1897 年物价开始上涨，工资不仅停滞不前，甚至实际下滑，因为非组织化的工人们发现自己难以跟上物价上涨的步伐。从 1900 年到 1914 年间，尽管工人的实际年工资有所增加，但时薪水平几乎未变。在物价上涨和良好商业环境的背景下，年轻的美国劳工联合会抓住机会组织年轻技工。[52] 到了 1911 年，美国所有工会的成员数量是 1897 年的 5 倍，从 447 000 人增至 2 382 000 人。美国劳工联合会的成员数量增加了几乎 7 倍。[53] 并且，与工业界的情况相似，大部分劳工组织是在 1897 年至 1904 年间迅猛的组织化运动中发展起来的，这一时期的标志是罢工次数的大幅增加。

1897 年后的价格上涨是全球趋势的一部分，与新的黄金供应和提炼技术的突破有关。对于其中有多少可以恰当地归因于工业组织的增长，存在广泛的争议，但最相关的一点是，不安的民众并不满足于将生活成本上升仅仅归因于这些非个人性因素。普通的中产阶级市民深感经济压力。一方面，他看到托拉斯不断增长，并认为它们与此有关[54]；另一方面，他看到很大部分工人阶级在组织起来保护个人利益，这可能也助长了商品价格的上涨。他认为自己处于一个庞大却缺乏组织的群体中，成为无助的消费者。他越来越认同伍德罗·威尔逊的看法，即"高昂的生活成本是由私人资本操纵的"[55]，感到愤愤不平。对于他来说,反对托拉斯的运动具有了新的意义和力量。当然,社会上一直存在反托拉斯的情绪,而且超过一代人的时间,人们已经习惯于托拉斯在淘汰竞争对手后压榨消费者。然而,只要物价在下降,这种恐惧就缺乏紧迫性。现在价格上涨了,它就成为美国生活中的重要主题。[56]

正是在进步时代,城市消费者首次作为一个严肃且具有自我意识的集团出现在美国社会政治中。正如沃尔特·李普曼(Walter Lippmann)于1914年所述:"我们听到了很多关于工人阶级意识的说法。我自己的观察是,在今天的美国,消费者的自我意识正在以更快的速度增长。"[57]流行杂志每周都会刊登抗议文章,或者探讨中产阶级困境的原因,其中高额保护性关税、中间商和分销商的过度索取,以及托拉斯高管的阴谋,均成为公众谴责的焦点。西奥多·罗斯福和爱德华·A.罗斯这样的男性谴责把"最好的"美国老式大家庭拆分成小家庭,并警告美国会出现"种族自杀"的潜在风险;而女性作家们则在杂志上宣称,高昂的房租、食品和燃料成本使得小家庭成为必然。[58]

事实上,消费者组织很少,因为美国缺乏消费者合作的传统。在缺乏组织的情况下,消费者的不满往往聚焦于政治议题。这一点本身标志着相当大的变化。1897年,当路易斯·D.布兰代斯代表消费者在众议院财政委员会反对丁利关税(Dingley tariffs)时,他遭遇了嘲笑。[59]到了1906年,《纯净食品和药品法案》讨论时期,消费者权益至少在政治上得到了正视。到1909年,当共和党内的抗议者以"美国家庭主妇"的名义反对《佩恩-奥尔德里奇关税法案》(Payne-Aldrich tariff bill)时,奥尔德里奇参议员的诡辩与大众情感格格不入:"谁是消费者?除了一个非常有限的只消费不生产的群体,还有消费者阶级吗?"[60]该法案对塔夫脱政府倒台所起的作用,不亚于任何其他错误。[61]

尽管消费者意识还很模糊,但这成为一件非常重大的事情。不同阶层很难在具体问题上联合起来,而消费者意识提供了一个最低的共同政治标准。它是必须关注家庭预算的所有阶级的共同利益焦点,跨越了职业和阶级界限,在很大程度上打破了19世纪美国民众仅从生产者角度看待政治问题的旧习惯。现在在讨论许多问题时,人们较少听到关于它们对工人阶级、中产阶级和农民的影响,而更多听到"平民""普通人""纳税人""最终消费者"等说法。这标志着美国经济和社会生活的一个重大转变,从专注于生产,到同样关注生活领域的消费。这一趋势使进步主义运动更多吸引大众支持,为进步主义领袖打开了通向公众的广阔道路。

The Age of Reform

第五章

进步主义的
冲动

Chapter 5

第一节 城市景象

从 1860 年到 1910 年,美国经历了城市化的爆炸性增长:大城市发展成了大都市,小城镇发展成了大城市,以往的大片空地上鳞次栉比地出现了许多新城。在这半个世纪的时间里,农村人口增加了 1 倍,而城市人口激增了近 7 倍,全国拥有超过 5 万居民的城市数量从 16 个飙升至 109 个。[1] 中西部的城市增长速度尤其惊人,如芝加哥和双城(明尼阿波利斯－圣保罗)分别在 10 年内增长了 1 倍多和 3 倍,底特律、密尔沃基(Milwaukee)、哥伦布和克利夫兰等城市的人口增幅也在 60% 至 80% 之间。[2]

这种城市扩张带来了对交通、卫生、治安、照明、天然气和公共设施等的巨大需求,为美国企业创造了庞大的内部市场。企业界寻求可靠的利润来源和特权,如有利可图的特许经营权和尽量减少税收负担的机会。能够得到公众支持并利用公共权利的城市政治老板,成了举足轻重的实权人物。随之而来的是一连串困扰自由主义扒粪者的罪恶:特许权的买卖,严密的城市政治机器的建立,城市政治老板对数十万无知选民的操纵,贫困和贫民窟的扩大,市政服务的缺失或高昂,官商勾兑——简而言之,整个政府系统的腐化与肮脏,为富有改革精神的新闻记者提供了丰富的素材。

即便拥有最佳的公共管理传统,城市发展带来的复杂和多变的问题仍然给管理者带来了极大的挑战。全球的工业城市几乎都在迅速扩张,与美国的城市增长速度不相上下。但是,很多欧洲城市的历史要早于北美第一个白人定居点建立数百年,这意味着在无节制的私人企业时代来临之前,这些城市已经建立起了一套行之有效的政府和行政管理体系。尽管欧洲城市也因工业主义而变得畸形和残酷,但它们常常能够树立地方政府管理和市政规划的典范,让美国研究者为之羡慕和模仿。[3]美国的城市多源于乡村,通常围绕着磨坊、工厂或铁路发展,居民混杂且流动性强,缺乏行政管理经验丰富的稳定统治阶层。城市的增长速度远远超过了人们的管理能力。塞思·洛(Seth Low)曾言:"美国的问题在于,要在短短几年内从无到有地建立一个大城市。"[4]

管理传统的不发达和城市的蓬勃发展,促成了快速、短命、凑合、缺乏深思熟虑的各种行动,这种情况有利于城市政治老板和非正式政府机构的发展。由此引起的后果是令人沮丧的。洛德·布莱斯认为,美国城市的政府是"美国的一个显著失败"。[5]安德鲁·D.怀特(Andrew D. White)在1890年断言:"除了极少数例外,美国城市的政府是基督教世界中最糟糕的——最昂贵、最无能、最腐败。"[6]

理解世纪之交美国思想的一个关键在于,美国的城市人口很大部分来自小镇或农村。农村观念面对着城市生活的冲击:拥挤、贫困、犯罪、腐败、冷漠和种族混杂。这深深影响了当时的美国思维方式。对那些在乡村宁静、体面的环境中长大,并深受福音派新教的高调道德告诫熏陶的移民来说,城市不仅是一种新的社会形态或生活方式,更是一种对文明本身的威胁。这个时代充斥着诸如乔赛亚·斯特朗这样的先知的警告,他们声称如果城市不以某种方式被驯服,将会导致国家的衰败。斯特朗写道:"第一个城市是由第一个凶手建造的。从那时起,罪行、邪恶乃至不幸就在城市里滋生。"[7]

在城市,土生土长的扬基-新教徒与大量外来移民相撞。从内战结束到第一次世界大战爆发,随着工业的兴起和对移民的开放政策,美国吸引了持续不断的外来移民潮,其中1907年的移民数量达到了历史最高点,记录在案的移民总人数为128.5万。到1910年,有1334.5

万外国出生的人居住在美国，几乎占到了总人口的七分之一。这个国家长期以来已经习惯于接纳大量外来移民，但本土的美国人并未为移民来源的巨大转变做好准备，特别是在1900年之后，从英国人、爱尔兰人、斯堪的纳维亚人和德国人这样相对熟悉的移民群体，转变为南欧和东欧的农民，包括大量的波兰人、意大利人、俄罗斯人、东欧犹太人、匈牙利人、斯洛伐克人和捷克人等。本土居民对这些新美国人的生活条件感到震惊——他们的贫民窟、拥挤不堪、不卫生，以及独特的语言和宗教习俗——同时对移民所在地的政治机器利用移民选票的做法感到愤慨。[8]因为正是政治老板看到了移民的需求，并采取措施使移民成为城市政治机器的工具。这台机器提供了快速入籍、就业指导、社会服务，使移民能够接触当局，逃脱法院监管，并维持他们的民族自尊心。作为回报，它获得了移民的选票，仅需将新公民聚集到投票站，这些新公民对政治老板提供的服务感激涕零，并习惯于服从权威。

在许多大城市，扬基-新教美国人发现自己在人数上被移民所超越，感到不知所措。像巴尔的摩这样本地人口超过外来移民及其后代的城市，是极为罕见的。在波士顿、芝加哥、克利夫兰、纽约、费城、匹兹堡和圣路易斯等东部及中西部的典型城市，外来移民及其第一代子女已经在数量上远远超过了本地人口。[9]扬基人经常感到自己被孤立起来，这个圈子可能因为其良好的教养而显得与众不同，但在政治上被边缘化。[10]定居下来懂得政治规则的移民群体如爱尔兰政客，对于当下的形势感到满意。但扬基人则担心"爱尔兰人征服了我们的城市"，并质疑这是否意味着美国传统民主的终结。[11]中立派对资本主义和外来移民不将公共利益置于个人福利之上的行为感到愤慨。他们对无限制的移民政策的长期后果感到担忧，并担心民族同质性的下降可能会危及美国的传统民主。因此，他们开始质疑普选制的合理性。[12]早期的市政改革带有强烈的本土主义色彩。

对移民的敌意可能在政治光谱的两个极端最为普遍，即极端保守主义者和受民粹主义影响最深的进步党人。[13] 民粹主义进步党人直言不讳地表达了对移民的厌恶，使用大众化和"自由主义"的语言来攻击不受限制的移民。许多劳工领袖在这个问题上与他们站在一起[14]，一些学者也是如此。例如，爱德华·A. 罗斯、约翰·R. 康芒斯和爱德华·贝米斯（Edward Bemis）等被视为激进分子，因此失去了大学教职，他们为反移民情绪提供了学术支持。[15]

爱德华·A. 罗斯曾是民粹党人，现在成为进步主义的重要理论家，也是威斯康星大学拉福莱特智囊团的坚定成员。1914年，他出版了《新世界中的旧世界》（*The Old World in the New*），在书中以盎格鲁-撒克逊进步主义的立场表达了反移民的观点。尽管他对旧移民群体表现出一定宽容，但对当时数量最多的南欧和东欧移民毫不留情。他说，移民对富人、雇主阶层有益，对那些与移民无竞争的短视的专业人士来说无关紧要，但对本土美国工人来说则是一场灾难。外来移民是罢工破坏者和工贼，压低了工资水平，把生活水平拉低到"猪圈式的生活"，就像把社会标准降低到"斗殴和野兽般的享乐"。他们肮脏、酗酒，拉高了文盲和精神病的比例，助长了犯罪和道德败坏。他们将种族问题引入政治中，降低了政治的格调。他们喜好阅读黄色低俗报纸，拉低了新闻业的水准。他们用"粗俗的农民哲学"威胁到女性的地位，并建立起教会的附属学校，破坏了教育体系。他们刺激了城市的野蛮增长，并通过出售选票获得庇护和好处，加强了城市政治老板对政治的控制。他们的高生育率使得他们数量超越本土种族，形成了淹没"美国血统"的威胁，有可能导致美国文明的衰落。[16]

罗斯是一个受过良好教育、能言善辩的美国人，他在作品中表达出那些未受教育者，以及几乎不好意思明确表达自己情感的人的最常见感受。几乎任何一个致力于维护以盎格鲁-撒克逊为核心的美国文明和政治文化的人，面对大批与美国生活方式迥异的外来移民，都难免会担忧可能带来的后果。但与罗斯的严厉批评和他所称的"种族自豪感"的呼吁相比，典型的受过良好教育的进步党人更倾向于通过归化和美国化计划来解决移民问题。[17]温和的保守派和开明的进步党人共同参与了使移民美国化的努力，例如教授移民英语，给他们提供教育，并灌输公民意识。从那些重要的进步主义移民文献中，我们一再感受到，本土主义中立派的偏见，正被思想和意志的巨大努力所压制，那些体面的盎格鲁-撒克逊自由主义者不断提醒自己要坚守人道主义价值观。他们看到了移民的勇气，他所面对的实际困难，受到的残酷隔离，他的母国的文化成就，以及最终成为美国人的潜能，尤其是他们认识到，美国工业和城市生活中的大部分艰苦肮脏的工作都是由移民承担的。那些在工业社区从事政治活动的进步党人也意识到，要取得持久的成功，就必须唤起移民群体的自尊心和兴趣。

但是典型的进步党人与典型的移民之间存在明显差异，他们之间的鸿沟在进步时代并未有效弥合。移民无法像进步党人理想中的美国化政策那样，迅速割断自己与欧洲的纽带。他们可能愿意上夜校和英语课程，尽可能地显示出美国性，接受新国家的生活方式。[18]但即使移民没有感受到恶意，他们也很难不察觉那些试图帮助他的人的屈尊俯就。通常，移民会拒绝接受社区工作人员或美国化政策的执行者的帮助，而是寻找其他途径来接触美国政治和公民生活。他们转向了政治老板，政治老板不加质疑地接受了他们原来的样子。

在政治上，移民通常与进步党人的改革愿望格格不入。他们与本土的保守主派和政治冷漠者构成了有力的联盟，限制了进步主义运动的范围和成就。移民选民对政治老板的忠诚，是地方改革的胜利昙花一现的重要原因。扬基改革者与农民移民之间的政治文化格格不入。扬基人所理解的政治行动，假设民众会出于公共利益，热切参与民主政治。对他们来说，政治是全体人民的事业、责任和天职，是实现普遍的道德原则的舞台——甚至，正如在禁酒和改革风气运动中一样，也是纠正私人习惯的地方。相较之下，移民通常出自农村或带有强烈封建残余的专制社会，完全不习惯这种积极的公民角色。[19]他们期望被政府支配，而非自己作为政治中的一员。对他们而言，政府意味着对个人行动的限制和对私生活的控制，对强壮者的征召，且远在天边。政府是统治阶级的工具，通常按照其利益来行事，这些利益与移民的利益无关甚至相违背。政府也不是由抽象原则或法律规定构建，它是掌握特定权力的特定人士的行为。政治关系不由抽象原则支配，它们是极度个人化的。[20]

由于没有受到公众参与精神的熏陶，移民在入籍后并不特别急于行使投票权。他们对创议权、投票权和罢免权等改革也不感兴趣，这些改革只有从英美的大众政治行动理念的角度才能理解。当移民终于承担公民角色时，要么是出于对旧世界的忠诚（这只有在一战期间及之后才成为问题），要么是出于他们在美国城市挣扎求生时的直接需求，如寻求就业机会、慈善援助、法律保护或街头小贩许可证。美国城市对建筑工人、清洁工、警察、消防员及各种服务行业工人的需求，为移民提供了生计，而他们又为政治老板提供了支持。简而言之，移民在政治中寻求的不是实现某种高尚理念，而是追求具体的个人利益，他们通过个人关系来寻求这些利益。

政治老板，特别是爱尔兰政治老板，能从移民视角审视问题，又熟谙美国的社会现状，成为协调移民与国家政治关系的高手。[21]他们鼓励移民将政治视为合法追求个人利益的途径。这反映了他们对政治的职业化看法：政治是一种工作，从业者应该得到适当的报酬。[22]正如坦慕尼协会（Tammany Hall）① 的智者乔治·华盛顿·普伦基特（George Washington Plunkitt）所言，所有的政治机器都同意"当个人投身于政治，他自然应获得其所值"。政治老板还敏感地意识到，在政治中追求的个人利益必须足够广泛，包括自尊心。当改革者和美国化倡导者努力引导移民融入美国生活方式时，政治老板则满足于研究移民的生活

---

① 坦慕尼协会于1789年成立，最初是一个全国性的爱国慈善团体，后来变成民主党执行委员会，因其总部所在地坦慕尼大厅而闻名。19世纪操纵纽约市政，贪污腐化盛行一时。——编者注

方式，参加他的婚礼和洗礼（并带上适当的礼物），以及他的葬礼。他们成为移民生活的同情的观察者，某种程度上也是参与者。改革者有时可能也想深入移民群体中，但他们缺乏有效的手段。政治老板因贿赂而富有，可以慷慨大方。他们向商人提供便利，因而可以利用私营企业和公共开支来为选民提供工作。当改革者们将爱国主义等同于理性的公民行动和自我牺牲时，政治老板们则乐于仅将爱国主义限定在党派规章中。即使报刊上批判用选票换取个人利益是公民的不公正行为，他们也并不以为耻。

政治老板以其实用主义才能和立竿见影的小恩小惠迅速吸引了移民，而改革者在移民心中则是一个谜。他们支持的事业往往是移民认为完全陌生的事物，如女性权益和周日休息法；或者冒犯性的，如禁酒法等。改革者提倡的抽象概念，比如公民身份、责任、效率、良好政府、经济化、商业化管理，对有着不同生活经验的移民毫无吸引力。移民想要的是人情，而不是效率，而经济化可能会消减社会所需的工作岗位。改革者对政治老板的攻击，只会使移民更加靠近他们的恩主。作为回应，改革者批评移民对普遍道德准则、法治和公共利益缺乏兴趣。在大多数情况下，双方的有效共同渠道是关闭的。进步主义改革得到的最大支持来自最不满的本地美国人，在一些问题上还得到了大城市周边的小城镇和农村选区的支持。但进步党人与最被剥削的人口相隔离，因此失去了他们的支持。尽管他们具有人道主义、勇气和洞察力，但这限制了他们的计划的实行范围和推动力，也使得他们能保持绅士般的风度、得体与安全。

当然，在某些问题上，尤其是那些直接关系到工人福利的问题，如劳动者补偿，政治老板与改革者达成共识。改革者可对这些问题进行宣传和鼓动，政治机器则帮助他们立法。实际上，正是一位优秀的城市机器政治家阿尔·史密斯（Al Smith），首次为改革者的人道主义和政治老板的人道主义搭建起有效的桥梁。但这种趋势在进步时代发展缓慢，直到战后史密斯担任纽约州长期间才得到完善。理想主义的改革者和政治老板之间这种不稳定的、局部的但偶尔有效的结合,将在富兰克林·罗斯福任内达到顶峰。[23]

第二节　扒粪:新闻界的革命

进步主义运动的开展,在很大程度上依赖于新闻界。进步主义的基本成就即是揭露真相,而新闻业为这一运动提供了富有创新精神的记者。可以说,进步主义思维本质上是一种新闻思维,其突出贡献就是具有社会责任感的记者兼改革家的贡献。扒粪记者是运动的核心人物。在采取行动前,首先要通报信息,宣传引导舆论。不满必须具体化,而这正是扒粪记者所提供的。正是扒粪记者将公众普遍的不满聚焦。

扒粪的做法并非扒粪时代的发明,其成功也不仅因为它提供了新的观点。政府的贪污横行,政商之间的利益输送,以及政府和各种弊端的联系,这些人们并非初次认识到。自19世纪70年代起,揭露真相一直是美国政治生活中反复出现的主题。经常有地方报纸发起攻击。亨利·亚当斯及其兄弟查尔斯·弗朗西斯(Charles Francis)曾揭露了伊利圈套和"黄金阴谋"。《纽约时报》(New York Times)、《哈珀周刊》(Harper's Weekly)和托马斯·纳斯特(Thomas Nast)都曾在70年代揭露坦慕尼协会。在90年代,也有大量揭露时弊的行为,帕克赫斯特(Parkhurst)和列克肖委员会(Lexow Committee)在纽约十分活跃,W. T. 斯特德(W. T. Stead)的著作《如果基督来到了芝加哥》(If Christ Came to Chicago)引起巨大轰动。亨利·德马雷斯特·劳埃德(Henry Demarest Lloyds)1894年所出版的《财富对抗国民》(Wealth against Commonwealth),是扒粪作品的典范。哈姆林·加兰(Hamlin Garland)的民粹主义小说《官场的腐败》(A Spoil of Office)则展示了民众对州一级腐败的耳熟能详。事实上,在19世纪最后30年间,有数十部这样的小说出版,由于它们专注于腐败问题,而被认定为"前扒粪小说"。[24]

在进步时代，扒粪运动（又称"揭发黑幕运动"）的新颖之处不在于其理念或存在，而在于其影响范围——它在全国范围内吸引公众眼球的能力。它拥有全国发行的扒粪媒体，并能投入大量资源来揭露真相。扒粪杂志发行量达到了数十万份。它们能够将大量资金投入调查性报道中。S. S. 麦克卢尔（S. S. McClure）估计，艾达·塔贝尔（Ida Tarbell）每篇报道的成本高达 4000 美元，林肯·斯蒂芬斯（Lincoln Steffens）的每篇文章成本为 2000 美元。[25] 这些记者不仅揭露了美国商业和政治中的不端行为，还指名道姓那些不法行为者及其罪行，并公之于众。这是之前的那些记者难以做到的。以前只有酒吧老板、地方检察官、政客走狗、妓女、警察、法院法官、记者以及公司律师才能在办事过程中了解的情况，现在任何识字的人都能得知。

在扒粪运动背后，是新闻业长期变革的历史，是报纸杂志在全球范围内转型的故事。城市化的快速发展极大地扩大了日报的发行量，从 1870 年的 574 种日报到 1899 年的 1610 种，再到 1909 年的 2600 种。[26] 同一时期，日报的总发行量从最初的 280 万份增加到 2420 万份。[27] 这种增长为出版商创造了巨大的宣传机会，同时也引发了新闻实践的一系列变化。

报纸的老板和编辑们很快就开始扮演新的角色。原本习惯于传统新闻报道的他们，现在承担起更雄心勃勃的任务，即为那些来到城市生活的无根农民创造一个精神世界。这些农村移民发现自己置身于一个新奇的城市世界，这个世界陌生、非人化、冷漠、残酷，充满腐败和罪恶，但也不乏多样性和魅力。他们由家庭、教会、社区构成的人际网络，在城市中被拆散，置身于一个缺乏人情味的新环境，体验着更多、更肤浅的社交生活。报纸不仅解释了这个新环境，而且在一定程度上桥接了旧生活与新生活之间的差距，为农村移民提供了在日常生活中稀缺的亲密感。报纸上的新闻，替代了农村人习惯的八卦和闲聊。新闻界开始更多地利用城市的多样性和激动人心的事物来吸引读者兴趣，为他们提供了一种间接的人际接触。[28] 农民面对城市生活的不适和震惊，成为报纸杂志抓住读者眼球的利器。19 世纪 70 年代至 90 年代，编辑们越来越倾向于用丑闻、宣传活动、采访和噱头或促销手段来增加发行量。发行量大增的报纸对政党的依赖降低。出现了更多政治独立或半独立的报纸，出版商们趋于挑战政党和其他机构。

从商业视角看，宣传运动和揭露真相带来了提升发行量的好处，远超过可能遭受报复的风险。报纸上的广告日益增多。在一个新闻极为宝贵的时代，出版商和编辑们往往不满足于仅仅报道新闻，而是试图制造新闻。报纸在双重意义上制造新闻：它们创造了可报道的事件，如派遣记者纳里·布莱（Nelly Bly）环游世界，或煽动西班牙战争；它们还放大事件，通过巧妙的、充满情感色彩的报道，将鸡毛蒜皮的小事夸大成新闻焦点。简而言之，它们利用了人性。这种现象自廉价的便士报流行之初便已存在，如詹姆斯·戈登·班尼特（James Gordon Bennett）利用其夸大其词的能力吸引读者注意。但新报业对公众好奇心的利用与以往有所不同。当然，这种方法使用范围更广，手法更巧妙，但最具标志性的是其性质的变化。以前记者们讲述富人的逸闻趣事，来激发公众的兴趣；现在则更深入地挖掘穷人的事情，来撩拨衣食无忧人群的注意力。贫民窟、城市穷人和被剥夺继承权者的故事变得司空见惯。[29] 正是这种中上层对于底层世界的兴趣，成为扒粪运动的原型。

所有这些对新闻、访谈、揭露和人性的关注，提高了优秀记者的价值，降低了编辑写作和社论的重要性。早在 1871 年，一位新闻观察家就指出："对于大多数读者来说，是记者而非编辑定义了报纸的灵魂。"[30] 内战前的资深编辑们自信于通过社论来搅动舆论风云，担当意见领袖。但继任者们认识到，他们对公众思想的影响，如果有的话，更多来自对新闻的处理，而不是社论撰写。但是获取新闻，尤其是那些扒粪和吸引人类好奇心的故事，是记者的工作。大胆且高质量的报道越来越受到社会的欢迎。从 1870 年到约 1890 年间，记者的薪资翻了一番。受教育程度更高的人更易于被这一职业吸引，也更容易被接受。[31] 曾经鄙视大学毕业生的编辑们开始向他们抛出橄榄枝。美西战争是新型新闻业的巨大成功，在报纸专栏中被吹嘘得光辉无比，远超实际战果。大批记者被派遣到战场，他们装备精良，甚至在紧急情况下能作为军事支援。随着记者的地位和职业吸引力的增强，越来越多怀有严肃文学抱负的年轻人被吸引，视新闻业为一种暂时的谋生方式。这些人将文化理想、更广泛群体的利益以及公共责任感引入了新闻行业。

最后，记者的职业状况具有独特的启发性。他们不仅接触到各类事件和内部信息，还仿佛站在一个十字路口，一方面报道冷酷的社会现实事件，另一方面在社论中高谈阔论高度抽象的道德准则。记者们目睹了报纸谈及公众责任时的冠冕堂皇，也见证了报社经理为获取新闻或广告而做出的下三烂行为。正如当时还是年轻记者的西奥多·德莱塞（Theodore Dreiser）所回忆，他们开始对伪善保持警觉，也许自己也带有一丝愤世嫉俗，但从根本上说，他们清醒地认识到，社论上的高尚理想与事务办公室和新闻编辑室的龌龊之间，有着巨大的鸿沟。[32] 扒粪记者正是带着发现真相的热情冲进这个鸿沟。

当然，站在扒粪运动最前沿的是流行杂志而非日报。但是，这些杂志深受日报的影响。一些受人尊重的老牌杂志如《大西洋月刊》（Atlantic）、《哈珀杂志》（Harper's）、《世纪报》（Century）和《斯克里布纳报》（Scribner's）等，售价为35美分，读者数量有限，大约13万。它们由文学界人士创办，隐含着一种观念，即杂志是以期刊形式出现的书籍。它们由保守的出版方运营。而世纪之交涌现的新杂志，售价从10美分到15美分不等，读者数量从40万到100万不同。它们的出版商不再是文人雅士而是商业推手，主编往往是前报纸编辑，页面上常见记者撰写的文章。这些新期刊实际上是期刊形式的报纸，许多灵感来源于日报新闻或周末特刊。它们不仅刊登文学作品，也包括类似新闻报道的特写。并且像日报一样，它们很快开始制造新闻，并成为一股独立的政治力量。

作为商人，这些杂志的出版商，如弗兰克·蒙西（Frank Munsey）、

S. S 麦克卢尔、约翰·布里斯本·沃克（John Brisben Walker）等，与日报界具有销售意识的先驱 E. W. 斯克里普斯（E. W. Scripps）、约瑟夫·普利策（Joseph Pulitzer）和威廉·伦道夫·赫斯特相似。对他们而言，揭发丑闻是他们用来增加发行量的最有效手段。不管是扒粪的出版商和编辑，还是一线记者，他们的目的都并非揭露邪恶或推动社会改革。尽管《妇女家庭杂志》(Ladies' Home Journal)、《蒙西报》(Munsey's)和《星期六晚邮报》(Saturday Evening Post)的经验表明，即使不参与这项运动，也可以达到巨大的发行量，但揭发丑闻是大众杂志发展的副产品，或许是一个不可避免的结果。即使是引发了这一运动的《麦克卢尔》(McClure's)杂志，在此之前也已经通过大量刊载流行小说，以及艾达·塔贝尔关于拿破仑和林肯生活故事的连载，发行量大增。所谓的"扒粪杂志"，只将一小部分版面用于扒粪文章。只有在扒粪文章被证明受欢迎之后，其他杂志，尤其是《汉普顿》杂志，才开始专注于扒粪来增加其发行量。

扒粪运动源于偶然因素的一个重要例子，是艾达·塔贝尔小姐关于标准石油公司的著名系列报道。在 19 世纪 90 年代末，《麦克卢尔》杂志发表了一系列文章，麦克卢尔在后来的自传中将之描述为对"美国最杰出的商业成就"的赞歌。他注意到，"普通人对于托拉斯的感情带有一种威胁性，他们对托拉斯怀有敌意，但对托拉斯所知寥寥"。[33] 麦克卢尔和他的编辑们认为，调查美国最大的托拉斯——标准石油公司——将具有教育意义。于是他们邀请了艾达·塔贝尔，她"在宾夕法尼亚州的石油中心生活多年，见证了标准石油公司托拉斯的迅猛发展"。[34] 巧合的是，塔贝尔的家庭也像许多独立石油生产者一样遭受了灾难性的打击，她对这些人抱有深刻的感情。[35] 标准石油公司所用的方法极度粗暴，难以轻描淡写公之于众，尽管塔贝尔希望她的调查"可以被看作一项正当的历史研究……但我沮丧地发现自己跻身一个新的派别，也就是扒粪者"。她认为自己工作已经完成，并对某些读者要求她继续揭露的要求感到不满："我很快发现，他们大多数人都想要攻击。他们对公正的调查结果毫无兴趣。"[36]之后,塔贝尔转向对关税政治的深入调查,但她后来回忆说:"我的良心开始困扰我。作为一名记者,呈现事物的积极面不也是我的职责,就像呈现事物的消极面一样?"她感到,由于所有扒粪工作的影响,"公众开始相信,企业工业管理必然导致剥削、忽视、欺凌、压榨劳工。唯一的希望就是摧毁这个体系。"于是她开始撰写关于商业成就和进步的文章。当然,她过去扒粪的声誉对此造成了很大的障碍。她后来成为商业界的赞美者,最终为实业家贾奇·加里(Judge Gary)写了一本辩护性的传记。[37]在她身上,麦克卢尔宣传商业成就的初心,得到了圆满的体现。

在扒粪时代,大多数其他有名人物只是收钱办事的作家和记者,他们热衷于完成接受的任务。其中一些人,如厄普顿·辛克莱(Upton Sinclair)和古斯塔夫斯·迈尔斯(Gustavus Myers),对资本主义秩序深恶痛绝。但大多数人是受雇于注重营销的编辑或出版商,被指派或引导去扒粪。除了社会主义者,也许最具社会意识和好奇心的扒粪者是林肯·斯蒂芬斯。但即使他对美国城市丑闻的揭露,也多少带有偶然性,因为麦克卢尔拒绝让他在熟悉国家状况前接任编辑职位。[38]其他人则是勉为其难的参与者。例如,雷·斯坦纳德·贝克(Ray Stannard Baker)原本希望成为小说家,他加入《麦克卢尔》时,已经出版特工故事系列和一本赞扬美国繁荣的书。在他开始扒粪之前,他正在撰写颂扬大企业和垄断公司的文章。多年后,当路易斯·菲尔德(Louis Filler)开始撰写他关于扒粪者的研究成果时,贝克无疑是非常真诚地将这些文章称为早期扒粪文学的典范。这是个体记忆在神话的影响下重新整合的范例。实际上,贝克的首个扒粪作品的靶子非同寻常——揭示工会的弊端。《疯狂的金融》(Frenzied Finance)的作者托马斯·劳森(Thomas Lawson),是一个极度蔑视大众民众的落魄投机者。[39]《参议院的叛国》(The Treason of the Senate)的作者大卫·格雷厄姆·菲利普斯(David Graham Phillips),当时正为《星期六晚邮报》撰写小说,收入丰厚。《世界主义者》(Cosmopolitan)的编辑贝利·米勒德

（Bailey Millard）说服他撰写攻击参议院的文章。最初，菲利普斯不情愿，坚持由其他人"收集事实"，直到社会主义作家古斯塔夫斯·迈尔斯被雇佣进行研究后，他才同意承担这项任务。不过，一旦投身其中，他却真正对其产生了兴趣。

如果从编辑和记者的角度来看，扒粪运动的开始多少是偶然的，但它的结束却并非如此。建立在扒粪基础上的大型杂志作为一个商业组织是脆弱的。出版公司规模很大，产品定价却极低，以至于它极度依赖广告和贷款，因此很容易受到企业界的压力。广告客户在自身利益或相关利益受到影响时，会毫不犹豫地撤销广告订单。银行采取歧视性贷款政策，即便是业务稳定、具有显著商业价值的杂志有时也难以获得必要的贷款支持。有一次，为了摧毁《汉普顿》杂志，企业界甚至雇用间谍。[40] 1912 年以后，各家扒粪杂志基本已经易手或者改弦易辙，只有《皮尔森》(Pearsons) 继续进行扒粪活动，并且一直维持到一战期间。有人以此来论证，扒粪情绪并非自然消亡，而是被受影响最大的财阀从源头上压制了。[41] 这个观点很有启发性，但在我看来，这并非是决定性的。

可以设想，公众对扒粪的热情足以支持一份大型、运营良好的杂志，但不足以支持六份或更多规模较小的模仿者。当然，企业界对此往往是敌对的，并且毫不讳言这种敌意。但扒粪的社会热情似乎也在逐渐衰减。到 1912 年，这种高涨的激情已经持续了九年，认为它可以无限期地持续下去，是误解了它的性质。

考虑一下，谁是扒粪者，他们的意图是什么，他们正在做什么？扒粪者对美国社会的批判，在某种程度上是非常深入和激进的；但他们自己却是温和的，并没有打算提出激进的纠正措施。因此，从一开始，他们就受到了这两者之间的不兼容的限制。他们生活在一个广泛繁荣的时代，他们的呼吁主要针对的不是急迫的社会需求，而是责任感、道义和罪恶感等大众情绪。几乎没有人打算让这些情绪导致足以改变美国社会的激烈运动。实际上，扒粪者自己也非常清楚，这个社会运行得还相当不错。正如雷·斯坦纳德·贝克回忆的那样[42]，离开《麦克卢尔》并于1906年创立《美国杂志》(American Magazine)的那批重要扒粪者"更渴望去理解和确信，而不是梦想乌托邦……我们扒粪，并不是因为我们讨厌自己所处的环境，而是出于对它的深爱。我们并不绝望，我们并不愤世嫉俗，我们并不悲伤"。[43]《美国杂志》的创刊词承诺，杂志将是：

> 最激动人心、最愉快的月刊，包括激情与愉悦的小说，或者那些洋溢着幽默与欢笑的作品。它将反映一个充满快乐、奋斗与战斗的世界，我们相信，在这个世界里，好人正在取得胜利……我们的杂志将是健康的、充满希望的，也将是激励人心、鼓舞斗志的。[44]

最后，也许有必要指出，在改革的有限范围内，在不改变美国社会和经济结构的情况下，扒粪者们确实通过立法改革和社会净化的方式取得了一些成就。他们毕竟还是享受到了一些真正的成就感。可以推测，《麦克卢尔》早期撰稿人的取向，比起古斯塔夫斯·迈尔斯、厄普顿·辛克莱或查尔斯·爱德华·罗素（Charles Edward Russell）这些社会主义扒粪者，更为接近大部分中产阶级读者。后者希望将扒粪的意义引向更极端的层面。

第三节 现实与责任

扒粪者们对美国思想的影响，比他们对法律和道德的影响更为深远。他们确立了——如果不是说创造了——一种基于新闻观察的新批判模式。进步时代的主要思想基调可概括为"现实主义"。当时的文学和新闻业培养的正是现实主义，最有创造力的思想家也将现实主义引入哲学、法律和经济领域。尽管西部的地方觉醒与一种民间的民族主义奇特地结合在一起，为现实主义创作做出了一定贡献，但现实主义的主要来源还是城市和城市新闻业。除了少数例外，美国现实主义的缔造者，甚至从马克·吐温和威廉·迪安·豪威尔斯的时代算起，都是接受过新闻观察训练的人，如斯蒂芬·克兰（Stephen Crane）、西奥多·德莱塞、哈罗德·弗雷德里克（Harold Frederic）、大卫·格雷厄姆·菲利普斯；或者像爱德华·柯克兰（Edward Kirkland）、爱德华·埃格斯顿（Edward Eggleston）、哈姆林·加兰（Hamlin Garland）和杰克·伦敦（Jack London）这样，以其他身份了解到记者和具有人道主义思想的作家所揭露的日常生活的阴暗面。现实主义小说家、扒粪者及当时更具批判性的社会科学家有一个共同点，即热衷于获取"内幕"。

　　罗伯特·坎特韦尔（Robert Cantwell）曾指出，"扒粪者"成功的根本原因不在政治而在文学。他们的作品，在某种程度上，与当时流行的现实主义文学并无二致。在美国，对社会现象进行描写并非常态，尤其是那些关于工业、劳动、商业、贫困及罪恶生活的场景。而现在，小说家们开始学习哈姆林·加兰小说，用现实主义风格描述街头、屠宰场或是充斥苍蝇的乡村厨房，取代了源自欧洲文学的写作方式。扒粪者们也用对美国真实生活的连续报道，替代了旧杂志中温文尔雅的旅行故事和浪漫小说。坎特韦尔说：

> 扒粪者们广受欢迎，不是因为揭露了诸如明尼阿波利斯（Minneapolis）或其他城市的腐败，而是因为在无人关注之时，他们首先对其进行了描写，这种描写不是居高临下、夸大其词的，而是试图冷静、客观地呈现其生活。简言之，他们记录了他们所在时代的内部事件和幕后故事。他们追踪了警察、黑帮、地方政治老板之间复杂的关系网，调查了新兴企业与立法机构及法院之间的秘密交易。由此，他们为美国社会戏剧提供了新的角色阵容，包括政治老板、职业政客、改革者、诈骗犯和工业大亨。社会中

的每个人都或多或少了解这些角色，但他们以前从未被详细描绘，其社会作用也未被分析过。同时，扒粪者描绘了每个人都熟悉但从未被精确刻画的场景：炼油厂、贫民窟、红灯区，甚至是用于政治交易的旅馆房间。这些熟悉的、平凡的、日常的场景，上演着美国人日常生活的剧情。东部那些刊登随笔和英国著名小说家投稿的高冷文学杂志，怎么能挖掘出这么丰富的素材呢？[45]

扒粪者和现实主义作家在各自领域工作的时候，思考者和社会科学学者也在他们的领域做着类似的事情。学者们用现实主义方法，严密甚至破坏性地审查较早时代较为保守的一代人的思想。经济学家们认真思考凡勃伦的观点，他用浪费性消费者和掠夺性工业巨头取代了古典经济学所提出的理性经济人。法律现实主义者试图用身穿法官制服、充满公司偏见的公司律师的真实形象，取代早期法理学家所提出的"纯粹"法律代理人形象。政治学家们失去了对于国家作为抽象主权载体的旧有崇拜，开始转而接受像查尔斯·A.比尔德和亚瑟·F.本特利的观点，将国家视为一个记录各种利益集团对其施加社会压力的工具。历史学家开始用经济学的视角来解释历史。与社会服务和基督教社会改革紧密相连的新兴学科社会学，正在批判旧的个人和道德观念，并发展出一种新的、"现实主义的"社会心理学。约翰·杜威正在攻击哲学中的形式主义范畴，试图对思想的应用提出更实用的说明。[46]这种反传统观念运动在1913年达到巅峰，当时查尔斯·A.比尔德出版了《美国宪法的经济解释》（*An Economic Interpretation of the Constitution of the United States*）一书，震撼保守世界。这场对传统观念的全面攻击，已经将进步思想带入了现有社会秩序的核心。一个崇拜宪法和先驱者的社会，将进步主义思想带到现有秩序的内部堡垒。一个崇拜宪法和开国元勋的国家，现在面临着对开国元勋和宪法本身的学术性扒粪。V. L. 帕林顿（V. L. Parrington）作为民粹主义和进步主义思想的代表，曾经提出："进步主义运动对美国政治思想的主要贡献在于，它揭示了联邦宪法本质上的非民主性。"[47]

然而，比尔德对开国元勋们的处理，也展示了进步党人用于认识现实的概念的某些局限性。当他讲述开国元勋们的经济利益和活动，尤其是那些与政治相关、并不总是符合最高道德标准的活动时，他显得明晰而睿智。当他探讨他们对民主的理解时，他就显得相对轻率。他的思维并未完全投入他的研究对象，而满足于从制宪会议的辩论记录中寻章摘句，东拼西凑，分析平庸而琐碎。[48]扒粪的思维方式导致了对现实生活的认识相对局限和狭隘，以及想象力的单调。威廉·迪安·豪威尔斯曾在一次讲话中，对早期文学偏好描绘富有美国特色的"生活中的微笑"表示赞许，这是一个不幸的评论。现实主义者以复仇的心态扭转了这种自满。现在，现实是肮脏和残酷的。它被隐藏起来，为人所忽视。[49]它本质上被认为是最不愉快的外部环境和物质条件的集合。现实是贿赂、回扣、特许权交易、掺假食品的销售。它是读者在《丛林》(The Jungle)、《章鱼》(The Octopus)、《财富对抗国民》或《城市之耻》(The Shame of the Cities)等作品中发现的状况。它与道德和理想世界相隔十万八千里，令人绝望，就像报纸上关于母性的社论与贫民窟婴儿死亡率的距离一样遥远。

对于进步时代的普通美国人来说，这种呈现为现实的东西并非其最终形态。现实是一连串不可言说的阴谋、个人罪行、道德堕落。这些因素交织在一起，之所以能统治美国社会，原因在于公民放松了道德警惕。因此，美国社会的失败，并非人类本性的终极体现，不是人类或美国状况的象征。人们不应接受这些失败，或是满足于小修小补，而应该在每个方面竭尽所能去抗争。首先必须充分揭露现实，进行道德劝诫。然后，当足够数量的公民坚定了改革的决心，就可以采取行动。正如乔赛亚·斯特朗所言：

> 如果公众关注某项改革——政治、社会、工业或道德改革，如果公众的良知被唤醒，形成一种开明的公共舆论，那么改革就会立

即实现。这就是基本的改革——公共舆论和大众良知的教育。[50]

首先，公民必须收回他们原本放弃的权力，必要时重塑政府工具。然后，由于扬基美国人总是从法律中寻找解决一切问题的办法，他必须确保通过适当可行的法律条文，并执行现有法律。他必须选择具有高尚道德品质的人作为政治领袖。人们认为这种道德品质坚不可摧，一旦找到正派之人并委以重任，他就会始终保持初心。当这些人重新掌管国家事务时，道德的旗帜就可以再度飘扬。

进步主义精神在新流行文学中的体现，有一个极好的例证，即1903年1月麦克卢尔在《麦克卢尔》杂志上发表的著名社论。[51]麦克卢尔在社论中退后一步，重新审视了他领导的这本杂志，突然意识到他和他的作家们工作的意义。他观察到，这一期杂志上刊登的文章，一篇是林肯·斯蒂芬斯揭露明尼阿波利斯政治丑闻，一篇是伊达·塔贝尔探讨标准石油公司，还有一篇是雷·斯坦纳德·贝克讨论劳工问题。这些文章殊途同归，指向一个美国生活的中心事实：无论是资本家、工人、政客还是一般公民，普遍不尊重法律。麦克卢尔问道：社会中还有谁在维护法律？律师吗？最好的一些律师为企业提供规避法律的咨询服务，以此来谋生。法官吗？太多的法官尊重诡辩而不是尊重法律，他们通过诡辩判决那些按常理来说犯下恶行的人无罪。教会吗？"我们知道有一个古老而富有的机构，它在坦慕尼卫生官员的逼迫下，才勉强将出租房收拾得符合卫生标准。""大学吗？它们自身也困惑不已。"麦克卢尔得出结论："没有人留下来维护法律……除了我们所有人。……我们都在尽我们最坏的努力，并让公众买单。公众就是人民。我们忘记了我们都是人民。……我们最终都要付出代价，我们每一个人。"

麦克卢尔在这里陈述了扒粪杂志的主要主题。首先是进步党对现实的看法：最受尊重的人的恶行被视为美国生活的"真实"特征，腐败无所不在。其次，这种恶行可以被简单地解释为普遍违法。正如前面所述，盎格鲁-撒克逊传统强调依法治理，这与移民中普遍根据个人关系来解释政治现实的倾向大相径庭。进步党人深信，只要法律制定得当且由正确的人来执行，一切都会向好。[52] 他们对于法律和爱国主义这类抽象概念以及持续劝诫的有效性坚信不疑。最后是呼吁普遍的个人责任感，并对个人罪责进行指控。

要理解改革者的心态，我们需要考虑到进步党人的活力。他们不仅抨击社会问题如托拉斯和政治老板的权力，也谴责了酒类贸易、卖淫等。我曾经说过，进步党人的心态首先是新教徒的心态。尽管其大部分力量集中在城市，但它继承了乡村福音派新教的道德传统。对于我们认为属于城市生活固有的一些现象，进步党人仍然感到极为震惊。不管这些人多富有，他们认为自己生活在城市生活的罪恶中，因为农业神话教导他们这是城市不可避免的一部分。他们拒绝平静地接受这些现象。在此背景下，新教个性的一个最重要方面发挥了作用：对个人责任感的重视。美国生活和美国神话一直是与质朴的乡村生活、和谐的乡村人际关系相联系的。在这种环境中，一旦个人承担起道德责任，实际上就能解决很大部分个人和社群间的冲突。[53] 此外，新教伦理总体上旨在提升个人责任感。扒粪者越是让这些新教扬基人了解周围发生的事情，他们就越感到愧疚和不安。新教的宗教机构没有提供有效的机制来化解这种愧疚感。[54] 美国政治传统也没有形成强大的本土保守主义思想，来放任这种难以处理的罪恶。本土的政治大众参与和公民意识——正如我们提到的，这对移民来说十分陌生——强化了这一观念，即每个公民在某种严肃的意义上，对任何一件事都负有责任。

弗雷德里克·C. 豪伊（Frederic C. Howe）在其坦率且睿智的自传《一个改革者的自白》(*The Confessions of a Reformer*) 中，以敏锐的自我意识分析了福音派新教主义的教义和中立派的公民教育，如何塑造了进步党的责任感。豪伊成长于宾夕法尼亚州的米德维尔，父母都是虔诚的中产阶级卫理公会信徒。在达尔文主义带来的世俗化大潮中，他进入一所小型教会学校接受教育，很快发现自己无法再如以往虔信。

但正如他所描述的,从小灌输给他的"道德责任感、体面、谨慎"并不像产生它们的神学信条那样容易被摆脱。

> 早期对善恶、美德与邪恶的观念,即使在我努力摒弃它们很久之后,仍然深植我心。我认为,这是我们这一代人受到的最深的影响。它解释了我们改革的本质,我们在道德和经济领域的监管与立法,我们对人而非机构的信任,以及我们与其他民族的关系。传教士与战舰,反酒吧联盟与三K党,威尔逊与圣多明各,都是使美国成为今日之美国的福音派心理的一部分。[55]

当豪伊前往约翰霍普金斯大学进行研究生学习时,他十分乐意倾听中立派学者的激情演讲,如伍德罗·威尔逊严词抨击公众的冷漠和责任感的丧失,洛德·布莱斯大声哀叹分赃制度、腐败、民主的衰败,以及"我所认识的那些人的责任感日渐丧失。这是我印象最深的事:我所认识的那些人忽视了自己的职责"。[56]

正如在思想和公众情绪的发展中经常发生的,19世纪80年代末到90年代汇聚于约翰霍普金斯大学的教师和学生们,只是提前几年预示了公民意识将如何席卷更广泛公众。豪伊评价90年代的约翰霍普金斯大学的师生:"我们感觉世界就落在我们肩上。"这种感受不久之后成为大多数美国人的真实写照。世纪之交后,那些最能与公众情绪共情的人在全国进行宣传,倡导个人站出来,承担起前一代人所放弃的公民责任。[57]西奥多·罗斯福曾言:"关于如何进行改革,目前尚无定论;但几乎可以确定,社会中的每个人,不论其身份地位如何,都应以某种形式努力实现这一目标。"[58]

回顾文献,进步党人的大量自我批评给人留下了深刻的印象。威廉·艾伦·怀特发现了这点,他将这场进步主义运动产生的大部分原因归结于这样一个事实:"人们在灵魂深处忏悔自己过去的不义行为。"[59]当时的道德义愤绝不仅仅是针对他人,很大程度上它是向内的。

那些把这场运动形容成良心运动的同时代人,并没有理解错误。林肯·斯蒂芬斯将自己著名的扒粪著作命名为《城市之耻》,正是抓住了这种个人牵涉其中的关键感觉。

的确,没有什么比斯蒂芬斯这本书的序言更能说明扬基人的责任精神是如何转变为一种负罪感的。书中,斯蒂芬斯一次又一次地把其中描绘的丑陋情形归咎于读者,他宣称:

> 美国政府的失职,是由美国人民自己造就的。……人民诚实无欺吗?人民比坦慕尼协会好吗?……毕竟,我们的腐败政府不是具有代表性的吗?靠关系让你的妻子进入上流社会圈子,为你的书求取好评,与靠关系让溜须拍马之徒担任公职、让小偷被释放、让富人的子女进入公司董事会之间,没有本质的区别。……政治老板不是一个政治人物,他是一个美国机构,是一个被赋予自由却缺乏自由精神的民族的产物。……责任在我们,而非我们的领袖,因为我们追随他们。贪污和目无法纪的精神就是美国精神。……人民并不无辜。这是所有新闻文章中唯一的"新闻"。……我的目的是想要看看,如果将这些耻辱的事实全部暴露在光天化日之下,是否能击穿我们的羞耻心,唤醒美国人的自尊心。

斯蒂芬斯在序言末尾,将这本书献给"被告们——献给美国所有城市的公民"。[60]

这种控诉表面上英勇无畏,其实可能有误导性。斯蒂芬斯有充分理由相信,真正的美国公民会认为这种控诉是正确的。当他的揭露明尼阿波利斯和圣路易斯的文章在《麦克卢尔》杂志发表后,两地的居民纷纷写信给他,但不是表示愤怒,而是出于鼓励。更引人注目的是,成百上千的邀请函从其他城市的个人或团体涌来,邀请他到自己所在的地方进行报道:"来吧,揭露我们,我们比它们更糟糕。"[61]

斯蒂芬斯的观点是:人民,尤其是"最好"的人民,应该为腐败负责。但这种看法并不意味着对人性或整个人类状况的最终定论。他宣传普遍的罪孽,并非为了诅咒大多数人应该下地狱,而是期待通过热切地呼吁他们的自尊心,让他们得到救赎。这就是进步党人不断强调社会的普遍丑陋的真正作用:尽管这些丑闻无处不在,但它们既非不可解释,也非不可根除;它们是一种劝诫的工具,不是生活的本质,而是改革的支点。斯蒂芬斯由衷希望:"我们的耻辱只是表面的,在它下面隐藏着真正的自尊心,这种自尊心可能是拯救我们的希望所在。"[62] 在决定性的时刻,斯蒂芬斯不得不相信,正如他谈到圣路易斯的情况时所说,"人民最终会表现出智慧"。[63]

斯蒂芬斯倡导的责任感,在一些改革者中,仅仅表现为积极参与所谓的"共同生活",这大体上意味着更接近那些以更深刻、更痛苦方式承受"现实"苦难的人。早在1892年,简·亚当斯(Jane Addams)就发表了一场精彩而深刻的演讲《社会定居的主观必要性》(The Subjective Necessity for Social Settlements),阐述了一个现象:她那一代在庇护下成长、受过良好教育的年轻美国人,如何在社会正义理念和新教道德伦理的熏陶下,开始对自己的天真感到不安,对自己的无能感到苦恼,并对被排除在普通劳动之外感到忧心。毕竟,普通劳动不仅是生存的基础,也是道德和身体健康的关键。[64] 同样,在博伊森创作的社会小说中,一位富有的承包商之子声称:"当我生活得太安逸时,就会产生一种隐秘的罪恶感",因此他离开了上流社会,投身于他所说的"伟大而混乱的喧嚣生活,其间充满了激情和痛苦的呐喊"。[65] 在《麦克卢尔》杂志的文章中,怀有相同动机的人物也不断涌现,然而如今他们不再只是小说的主角,而是作者本人。[66]

当这种冲动转化为行动,许多热心的改革者投身于各种有益的慈善事业。但大多数人不可避免地会停留在口头层面,它有时会导致一种相当紧张的道德净化,一如20世纪30年代即将席卷众多美国知识分子的对无产阶级的同情。弗罗伦斯·威尔金森(Florence Wilkinson)在《麦克卢尔》杂志发表了一首题为《被折磨的数百万人》(The

Tortured Millions）的诗歌[67]：

> 他们以死换我生，无数受苦的灵魂。
> 在俄亥俄河畔，在幼发拉底河滨，在罗纳河岸边。
> 他们从山岩开采黄金，饱受折磨的百万生灵；
> 他们彻夜不眠，为我烘焙每日的面包；
> 他们脚步沉重，踩出我的葡萄酒；
> 他们步入饥饿的坟墓，而我，却得以饱食……
>
> 我在倒塌屋檐下的炉火旁，温暖我的双手；
> 在一个濒临死亡的母亲的胸膛上，我埋下我的头；
> 昨夜，我的双足因懒惰而无力，却在她孩子的鲜血中洗净。
> 哦，永恒之律法啊，不，我不愿这样生存。
> 请让他们从尘土中苏醒，苏醒，来对我施以审判。

因此，中产阶级公民极为认真地接受了那些指责他们个人应对各种社会弊病负责的劝诫。解决这些问题是他的责任。确实，如果他想减轻自己的不安感，就必须做些什么。但他应该做些什么呢？他是一个典型的有地位的人，因成功而受人尊敬，不想在任何基本方面进行变革。因此，他需要的是一种正在采取行动的感觉，一种社会道德风气正在改善的感知，而他参与了这种改善。无疑，腐败成为进步党人道德力量的理想靶标。他坚信这个国家是彻底邪恶的，而扒粪者为他提供了大量可信的证据。

随着时间的流逝，那些扒粪和推动改革的作家们逐渐意识到，他们的作品只对自己及公众起到了重要的心理作用，但与任何立法成果或物质收益无关。他们开始实质上表示，即便他们的作品无法改变政治权力的行使，他们也喜欢努力的过程，喜欢政治生活的道德基调正在改变的感觉。"我们感兴趣的不是物质方面，而是道德方面。"威廉·艾伦·怀特将这种从"物质主义"向"道德价值"的转变追溯到美西战争,当时"牺牲精神战胜了商业精神",人们看到:"如果我们能学会为弱小民族牺牲自我利益,我们就能学到必要的一课,来解决民主的伟大问题——遏制我们民族的贪婪,实现商业的诚信。"[68]麦克卢尔对这些无形的道德说教给出了典型的高度评价。他赞扬了查尔斯·埃文斯·休斯对纽约人寿保险公司的揭露,称其产生了巨大的"振奋效果",很可能挽救了成千上万的年轻人,使他们得以避免丧失荣誉。他们看到"公开的耻辱"随时等待着作恶者,而且"没有比曝光罪行更可怕的惩罚了"[69]。

与这种强调道德而非物质价值的观点相关的,是蔑视金钱和物质成功,这让人想起了中立派对物质主义者的轻视。[70]随之而来的是对物质成就的贬抑。乔治·凯南(George Kennan)曾说,旧金山是一个成功而繁荣的城市,但它强调的是"物质成就和商业繁荣,忽视了公民美德和高尚道德。但是,如果一个城市赢得了全世界,却丧失了自己的灵魂,又有何益呢?"[71]在当时的政治家中,可能没有人比西奥多·罗斯福更加深刻地理解改革家对无形的道德观的兴趣。他的演讲充分利用了这一点。而对于罗斯福与他所处时代的关系,没有人比圣哲恩波利亚(Emporia)更有洞察力,他宣称:

> 罗斯福在这片土地上的权力是一种精神权力。他的王国不属于这个世界。……最高法院是否在铁路法案、所得税、公司许可证或遗产税等问题上支持他,这并不重要。他来到这个世界,不是为了创立一套法律体系,而更像是所有伟大的导师那样,通过他的生命和工作,来做真理的见证者。[72]

这深刻地评论了改革文学作为一种象征性行动的意义。因为,除了展示这种资料上的成就,进步党人还可以声称,他们为大多数美国人提供了一种必要且(他们认为)有益的净化。

The Age of Reform

第六章

与组织的
斗争

Chapter 6

第一节　组织与个人

进步主义的本质，是在新的条件下努力实现熟悉的传统理想。正如我之前强调的，美国普通民众对政治和经济生活的期望，源于财产和权力广泛分散的农村社会。在那个社会，大型公司尚不起眼。公司企业刚开始萌芽，还未拥有19世纪末，即进步派成长期间的巨大规模和全国性影响。虽然政治机器自亚伦·伯尔（Aaron Burr）时代以来一直是美国生活的重要特征，但它还未扮演它今日在美国城市和州中扮演的重要管理者角色，而且无论如何，它对公民美德和民主政治的威胁，看起来还未像今天在大公司腐蚀下那么严重。美国的政治传统是公民广泛参与政治和经济管理。[1]现在，大公司、工会和庞大的政治机制的发展，正在使社会凝结成大型集合体。这些集合体和利益集团协同行动，将那些不可能或难以组织的人拒之门外，无组织的公民前景黯淡。

早在1894年，成长于中西部一个小社区的威廉·迪安·豪威尔斯就已经注意到美国生活特征的巨变。他表示："生活的斗争，已经从个人的单打独斗转变为有组织的势力的对抗，而剩下的自由战斗者只能在有组织的劳工和资本集团的夹缝间艰难求生。"[2]近十年后，雷·斯坦纳德·贝克在《麦克卢尔》杂志上撰文指出，最近已经出现了一系列严密的资本和劳工组合，并表达了对潜在受害者的担忧：

> 未经组织的民众将何去何从？职业人士、教师、作家、艺术家、农民、领取固定薪资的政府雇员，以及所有那些不直接从事物质生产或销售的人们，他们的生计又将如何确保？……有组织劳工的收入和有组织资本的利润已经大幅上升，这是毫无疑问的。而工薪族和大多数中产阶级为生活必需品支付了更多费用，收入却没有得到同步增长。³

进步主义的核心议题便是对工业纪律的反抗。进步主义运动是未经组织者对组织的抱怨。

当然，这种努力背后存在着一个问题，它并未逃过那些富有洞察力的当代观察家的眼睛，其中许多人对进步主义抱有深厚的同情。现代技术和机械工业的进步，加之公民生活的日益复杂，使组织、专业化、层级制度和纪律变得尤为重要。尽管进步党人反对为了新社会而牺牲许多传统价值观，但他们并未真正主张舍弃现有社会，放弃其物质利益，回归更原始的状态。他们也并非总是错误地相信，可以不发展新的组织形式，而继续坚持对组织的反抗。简言之，进步党人试图既保留正在兴起的生活组织形式的好处，同时保留这个组织正在破坏的个人主义价值体系。因此，要同情和理解他们，就不应将其视为无能、笨拙、对简单事务都束手无策的人；相反，应将他们视为理智、聪明且具备远见的人才。他们以极大的热情和机智，去完成一项复杂、充满挑战且几乎不可能完成的艰巨任务。

在进步主义运动兴起之前，一些美国民众就已经意识到组织带来的不利和危险；但正是在进步时代，被新组织剥夺和边缘化的社会组织类型在数量上达到了一个新的高峰，并显示出一种前所未有的动荡和不安。许多历史学家指出，进步主义强烈地吸引了那些被大型竞争对手压制或超越的小商人。它也吸引了——正如有关托拉斯和消费者的舆论所表明的——随着大型公司和社会事业的专业化而增多的新中产阶级，包括技术员、领薪专业人员、文职工作者、销售人员和公共服务人员。他们无疑是当时人口增长最快的阶层。从1870年到1910年，美国总人口增加了二又三分之一倍，旧中产阶级，即企业家和独立的职业人士，增长略超过2倍；包括农场工人在内的工人阶级增长略超过3倍；农场主和农场雇工的数量翻了一番。然而与此同时，新中产阶级增长了近8倍，从原来的75.6万人增至560.9万人。如果将后一个数字与3 261 000名独立企业家及独立职业人员进行比较，我们可以大致了解这两个阶级在人口中的相对实力，进步主义正是从两个阶层吸引了大量的城市追随者。[4]

在那个时代，涌现出一大批受过良好教育、观念温和而有抱负的政治公众人物。他们几乎没有加入任何经济组织，背后既无工会支持，也缺乏贸易协会的背书，所属的专业协会也不具备议价能力。他们只能通过政治手段表达不满。虽然他们无法罢工、稳定物价或资助昂贵的游说团体，但他们可以阅读扒粪杂志，聆听进步党人的演讲，以及投票。我怀疑这一群体大多来自社会地位向上或平行流动的人，如迁往城市的扬基农民之子，渴望成为体面白领的工人家庭子女。总而言之，这些人都是在霍雷肖·阿尔杰（Horatio Alger）①所创作的传奇故事和美国梦中成长起来的，未曾放弃实现这一梦想的希望。我们时代的白领阶层较为冷漠和自私，追求安全、休闲、舒适，享受各种大众娱乐的乐趣。但在进步时代，他们尚存野心和志向。[5] 他们怨恨巨头们的巨额财富，以及公司经济控制下生活变得极端非人化，但他们仍然对工业领袖们抱着一种既羡慕又嫉妒的感情，毕竟后者实现了英雄主义的个人梦想。这也许解释了为何那些曝光公司掠夺等恶行的杂志，同时也赞颂工业界杰出人物的英雄故事。[6] 这也解释了为什么进步党人甚至社会主义的出版物，在批判社会弊病、破除陈规旧习、提供进步和改革蓝图的同时，也充满了各式个人成功故事的小广告，告诉读者

---

① 霍雷肖·阿尔杰（1832—1899），美国儿童小说作家，作品有130部左右，大多是讲穷孩子如何通过勤奋和诚实获得财富和社会成功。——译者注

如何提升自我、如何成功。读者只需目光一转，便可从曝光牛肉托拉斯或标准石油的文章，跳至"你也可以成为一名注册会计师"的世界。

对托拉斯的普遍不满反映出多数美国人不愿意放弃他们熟悉的创业和机遇的理想。在公正和善良的观念赖以建立的传统社会，中产阶级的流动资本通常进入投资，投资者也能对项目行使较大控制权。19世纪早期和中期典型的商业实体为个人或小团队所拥有，其规模受限于所有者的个人财富，并且由所有者直接管理或通过代理人管理。随着公司组织形式的演变和证券市场的扩张，大量中产阶级的储蓄、投资和保险金，以及社会重要经济决策的权力，都逐渐转移到公司老板和投资银行家手中。进步时代的动荡很大程度上源于一个有相当财富、但经济决策权被公司组织体系剥夺的公民群体。

这并非暗示公司的发展消除了有利可图的小规模直接投资。恰恰相反，城市化带来了对服务行业日益增长的需求，这些行业通常都是以小单位组织。它们继续为那些满足于在边缘业务线小规模挣钱的小投资者提供了很多机会。但这些企业仅能吸收小部分中产阶级的储蓄。1870 年之后，经济中决定性和战略性的企业系统，日益变成公司组织系统，提供了巨额利润并激发了企业家的热情。内战前，企业公司仅限于少数几种行业，战争的爆发为它们注入了新的活力。战时的财政需求和杰伊·库克（Jay Cooke）成功地向国内投资者销售政府债券，唤醒了民众对国内投资市场潜力的认识。这一市场在内战后迅速增长，从铁路、银行扩展到公共事业、采矿、制造业，最终进入批发和零售业。到 1900 年，美国公司的股东总数估计为 440 万人；到 1917 年，这一数字翻倍至 860 万人。[7]

中产阶级的储蓄，在人寿保险领域成为激烈冲突的焦点。作为金融支柱之一，人寿保险业是内战后发展起来的产业。1860 年，美国的人均寿险保护费为 5.47 美元，1885 年上升到人均 40.69 美元，到了 1910 年则上升到人均 179.14 美元。[8] 在 1870 年至 1896 年，有效保险总额增加了 577%，而保险公司认可的总资产增加了 958%。[9] 随着业务规模的扩大，保险公司政策也随之变化，通常采用了所谓的延期分红合同，允许保险管理者控制大量未分配的保险盈余。这些盈余在公司的账目中并没有明确的法律约束。理论上，这些盈余应在合同到期时分配给投保人，但是一些大保险公司的经理们挪用这些盈余进行投资和投机。纽约州立法机构设立的阿姆斯特朗调查委员会（Armstrong Committee）的调查结果，以及伯顿·J. 亨德里克斯（Burton J. Hendricks）所著的《人寿保险的故事》（The Story of Life Insurance）等，揭露了这些保险公司的投机行为，让持有保单的公众惊讶地发现，他们即便在所谓的安全堡垒中，也被无情和无耻地欺骗。[10]

对于中产阶级投资者来说，最让人懊恼的是，他们自己权力的缩水和财阀权力的增长都是基于他们自己的储蓄。正如路易斯·布兰代斯所说："束缚人民的锁链，是由人民自己的黄金锻造的。"[11] 美国人一直被教育接受一种"自然"的经济类型，其中企业被分散成许多小单位，到处都有自己的决策权。然而现在人们惊讶地发现，这种经济正在自我瓦解，让位于少数人支配的大型公司，这些公司的决策者，正如伍德罗·威尔逊所反对的，是"专制的"，他们能够将"资源、选择和机会——简而言之，成千上万人的权力"集中在自己手中，这让人震惊。威尔逊补充说：

> 可悲的股东好像并不享有与公司股票相关的任何实质性财产权，他们只是为了让其他人随心所欲地运营企业而提供资金。如果股东不同意公司管理者的决策，他们似乎只能选择出售手中的股份（即使这可能导致股价大跌）。股东们被告知只需管好自己，甚至不被允许进行任何询问或提出异议——而这正是他们天真地试图做的事情。[12]

普约委员会（Pujo Committee）的调查强化了威尔逊的这一观点。

他们所调查的对象中，没有一个能够举出股东成功地推翻大公司管理层或确保对其行为进行调查的案例。[13]

尽管有这一切，人们还是乐意承认，美国是繁荣的。但许多人都感到，这份繁荣是虚假的，是忽视了合理的传统原则换来的，并且由于这种忽视，他们最终会遭遇不幸。传统观念认为，繁荣与经济进步不是通过大型企业或托拉斯实现的，也就是说，不是通过组织的收益和节约实现的，而是源于竞争、勤奋工作、个人企业和创业精神。他们成长的环境教育他们，在衡量社会的福祉时，不单单从结构入手，不仅仅是以技术和效率的总和为基础，而是从道德入手，把繁荣作为对个体品质和美德的综合奖赏。这种深植于新教伦理的传统，如今正在被公司组织体系肆意践踏。

1905年，美国巡回上诉法院法官彼得·S. 格罗斯卡普（Peter S. Grosscup）作为一个十足的保守主义者，在《麦克卢尔》杂志上发表了一篇文章，揭示了这种关于繁荣的担忧在当时有多么普遍。[14] 格罗斯卡普承认美国正经历着空前的繁荣和力量，但他同时也忧虑美国正在逐渐失去其灵魂。他担心的是无形的东西。繁荣和权力都没有危险，但是，"美国共和制的灵魂……在于个人机遇……共和国现在面临的危机是个人希望和机遇的丧失，是对本能的压制，而正是这种本能使得我们成为一个个体独立、民族繁荣的国家"。这个国家正处于一种趋势之中，如果这种趋势不被扭转，最终将到达一个临界点，届时"组成美国民族的个体将不再把获取财产作为生活中公开的、可控的目标之一。这意味着，作为共和整体的美国将会失去维系其生存的唯一精神。这预示着社会革命，并最终会转变为政治革命"。这种对公司的普遍担忧，不仅仅是因为对价格上涨的焦虑，更是一种深层的直觉，"感到某处有错，面对未来感到不安，前途未卜"。弊病在于，公司制度正在对私有财产制施加难以承受的压力，而世界文明就是建立在这种私有财产制上，因为对于获取私人财产的渴望和希望，是个人主义社会的道德基石。这个国家正站在一个分岔路口：一条路通向公司家长主义，另一条路通向国家社会主义，两者对个人自由均是毁灭性的。幸运的是，还存在第三种选择："个人机会——美国个体实际上及理论上都有参与国家所有权的机会。"

简言之，格罗斯卡普呼吁，要扭转个人权益被剥夺的过程。他提出，如果由联邦政府取代州政府来处理这一问题，制止股票投机和滥发股票的行为（也就是公司"重获新生"），并且向全国的工薪阶层打开获得所有权的大门，则此目标可达成。[15]然而，他并未具体说明如何实现这种所有权。

格罗斯卡普表达了一种对经济生活的忧虑，这种忧虑在进步时代结束之前会越来越频繁地出现。表明这种忧虑的大理论家和专家是路易斯·D.布兰代斯，但政治上最有力的发言人却是伍德罗·威尔逊，他在1912年的竞选演讲中雄辩地表明了这一态度。就像格罗斯卡普的文章一样，威尔逊激动人心的演讲表达了中产阶级的思想倾向。它将经济秩序不单看作一个组织起来进行生产和销售商品的系统，更看作一个旨在激励和奖赏个人优秀品质的体系。威尔逊所面向的公众，在19世纪机会理想的熏陶下成长起来，笃信成功是对精力、效率、节俭、毅力、抱负和洞察力的奖赏。在他们看来，人们发挥，或者应该发挥这些品质进行竞争，并且成功理当属于拥有最多这类品质的人。他们在描述经济理想时，最常用也最有意义的比喻是赛跑——"生活的赛跑"。威尔逊指出，这场赛跑已经停止进行，但他拒绝接受这一点。过去，人们可以"自由选择职业，并尽可能地追求成功"。美国曾经致力于"绝对自由机会的理想，在这里个人除了自己的性格和思维的限制，不应受到任何限制……在这里，人们根据自己的优势胜利或失败"。新的组织系统通过各种手段摧毁了这套理想。但是，"美国将坚持不懈地在实践中恢复它一直倡导的那些理想"。[16]

威尔逊看到，美国人正生活在一种"新型的社会组织"之下，其中个人已经被"淹没"，人际关系已经完全非人化了。威尔逊的英雄，即经典经济学中和早期企业管理分散时代的新兴个人创业者，已经被这种非个人化的组织所击败。这些创业英雄是他特别关注的，他称为"新手""只有一点资本的人""比赛中的后入场者""追寻成功者"。威尔逊表示，他感兴趣的是"社会从底层的不断更新"，美国天才和创业精神都依赖于此。尽管国家依旧繁荣，但"越来越多的中产阶级正在被所谓的繁荣进程给挤压出去。无疑，中产阶级成员正在分享繁荣，但我恐惧的是，他们并非繁荣的创造者"。

"美国的真正财富源自于广泛的雄心与进取心，这些不是特定阶层的专利，而是依靠许多'无名之辈'的发明与创新。任何压抑人心的事物，任何使组织凌驾于个人之上的事物，任何阻碍、打击、挫伤谦卑者的事物，都是违背进步原则的。"[17] 根据个人主义理想，国家公认的权力和繁荣，是通过一种长期来看被视为倒退的方法实现的。因为那些权势显赫的大人物，难道不是通过压缩小人物的努力空间，切断小人物贷款的渠道，将其关在市场之外吗？[18] 人们在这条道路上走得太远，以至于几乎忘记了：

> 在那古老的年代，美国就是每一个乡村，每一个秀丽的山谷，她在辽阔的平原上显露出她的伟大力量。从山间到内陆，创业之火熊熊燃烧。到处都是渴望成功的人们，他们是工业的领导者，而非雇员。他们无须远赴都市寻找生计，而是在邻居中寻找机会。他们根据性格而非关系获得信任。他们依据自己身上所有和背景来获得信贷，而非依赖各自持有的、未被人知晓的股份。[19]

尽管进步党人所担忧的最糟糕情景并未成真，我们仍需以同理心理解那一代人对事物的看法，他们的历史意识是在以个人企业为主的时代形成的。美国历史的戏剧是在一片宽 3000 英里，长 1500 英里的大陆上展开的。人们用战斗解决重大的政治问题，进行了巨大的经济冒险，取得了惊人的利益。这个时代诞生了卡内基、洛克菲勒、希尔、哈里曼、摩根等人物，他们尚未退出历史舞台，被人们既羡慕，又怨恨和恐惧。美国孕育了一种史诗般的民族想象力，一种没有新奇和勇气就不快乐的灵魂，这种灵魂是在征服大陆、定居广袤土地、在一代人时间创造出一个庞大的工业和交通体系系统的过程中培养起来的。美国人民的开拓精神和进取心，使他们孤注一掷横跨北美。如今，难道这个国家的年轻人要苟安于一个小雇员，顶多是管理者吗？他们要接受一种只有安全投资的生活，连微小的个人事业都没有吗？那美国的宝贵精神和勇敢意志将如何保持呢？如果这些无法持续传承，美国的未来又将何去何从？进步党人不是宿命论者，他们不愿默默看着这一伟大的传统逐渐衰落，至少他们要勇敢地尝试一次，夺回那个曾经充满光明前景的过去。

第二节　国家与垄断

　　进步党人对商业组织的反对，并不仅限于经济考量，甚至也不限于更无形的经济道德领域。他们更广泛感受到的，是基于政治现实的恐惧：担心庞大的企业联合体作为唯一的财富和权力中心，将会凌驾于所有其他利益集团之上，从而终结传统的美国民主。威尔逊生动地表达了一种恐惧，这种恐惧困扰了许多人，包括那些不太关心为小企业家和无名之辈创造经济机会的人。在经济上对托拉斯的怨恨，对于小商人、中下层和继承了民粹主义传统的人来说意义重大。而在政治上对托拉斯的不满，将托拉斯视为对民主政府的威胁，则不仅困扰着同样这些人，还影响了其他类型的人：城市律师、专业人士和知识分子、来自传统精英阶层的务实政治家。他们经常带着轻视的态度看待大企业在经济上的尔虞我诈。只有少数人渴望投身企业界，但社会各阶层都开始关注庞大的资本联合体是否与自由社会相容。

　　到1912年选举结束时，威尔逊肯定已经确信，很大一部分公众认为攻击企业垄断对政治自由是必要的，因为当他要求限制企业垄断，以及努力将政治自由与经济自由联系起来时，选民回应极其热烈。威尔逊说，他正在参与"一场反对那些统治我们、限制我们发展、决定我们命运、随意摆布我们的权势的战斗"。他坚定地阐述自己的立场："这是第二次解放战争……如果美国不能拥有自由企业，那么它就不能拥有任何形式的自由。"[20]

美国人对可能完全失去对个人事务控制权的担忧，深刻反映了国民性格中根深蒂固的一个特质：对权威的天生怀疑。尽管至少自托克维尔时代以来，人们就已经熟知美国人似乎容易被公众舆论所左右，但重要的是理解：在这种情况下，公众舆论往往很难找到源头，它是分散而去中心化的，毕竟，它属于人民自己，至少看起来是如此。但个人或小团体的威权，在美国通常遭到怀疑。历史上，个人企业一直备受重视。对于个人难以处理的事务，人们更倾向于成立志愿团体协会。对于那些未经政府和法律允许难以完成的事务，大众则更愿意先寻求离他们较近的地方政府的帮助，其次是州政府的介入；仅在这些途径都无效时，才会请求联邦政府介入。这种对权威的不信任常被用来反对政府，特别是在人们认为政府变得过于强大或正在增强其力量时。在美国独立战争前的紧张局势中，这种不信任被唤醒，使独立战争的支持者变得更加坚定不移。它曾阻碍了联邦宪法的批准，被用来为南方脱离联邦做辩护。它使美国人将欧洲社会早在几十年前就已经实施的政府职责，推迟到 20 世纪。而在近些年，它又为一大批人反对新政提供了支持。

但这种对权威的不信任主要指向了企业界，至少是企业界的特定领域。在杰克逊时代，美国银行因对国家信贷的权力不断扩大而遭受怀疑，付出了巨大代价。在进步时代，整个企业系统变成了普遍敌视的目标，这种敌视源于一种感觉：企业界正在逐步演变为一个封闭的权力系统。如果未来企业继续如过去一般进行合并，形成越来越大的联合体，也许在投资银行的支持下，会暗中出现一个"联合体的联合体……一个比任何公开出现的单个联合体更强大的'利益共同体'"。[21] 那时美国的民主将会如何？在公司企业的庞大体系内，经济决策的权力已经被从股票持有者手中夺走,下一步将是政治决策权的剥夺,因为对于这样一个规模巨大的机构来说,要控制政治,也就是让腐败的政治系统和贪婪的政客为其服务,并非难事。事实上,一些现有的联合体已经在地方和有限的范围这样做了。届时,普通选民的意见将被从政治影响中剔除,正如普通股东的声音被从大公司的决策中消除。即便工业巨头的意图是出于善意,要让一个自由民族接受家长式监管和外部的强制束缚,也是不合时宜的。

　　进步党人的思想,以一种更温和而理性的形式,表达出对于暗箱操作的财阀制度的恐惧。而民粹党人则以更为夸大的形式表达了这种恐惧。尽管进步党人较少将邪恶意图或广泛阴谋归咎于这些财阀,但对于有些重大决策的形成过程完全与自己无关这一可能,他们仍然感到不安。威尔逊说:"在某处,某人正在控制工业的发展。"重要的是"让法律介入",创造出新的、可以容忍的条件,让决策无法再秘密进行。"不应该有暗箱操作。"所有立法和经济活动都应该公开进行。当人民明白正在做出的决策,知晓自己是如何被治理的,并拥有行动的手段,他们才能公平地选出能够纠正国家弊端的合适人选。[22] 在这里,我们能看到,威尔逊的国内政策和国外政策经常是相似的:在商业中,就像在国际事务中一样,不再有秘密协议,只有公开达成的契约。

　　在过去,州政府和联邦政府的职能、规模及其监管权力都是有限的。在19世纪早期,这些作为组织单位的政府都是小型实体。然而,如今大型企业和投资公司已侵入这个权力分散、缺乏组织力量的体系,掌握了大量资源,能够像购买商品一样大规模购买政治支持。因此,进步党人深为这种比国家公共权力更大的私人权力所困扰。早在1888年,查尔斯·威廉·艾略特(Charles William Eliot)就在其著名的文章《美国民主的运作》("The Working of the American Democracy")中指出,作为组织单位的大型公司的权力已经远超各州政府。他评论,波士顿一家铁路公司的办事处雇佣了约18 000人,每年毛收入约为4000万美元,员工最高年薪酬为35 000美元。相比之下,马萨诸塞州政府雇用的员工约为 6000 人，总收入约为 700 万美元，员工最高年薪酬不超过 6500 美元。而真正的大型铁路公司如宾夕法尼亚州公司，比波士顿公司实力更显赫，对该州的影响自然更不必说。[23] 作为组织单位的州政府，规模小得堪称是公司的一小块封地。

在艾略特撰写之时，企业合并的浪潮尚未达到顶峰。1898 年之后巨型公司的出现以及进步时代曝光的连锁董事会（同时在两家或更多家公司担任董事）表明，美国的所有政府，包括联邦政府和州政府，都失去了昔日的光环。举个例子：1901 年为组成钢铁托拉斯而筹集的资金高达 10 亿美元，足以支付联邦政府近 2 年的所有行政支出。1908 年 3 月，参议员拉福莱特在参议院就美国工业、交通和金融的控制问题，发表了一次深刻演讲，他引用了详尽的美国公司连锁董事会文件来证明，不到 100 人的联合行动，就控制了国家的重大商业利益。他质疑："难道还有人怀疑，这些人通过共同利益捆绑在一起吗？"[24]

4 年后，普约委员会的调查以惊人的详细程度印证了拉福莱特所指出的情况：摩根集团在金融全盛时期，在包括保险、运输、制造和贸易公司以及公共事业公司在内的 112 家企业中拥有 341 个董事席位，掌控的总资产高达 222.45 亿美元。这份不完全的清单显示，仅一个单一的利益网络，其掌握的财富就是整个新英格兰地区所有动产和不动产评估价值的 3 倍以上，或者是南方 13 州所有财产评估价值的 2 倍多，或者是密西西比河以西 22 个州的总资产。[25] 想到这样一个庞大的权力，没有任何对等的、对公众负责的权力来制衡，它正悄无声息且坚定不移地朝着其政治目标而行进，这让人不寒而栗。伊格纳修斯·唐纳利的噩梦，即一个由寡头组成的内部委员会统治的社会，现在即使对那些比他更清醒的人来说，也不再是纯粹的天方夜谭。威尔逊警告说："如果垄断持续存在，它将永远占据政府的领导地位。我不期待垄断者会自我约束。如果这个国家有人因为足够强大而能拥有美国政府，垄断者们必定会这样做。"[26]

现在，普通美国人虽非热情洋溢，但也犹豫不决地依赖政府监管，希望通过政府的介入来平衡私有企业的力量。他们怨恨企业组织侵犯自己的道德感情和个人价值观，开始支持政府组织，并且比以往任何时候更愿意接受政府权力必须扩大的观点。长期以来州政府一直是政治行动的中心机构，但现在它们显然已经被商业利益所超越（从宪法上来说，商业利益确实也超出州政府控制范围），民众开始将联邦政府视为控制商业的最后防线。讽刺的是，他们这样做的同时也加速了他们信奉的地方分权政治原则的毁灭。对于联邦监管的依赖，可追溯到1887年的《州际商务法》和1890年的《谢尔曼反托拉斯法》，进步时代的一系列法律加速了这一趋势，并在我们这个时代达到顶峰。这一趋势最初是个人主义主导时代的个体对大企业不加控制的集体主义的回应。在美国，大部分中产阶级从未心甘情愿地接受政府及其监管权力的增长，没有放松对权威的怀疑，即使现在仍反复表现出对国家主义的强烈反感。在我们这个时代，这种增长只有在面临重大民族危机（国内危机或军事危机）的情况下才有可能，即便如此，也要面对公众的持续反对。而在进步时代，这种增长得以实现，只是因为公众对企业联合体和私营企业的权威深感恐惧。鉴于近年来，极右翼意识形态者常常将国家主义的增强归结为受外来意识形态影响的集体主义者的阴谋，这里有必要提一下，走向现代社会组织的第一步，是由极端个人主义者——镀金时代的巨头们——迈出的，而现代国家主义的最初开端，则在很大程度上是那些试图竭尽全力挽救扬基个人主义和企业家精神的人的成果。

但是，如果要增强国家权力，那么比以往任何时候更重要的是，政府必须成为一个中立的机构，尽可能满足中产阶级对于公正、温和及法治的期望。当大型企业寻求偏袒或特权时，政府必须有足够的力量来压制它们。但是，政府不应反企业，甚至不能反大企业。它必须在所有特殊利益群体中保持中立，确保每个群体都服从公共利益行事，公正地服务于所有公民。政府不应偏向富人或穷人，劳工或资本，而应代表所有阶级中的公正、诚实和守法之人。实际上，它将站在中产阶级认为自己所处的位置——在中间，不偏不倚地对待所有自私自利的利益。政府权力的增强，不是为了与任何利益集团有更密切的关系，而是为了更有效地超越他们，必要时甚至反对他们。

西奥多·罗斯福总统是首位深刻理解民众对强大而中立政府的需求的政治领袖。他对这一社会趋势的敏锐洞察以及对此动机的深切共鸣，在很大程度上说明了他深受民众喜爱的根本原因。[27] 就这点而言，他任内最重要的年份是1902年，当时他成功地调解了无烟煤矿工大罢工，并起诉北方证券公司。这些举措暗示人民，美国终于有了一位能在这些事务上采取独立且坚定立场的总统。这给予了民众信心，具有极其重要的象征意义。[28] 尽管之前的总统也介入过劳资纠纷，如海斯调停了1877年的铁路工人罢工，克利夫兰调停了普尔曼罢工，但他们是作为工业巨头的支持者，而不是作为一个代表中立立场和"公共"利益的独立力量出现。而罗斯福在民众眼中不仅与对立双方保持距离，而且高于对立双方。在达成妥协的谈判中，他的形象比矿工或企业经营者都更高大。起初，罗斯福认为自己的独立性是一个相当大的劣势，他写信给洛奇：

> 不幸的是，这个职位给予我的力量也是我的弱点之所在。在所有我认为涉及公众利益的事务中，我真正独立于那些大财团。我可能是第一个可以如此真实声明的美国总统。我相信这对总统来说是正确的做法，是可取的。但是，既然我认为国家无须给予这些大财团任何便利，那么我也无法使他们为我提供任何便利。……总的来说，我无法向他们提出任何私人的或特殊的请求。我不知所措，不知该如何进行。[29]

事实上，西奥多·罗斯福的政治机智，以及一些财团的同情，远超他的预期。具有讽刺意味的是，正是像马克·汉纳和J.皮尔庞特·摩根（J. Pierpont Morgan）这两位财阀统治的标志性人物，其帮助和影响力使得最后的和解成为可能。[30] 没有他们的介入，顽固的矿业老板可能永远不会同意接受仲裁。汉纳和摩根等人最初也没有期望以此换取罗斯福觉得不能给予的直接或立即的"便利"。毕竟，罗斯福的行动旨在防止更广泛的社会苦难、民众不满、可能的暴动，以及其他阶层出于同情而发起大罢工甚至"社会主义行动"的可能。[31] 罗斯福向这些大亨发起呼吁，因为他们是能够阻止社会灾难的可靠的保守派。这一事件显著提升了罗斯福的政治声望，这无疑是应得的。然而，历史学家不能不补充的是，汉纳和摩根充当了强大的中立政府诞生过程中的助产士，这与进步党人的刻板印象相去甚远。

与平息罢工相比，对北方证券公司的起诉在心理影响上相当，虽然其经济内容相对无足轻重。E. H. 哈里曼（E. H. Harriman）控制的金融力量与詹姆斯·J. 希尔（James J. Hill）及摩根控制的金融力量进行了一场全国瞩目的控制权之争，最终双方达成合并协议，组建了北方证券公司这一超级托拉斯。这场合并引发了一场可怕的金融恐慌，许多人一飞冲天，也有很多人的财富灰飞烟灭。新的联合体无疑引起了公众的广泛关注，皆知它是摩根的资产。解散这个联合体虽然对摩根或企业界任何重要财团的利益无关痛痒，但看起来似乎是在虎口拔牙。实际上，摩根因为事先未被告知而十分不悦，匆忙前往华盛顿，想要了解罗斯福是否要"攻击我的其他利益"。政府的诉讼让每个人最终感到，美国总统的权力确实超过摩根及其财团，国家的掌控权在华盛顿而非华尔街。当1904年最高法院最终批准解散托拉斯时，罗斯福的喜悦不言而喻。他也有权喜悦，不是因为他打击了企业联合体——判决并不代表什么，企业联合体并未遭受损失——而是因为他作为总统，第一次采取行动来缓解公众对这个重要问题的焦虑。他说，这是他首次执政的"伟大成就"之一，"因为通过它，我们以显著的方式强调了这一点，即这个国家最强大的人在法律面前也必须负责。这是任何其他方式都做不到的"。[32] 此后，无论罗斯福做何言行，人们都坚信他是坚定的"反托拉斯斗士"。

进步党人代表中产阶级的精神和愿望,主张实行双重经济补救计划,试图将政治极左或极右的风险降至最低。他们既担忧财阀权力过大,也忧虑因贫困引起的社会不安。但如果政治领导权能牢固地掌握在有责任感的中产阶级手中,他们既非极端反动,也非罗斯福所说的"狂热激进者",那么上述两大问题都可迎刃而解。他们要做的第一件事是改革企业秩序,恢复或维持竞争——或者视情况限制和规范垄断——对消费者、农民和小企业主扩大贷款。第二步是尽量减少对劳动阶级的残酷无耻的剥削,应对通常所说的"社会问题":劳资关系、贫民窟民众的生活条件、对女工和童工的剥削,建立起最低社会福利标准。中产阶级对这些问题深感关切,既因为他们真心重视工业主义受害者的福祉,也因为他们担心,忽视这些问题会导致社会解体,甚至不可预知的灾难。他们充满了对社会正义的热情,但他们也希望通过引人注目的方式来实现社会正义。罗斯福等人时常对财阀们感到愤懑,因为他们骄奢淫逸,态度傲慢,肆无忌惮地公然行使权力。他们的行动不断挑衅民众,激起民众的愤怒。这种愤怒将在激进运动甚至社会主义运动中找到宣泄口。

1906年罗斯福在一封写给塔夫脱的信中,畅想了未来25年美国政治领导人的任务,宣称:

> 我完全不喜欢目前的社会状况。极端富有者迟钝而愚蠢,贪婪又傲慢。他们通过聪明的律师,往往还利用法官的软弱、短视或贫瘠的头脑,来获取不义之财。这些事实,以及企业与政界的腐败,在大众心里引发了一种病态的亢奋与不安。这就促成了社会主义思想的广泛传播。《世界主义者》《麦克卢尔》《科利尔》(Collier's)、汤姆·劳森(Tom Lawson)、大卫·格雷厄姆·菲利普斯以及厄普顿·辛克莱等都在大力宣传社会主义。其中有社会主义者,也有哗众取宠者,但他们都在尝试构建一种革命情绪,这种情绪可能会以政治运动的形式表现出来。对此似乎无计可施,

因为我们没办法马上找到诚实而智慧的方法来打败它。我们行动太晚，或几乎太晚了。到时我们可能不得不采取白银运动时期就做过的事：在一个夏天说服那些怀有善意的人，他们在几年前被教导的东西都是错误的。[33]

当然，西奥多·罗斯福代表了那种内心深处非常保守的进步主义领袖：如果不是为了抵御更激进的改革要求，他们可能根本就不会成为进步党人。典型的进步主义思想家与当时的社会主义者进行了宽容且互有收获的对话，或许偶尔会焦虑地回头张望，确保马克思主义或费边主义①思想在美国没有占据太多地盘。但在这个社会主义思想广泛流传的时代，他们主要是想从社会主义批评中学到一些东西。不过，这些批评带来的基本上是消极影响。当社会主义者认为，资本的日益集中是社会进化的必然产物，它们对民主的挑战只能通过剥夺所有者的财产来解决；典型的进步党人则会努力寻求在资本主义框架内限制或规范垄断的方法。当社会主义者声称，只有社会主义制度才能消除民众的不满；典型的进步党人则更坚定地寻找方法，证明这些不满在资本主义体制下也能得到缓解。通过这种方式，进步时代广泛谈论的所谓"社会主义威胁"，实际上为中产阶级的改革计划提供了额外的动力。[34]

从根本上说，核心的恐惧是对权力的恐惧。一个有组织的利益集团的力量越大，它所引起的焦虑就越大。因此，最受批评的是托拉斯、投资银行、相互勾结的董事会、巨额私人财富，其次则是组织严密、高度纪律性的政治机器。与大企业和政治机器相比，工会要弱小得多，在进步党人思想中占据着可有可无的位置。进步党人同情劳工处境，但如果工会主义成为对抗企业权力的唯一力量，他们又会担忧工会权

---

① 19世纪后期英国费边社提倡的一种观点，主张采取渐进措施对资本主义实行点滴改良。——译者注

力。资本联合体和劳工联合体都会挤压消费者和小企业主的利益，人们并未忘记这种威胁。无烟煤矿工大罢工导致煤价上涨，引起了公众的广泛关注。在劳工真正掌握了政治权力的地方，如旧金山，一个不雇佣非工会会员的地方，劳工阶级一度主导了地方政府，进步党人就带有一些反劳工的色彩。[35]

如果劳工运动力量适中而温和，且明显代表本地工人和企业中产阶级的愿望，那么它很容易被进步党人所接受，至少作为农民和城市中产阶级构成的进步联盟的第三个小伙伴。那些生活在工业造成的贫困和冲突中的进步党人似乎认为，解决"社会问题"的最佳途径应通过更加慈悲和无私的方法，而非进行直接的劳工运动。在这里，要求政府权力中立的理念再次发挥作用，因为人们期待国家政府能够公正正义地处理最严重的纠纷。立法机构，主要是州立法机构，应该通过立法，使工业社会变得人性化。在1900年之后的几年里，美国通过了一系列引人注目的法律，涉及工作补偿、妇女与儿童劳动条件、劳动时间、妇女最低工资及退休金等问题。[36]尽管在实施这些法律的过程中出现很多缺陷，尽管一些司法判决损害了这些立法，这些法律仍在纠正工业主义的严重弊端方面发挥了显著成效。今天，我们可能需要充分发挥想象力，才能回想起尚未被政府驯服的工业的野蛮性，比如，在当时每年有1.6万到1.7万名铁路工人（每10到12名此类工人中就有1人）受伤的情况下，工人赔偿金意味着什么。坚持运用法律力量来解决劳工阶层的不合理苦难，成为进步主义运动留给我们的最宝贵遗产之一。

进步主义能取得成效，不仅在于它通过了多项法律，还在于它向企业施压，促使企业顺应公共改革潮流，进行自我革新。美国企业本身已经步入了一个新阶段。在19世纪90年代之前，美国企业过分专注于建设工厂、开拓市场和降低产品价格，却忽略了工人生产效率和心理状态，导致工厂管理方式落后。20世纪初，由于受到工会组织的压力，被扒粪者谴责，并对与欧洲高效管理体系的对比感到不安，一些新思维的企业家开始关注糟糕的工作环境和员工士气,并开始对毫无计划的车间管理方式进行改革。[37] 从 1900 年到 1910 年,全美出版了大约 240 本关于企业管理的书籍,其中弗雷德里克·温斯洛·泰勒(Frederick Winslow Taylor)对效率的研究影响了广大企业家。1898 年之前尚不存在的企业学校,此时纷纷涌现,成立了许多讨论管理、进行教学和研究的机构。雇主开始研究人事问题,考虑减少员工疲劳、改善工作条件的措施,有些企业还推出了自己的福利和退休金计划与分红制方案。[38] 许多措施遭到了工会的抵制,认为这是资本家试图建立一种家长式控制体系,而且确实不少措施意在培养企业内部工会。很少有雇主像爱德华·A.费林(Edward A. Filene)那样,鼓励工人参与管理决策。但整个进步主义氛围的确催生了私人福利资本主义,它与正在成长中的商业监管法律体系互为补充。第一次世界大战期间及之后,这种福利体系快速壮大。

许多进步主义者对于政治基调中的重要无形因素深感兴趣,在这方面,他们赢得了重大胜利,因为他们增强了美国政治和经济体系中的人类同情心。在特定时间测试社会情绪的重要方法,便是看生活舒适人群在心理上是倾向于认同成功人士的权力和成就,还是倾向于认同弱势群体的需求与苦难。在很大程度上,进步党人的努力使人们的同情心指向下层而非上层。进步党人创造了一种舆论氛围,使得生活舒适者从长远来看表现出人道主义,最终成功地避免了他们害怕的不同社会阶层的极端对立斗争。部分得益于他们的努力,美国得以与英国和北欧国家一样,其上层和中层接受劳工诉求,并承认工会组织的基本合法性,从而走上了一条不同于欧洲大陆国家的道路。后者由于在道德上排斥劳工,其阶级对立和暴力冲突不断加剧。要认识到美国自身这种变化的重要性,只需比较普尔曼罢工和霍姆斯特德罢工时的舆论氛围,与进步时代以来劳工组织形成时的氛围。当然暴力和血腥事件难免,但 20 世纪发起一次巨大的劳工运动的代价,远低于 1865—1900 年工人仅仅为操作美国工业机器所付出的代价。

进步党人在大多数情况下能与劳工组织达成和解，但面对企业组织，无论是实际困难，还是他们的复杂情感，都给他们带来了很大困扰。尽管他们担忧企业给经济竞争和政治民主带来的威胁，但他们也尊重秩序，关心繁荣，在攻击实业界时都慎重行事。他们虽然对私人企业的权力抱有敌意，但也赞赏企业的大规模、高效率和成功。他们致力于道德完善，相信价格竞争会带来物质利益；但也愿意参与社会变革，并且推崇许多人所称的企业联合体所代表的进步之神。

因此，并不奇怪，进步党人对于所谓的托拉斯或垄断问题的讨论，充满了各种犹豫不决和自相矛盾。他们发现，有些制度和实践的效果卓著，却违背了传统观念和自己的道德理想。当一个社会问题无法得到根本解决，就像托拉斯问题一样，并且它激发起如同进步党人一代紧迫的情感，通常会发生的情况是，人们被迫寻找一个纯粹形式上的解决方案。之后的几代人不会以同样的方式来看待这个问题，也缺乏同样的紧迫感，自然就会对这种形式主义报以嘲笑。但我们必须小心，在回顾过去时不要高高在上，抱有事后诸葛亮的优越感。现在，我们已经无法体会当年进步党人的焦虑或失落，我们已经超越了他们面对的企业组织问题，但只要我们如同对待维护民主问题一样，认识到它是一个真正的问题，我们就会发现，我们远未解决它。

从一开始，至少自1890年《谢尔曼反托拉斯法》通过开始，大多数敏锐的政治家已经认识到，这是一种姿态，是对公众要求政府出台政策对抗托拉斯的安抚和象征性让步。参议员奥维尔·普拉特（Orville Platt）坦言，这法案不过是出于这样一种愿望，即"制定某种'惩罚托拉斯'的法案，在全国实施"。[39] 在西奥多·罗斯福就任总统之前，人们几乎没有运用过该法来阻止企业合并，成果更是微乎其微。最高法院明确表示，实施该法案远非易事。如我们所见，罗斯福在对北方证券公司的起诉中戏剧性地处理了这一问题，不久之后又选择性起诉了一些具有类似公共价值的企业。"反托拉斯斗士"之名在这些诉讼中迅速声誉鹊起，尽管历史学家竭力解释，这个头衔依然与他绑定。

这本身就有力地证明了：公众需要相信，政府在这个领域采取了有效行动。[40] 实际上，罗斯福不仅没有起诉很多托拉斯，而且在他任期内，也没有阻止企业合并的加速进行，他甚至不相信反托拉斯的哲学，并且在总统咨文和其他公开讲话中从不讳言这一点。罗斯福经常批评试图"仅仅依靠反托拉斯法来发起一系列诉讼，从而达到恢复六十年前的商业环境这一不可能的任务"。[41] 他初任总统时就说："那些主张通过瘫痪国家工业来摧毁托拉斯的人，往好里说是庸医，往坏里说是共和国的敌人。"[42] 他根本不相信任何号称要恢复旧有竞争秩序的努力能奏效，就像那些追随赫伯特·克罗利的进步党知识分子一样，他主张接受组织系统作为现代生活的产物，通过反组织的形式，来控制和约束超大型组织。

> 一个朴素而贫穷的社会，可以在纯个人主义的基础上，作为一个民主国家存在；但一个富裕而复杂的工业社会则无法如此。因为一些个体，尤其是那些叫作公司的人造个体，变得如此庞大，以至于普通个人……无法与他们平等地打交道。因此，这些普通个人必须转而联合起来，首先通过最大的联合体，即政府，采取集体行动；其次，通过私人联合体，如农民协会和工会来行动，以实现自我保护。[43]

这些评论堪称预言，预示了自罗斯福时代以来这方面的重要进展。罗斯福相信，应该接受并认可企业联合体，但它们的事务、行动和收益应当公开透明。它们应该受到监管，并在"变坏"时受到惩罚。事实上，1903年，罗斯福指示成立了公司调查局，对木材、石油、肉类包装、钢铁和烟草等许多主要行业进行了研究。他视此为建立一个有效监管体系的初步尝试，尽管其最终形式在他脑海中尚不明晰。[44] 然而，随着时间的推移，他越来越强调"好"托拉斯与"坏"托拉斯之间的区别。垄断权力本身不再成为关注对象，通过不公平手段来获得或维持垄断或准垄断才值得关注。这种区分在法律上可能难以满意地执行，但他似乎没有考虑到这一点。司法部反托拉斯部门仅有 5 名律师，年预算仅 10 万美元。根据法律的解释，每年只能提起几起诉讼，因此"坏"托拉斯不可能很多。这是罗斯福在他总统任期内留下的情况。

尽管塔夫脱总统努力加强反托拉斯措施，但公众的不满仍在增长，因为随着政治家们在这方面取得些许成功，民众对于政府监管企业联合体的期许也在增大。人们日益意识到威尔逊所说的"联合体的联合体"的风险，即所有大企业利益在主要投资银行的领导下联合起来。越来越多的美国人得出结论，迄今为止所作的一切远远不够深入。赫伯特·克罗利、西奥多·罗斯福、查尔斯·H. 范·海斯（Charles H. Van Hise）及其他一些人的观点，即托拉斯应该被接受，同时也应该被监管，在许多律师、知识分子和老练商人中可能大受欢迎，但并不能让那些强烈不满的人买账。布兰代斯、威尔逊、拉福莱特、布赖恩主张应该努力恢复、维护和规范竞争，而非仅仅规范托拉斯，这一观点似乎更符合整个国家、大多数改革者的口味，尤其是在西部和南部的农民及小商人中，那里有着较强的民粹主义反托拉斯传统。[45] 毫无疑问，1913 年副总统托马斯·R. 马歇尔（Thomas R. Marshall）发表演讲时考虑到了这些受众：

> 在上次竞选中，人们被告知托拉斯是自然演化的结果，对付它们的唯一方式是加强监管。但人们已经厌倦了这些告知。他们想要的是以前这个国家曾经提供的那种机会。[46]

这句话概括了在 1912 年选举中高度戏剧化的企业联合体问题。威尔逊和罗斯福在竞选中都抱持普遍的进步主义立场，仅在托拉斯问题上针锋相对。正如布兰代斯所指出的，争论的焦点在于是监管竞争还是监管垄断。尽管双方围绕这些说法展开激烈交锋，并强烈地表达了各自的感情,但这些差异是否真如辩论所呈现的那样激烈,引人怀疑。确实,像威尔逊和拉福莱特这样的政治家有时似乎真的相信,依靠《谢尔曼反托拉斯法》就可以遏制企业合并的浪潮。拉福莱特在1912年宣称:"如果政府竭尽全力执行反托拉斯法(《谢尔曼反托拉斯法》),总统本可拯救人民免受我们今天面临的可怕状况。"[47] 威尔逊也在同一年断言,美国正面临着由企业利益团体统治的危险,"我们要靠法律将其肢解,要温柔但坚定、持续地拆解"。这种恐吓性的言辞树立起一个外科手术式总统的形象,也许还得到布兰代斯和拉福莱特的帮助,在美国企业社会颤动的身体上挥舞手术刀。[48]

实际上,威尔逊采取的措施并不像他的外科手术比喻所暗示的那样直接或明确。因为他认识到,"建立在大规模合作基础上的企业合并是我们这个时代的特点,是现代文明的自然产物"。[49] 他承认:"我们永远不可能回到个体竞争的旧秩序,建立在大规模合作基础上的企业组织,在一定程度上是正常且不可避免的。"尽管他非常认可小企业家和竞争,但他将希望寄托在他所谓的"自由竞争"而非"非法竞争"上。自由竞争是指更高效率方胜出的任何竞争,非法竞争则是缺乏效率的企业使用不公平手段获胜的竞争。威尔逊坦承,自由竞争也会消灭竞争对手,而这些竞争对手将如同那些被非法竞争所扼杀的竞争对手一样灭亡。但这样的结果将是积极的,因为它提升了国家的整体生产效率。[50] 因此,通过高效率而变得庞大的企业是好的,只有通过规避诚实竞争而变得庞大的企业才是坏的。他有一次高深莫测地表示:"我支持大企业,但反对托拉斯。"[51] 然而,包括布兰代斯在内,没有人能明确定义或估量更高效率,或者如何在大企业发展过程中画一条线,超过这条线,企业就会失去而非获得效率。虽然可以列出一个大多数诚实人士都会同意谴责的商业行为清单,但没有人知道,如何建设性或负责任地解散已经通过这些行为成长起来的大企业。[52] 对于威尔逊所赞扬的大企业与他所反对的托拉斯,没有人知道如何在实践中准确加以区分。而且没有人能确定,罗斯福关于好托拉斯与坏托拉斯的区分,与威尔逊关于自由竞争与非法竞争的区分,是否有本质的不同。

一个希望以理性角度看待托拉斯问题的进步党选民可能会感到困惑,并且可能会怀疑,激烈的辩论是否真的表达了总统候选人之间的深刻差异。实际上,到了 1912 年竞选时,最高法院的判决已经大大削弱了《谢尔曼反托拉斯法》的力度,以至于除非进行司法革命,否则很难期望该法案能够全面广泛有效地打击企业合并。仅剩的可能性,就是偶尔将那些公然违反公平竞争原则的企业挑出来敲打,这与罗斯福时代对"好"托拉斯与"坏"托拉斯的区别相差无几。也许最值得一提的是,威尔逊政府后续通过了《克莱顿反托拉斯法》,创建了联邦贸易委员会(Federal Trade Commission),但并未列出任何条例,来避免最高法院对反托拉斯诉讼案件拖后腿的行为。威尔逊也没有做出任何严肃的努力,启动实质性改革。在他的领导下,反托拉斯部门扩大了,但也仅增至 18 人,而且即使这一点,也是在战时价格飞涨后才实施的(最近的经验表明,要对经济进行最基本的管理,所需律师人数应是当时的 10 倍以上)。[53] 威尔逊还让那些期望联邦贸易委员会成为一个有效监管机构的人大失所望,因为他任命的委员要么碌碌无为,要么一心想让该机构对企业有利。[54] 布兰代斯曾帮助起草创建联邦贸易委员会的法案,后来也将这个威尔逊领导下的机构鄙视为"愚蠢的机构"。[55]

任何关注托拉斯问题的讨论和立法行动的民众,都不可能不被两者之间的差异所震撼:关于托拉斯的讨论如此重要且深远,因为它不仅事关整个美国企业和政治的组织,甚至关系到究竟是谁掌管这个国家;而关于托拉斯的立法行动却是如此微不足道,如此不完整,所有的战略点都被扭曲了。我们不得不得出结论:尽管公众对此事的不满情绪广为流传,但持有保守立场的人群从未丧失对局势的控制。在需要被定夺的关键问题上,不仅最高法院站在他们这一边,白宫的行政领导人和参议院的严谨绅士们也是可靠的后盾。事实证明,像布赖恩和拉福莱特这样未能获得至少大部分企业界人士信任的人,是不可能入主白宫的;而他们在全国范围内的影响力,则是在被更保守的政客们小心翼翼地过滤后，才转化为立法或行政行动。像西奥多·罗斯福这样的政治领袖和他的一些共和党同僚，深刻理解进步主义情感的紧迫性，也知道如何在他认为的最不负责任的左翼和右翼之间发挥平衡作用。1912年，乔治·罗斯福对西奥多·罗斯福说，尽管后者之前是保守派的进步领袖，但现在他是进步派的保守领袖。"是的，是的，"西奥多·罗斯福在他最爱的摇椅上前后摇摆，嘟囔着，"就是这样。我必须一直控制他们。我必须约束他们。"[56]

历史学家们早已意识到，西奥多·罗斯福虽然得到美国生活中反抗力量的支持，有时甚至鼓励其反抗情绪，但解决问题时他会向参议院的保守派领导人以及东部的工业和金融资本代言人寻求建议。在竞选中，他获得了或多或少来自这些人的金融利益集团的支持。伍德罗·威尔逊有着不同的性格，在他的政府中，同样的力量以一种更为迂回的方式运作。为了维护自己的正直感，威尔逊很少与工业和金融巨头直接打交道，但他的最亲密顾问豪斯上校，成为他的私人代理，将资本的需求和观点传递给白宫。豪斯的日记记录了他与摩根、菲利克斯·M.沃伯格（Felix M. Warburg）、亨利·克雷·弗里克（Henry Clay Frick）、弗朗西斯·L.希金森（Francis L. Higginson）、奥托·H.卡恩（Otto H. Kahn）以及弗兰克·万德利普（Frank Vanderlip）等人的频繁会面。[57] 此外，当1913年末经济陷入萧条，次年进一步恶化时，威尔逊本人开始公开且殷勤地寻求企业的支持，欢迎银行家和企业巨头回到白宫，并明确表示改革立法的高潮即将结束。[58] 进步主义知识分子曾熟知赫伯特·克罗利对谨慎的罗斯福给予的高度评价，当1914年克罗利批评威尔逊未能进一步推进进步改革计划时，必定感到大惑不解。[59]

上面我们讨论了很多关于反对大企业的宣传在形式上所起的作用，但我们也不应忽视对其其他用途的探究。改革运动与企业的关系，并不局限于是努力恢复竞争还是限制垄断，其他更实际的改革也得到了考虑。所有警示性的演说或著述，所有关于托拉斯及其对民主、企业和自由的威胁的激烈宣传,将大企业和既得利益集团置于守势,并营造了一种公众舆论氛围,使得某些改革立法成为可能。进步党人或许无法对企业联合体有大的作为,但他们确实通过《赫本法案》迈出了第一步,开始真正对铁路进行监管,这是早该实施的。他们确实在建立联邦储备系统时,建立了一个更令人满意的、受人民控制的借贷体系。他们确实通过《安德伍德关税法案》(Underwood Tariff Act),实现了长期以来追求的降低关税。在州和全国层面的多个领域,进步党人确实为农民、工人和消费者带来了具有实质意义的立法改革。如果没有一个广泛要求挑战大企业权力的社会氛围,这些改革是难以实现的。

在许多方面,现在的企业联合体问题,即使对自由主义者和改革者而言,也呈现出与进步时代截然不同的形式。这个时代,已经很少有人带着同样的悲伤经历独立创业者的消逝。资本形成过程已经发生了变化,投资银行的重要性下降,并带来了金钱托拉斯的幽灵。产品竞争在某些方面已经取代了传统的价格竞争。本身就是康采恩①的巨大分销机构,在某种程度上保护了消费者免受垄断的压榨。大企业已经证明了它在技术上比它所取代的小企业更进步,这正是布兰代斯等进步党人坚决否认的。资本的政治权力,由于劳工组织的迅速增长,得到了可喜的制衡。所有权和控制权的分离,曾令进步党人瑟瑟发抖,却创造了一个领工资的经理阶层,他们对自身的体面和生活舒适度的关心,不亚于甚至超过了对不计成本追求利润的兴趣。可以想见,这些人展现出的工业灵活性远超传统企业中压力重重的创业者。

尽管如此,后世的美国人仍然受惠于进步时代留给他们的反托拉斯遗产。大企业的崛起也许是不可避免的,但即使如此,营造一种使其偶尔处于守势的舆论氛围也是有益的。瑟曼·阿诺德(Thurman Arnold)曾宣称,反托拉斯言论的主要效果是"通过将针对它们的攻

---

① 康采恩,资本主义垄断组织形式之一。——编者注

击引向纯粹的道德和形式层面，反而促进了大型工业组织的增长"。[60]但他在《资本主义的神话》（*The Folklore of Capitalism*）一书中详细阐述该论点时，也不得不承认，同样的反托拉斯言论，通过鼓吹大联合体可以被约束并变得体面的观念，确实促成了它们最终变得体面。并且，如果没有敌对法律的存在，大企业的定价政策可能对公众利益更为不利。[61]阿诺德后来担任司法部反托拉斯助理司法部长，从广泛的历史意义来讲，他的职业生涯是建立在进步党人及其反托拉斯前辈传承下来的情感无形资产的基础上。他和后来新政时期反垄断运动的其他谋划者，并未如布兰代斯－威尔逊派在竞选运动中大吹大擂的演讲那样，对大企业发起全面攻击，但他们确实依赖了进步党人所培养和加强的政治情感。学者弗朗茨·诺伊曼（Franz Neumann）在分析导致魏玛共和国崩溃及纳粹崛起的条件时指出，德国并未经历类似美国在西奥多·罗斯福和伍德罗·威尔逊领导下的普遍反垄断运动，中产阶级并未明显地反对卡特尔①和托拉斯，而劳工通过马克思主义的视角来看待集中，因此往往倾向于支持它。诺伊曼指出，这削弱了企业秩序内部对于威权控制的反抗。这一比较从另一方面证明了反托拉斯传统是合理的。[62]

自相矛盾的是，尽管对大企业和金融的敌意有时导致了地方威权主义和不健康的反抗模式，但它也是美国民主制度所能利用的资源之一。[63]因此，不管怎么说，即使是反托拉斯的夸张言论也找到了它的归宿，即使是进步党人的反垄断闹剧也超越了仅仅博人一笑的娱乐功能。毫无疑问，与舆论的滔天声浪相比，直接的物质成就微乎其微；但在历史上有许多时期，人们必须以九牛二虎之力来博得寸进。在对进步党伟大的反托拉斯运动进行严苛批评之前，我们必须谨记这一点。

---

① 卡特尔，垄断组织形式之一。——译者注

第三节 公民与政治机器

如果大企业是进步党人的最终敌人,那么政治机器就是他们的直接敌人。政治组织给他们带来了与经济组织问题相似的困惑。同样,它也让进步阵营分裂成两派:一派主张积极且毫不留情地对抗经济组织本身,另一派则提倡成立对抗组织,增强专业化和领导力,使组织承担新的责任。除非能够打破政治机器及其领导者——政治老板,除非能够粉碎特殊利益集团与政治机器之间的腐败联盟,否则任何持久的改革都难以实现。因此,在进步时代,对组织的斗争形式始终在政治讨论中占据突出地位。大多数进步党人渴望在政治领域恢复他们认为存在于早期更纯真时代的大众政府。人们普遍认为,要实现这一目标,就必须激发公民过去的精神,利用他们新唤醒的激情来推动政治机制的改革,如直接初选、参议员公开选举、创议权、全民公决、罢免权、短期无记名投票、委员会制政府等。人们期望,这些措施能够削弱政府机器在控制民众方面的优势,使政府向诚实而廉洁的普通公民靠拢。然后,随着政治老板们的权力被打破或削弱,就有可能遏制利益集团对人民福祉的侵害,打造一个更清廉、更高效的政府。

进步党人以充沛的热情和才智着手进行政治改革。到1910年,他们已经在将改革纳入选举和政府机制方面取得了相当成就,这种成功使一些地区对大众政府的未来产生了高度乐观情绪。威廉·艾伦·怀特在同年出版的《旧秩序在改变》(*The Old Order Changing*)一书中,充分表达了这种乐观主义,并可能阐释了当时主导的政治哲学。怀特相信,美国正在不可逆转地"走向"民主。美国人民在大众政府方面已经取得了一系列成就:匿名投票和直接初选的成功、对官员罢免权的广泛采用,不远的将来,全民公投也将胜利。这样的改变在十年前是难以想象的。

如果你告诉1884年或1888年的竞选领袖者,在四分之一世纪内,整个国家将采用匿名投票方式,全国三分之二的州中,候选人将直接通过人民投票提名选举,而非受到政党全国代表大会或党团会议的干预,并且……候选人或政党委员所花费的每一美元都必须公开说明用途,那么你只会引来一阵嗤笑。

现在,在联邦的26个州中,参议员必须直接向民众寻求提名,而不是像过去那样向铁路和公用事业公司寻求支持。"资本并未从政治场景中消失,但它受到了阻碍和制约,不再像十年前那样横行无忌。""可以肯定地说,商业与政治的分离将在几年内完全实现。""现在,随着民众的觉醒,政治机器正面临着沦为一堆废铁的命运……在初选制度下,如果民众愿意,这些州中任何公正无私、智慧明敏的个体都可能在初选中战胜公司资助的参议员候选人。"[64]

怀特深刻赞同进步党关于组织的主导哲学。他认为,要推进政治改革,就必须将提名和选举候选人的权力从旧统治集团中夺回。这一点"总是可以通过打破现存的或任何地方的政治机器,并建立另一个机器来实现"。但问题的关键在于,这种方法并不好,因为它并非"长效的解决方案"。唯一的根本解决之道是改变政治体系。如果理论在实践中行之有效,那么就不会有任何政治机器存在了。[65]怀特毫不犹豫地强调了大众反抗背后隐藏的个人主义,政治体系的改变是"大众道德平均水平"的变化,是众多个人意志改变的总结果。然而,尽管它需要控制财产,但它远非社会主义:"美国的现代政治运动充满了激进、好斗且不受约束的群体,他们努力在社会中争取个体自由活动的空间。"[66]

这场争取个人空间的运动并未被视为过度自私。怀特的著作宣传了普通人——正在崛起的新公民——的智慧、自我克制、道德和广阔视野。实际上,整个抗争过程都如此温和,以至于怀特只能将其归因于"一种被神圣地培养起来的本能"的作用。正如他所要证明的,个体的无私是至关重要的。美国公民在扒粪文学中被认为是冷漠有罪的,但在这个时代,他被各种谴责文学所唤醒和革新,从而成为新公民。"人民正在掌控自我。利他主义正在积蓄力量,准备将来与社会中的自我中心主义一战。"[67] 从这种对新公民的观点发散开去,他对公共福利的贡献并非出自他在政治上追求自身需求的行动,而是如同过去的中立派一样,出自他对社会需求的无私考虑。当然,如果不借助某些反组织形式,与政治机器的斗争将无从谈起。但是,这种思维方式倾向于将这些反组织视为建立在高尚原则而非团体利益基础上的私人组织,如全国公务员改革联盟(The National Civil Service Reform League)、纯净食品协会(The Pure Food Association)、童工委员会(The Child Labor Committee)、消费者联盟(The Consumers' League)、国家公民联合会(The National Civic Federation)、共济会及其他兄弟团体。这些团体之所以能成功,都是基于个人的公民美德,个人的意图不是追求自己的利益,而是超越他们。怀特对此更经常称为"正义"和"利他主义"。"民主本质上就是通过克己来表达的利他主义。""实际上,那些每年挤满火车去举行集会的大型全国性组织,在根本上都是利他主义的。"[68]

现在我们能够看清这些进步党人自始至终坚守的个人主义。尽管他们认为有必要借助组织机构达成目标,但他们对其有着祖传的不信任。他们政治理念的核心,是老派小企业主所代表的经济理想。这个老派的企业家就是"良家子",就是我们今天在漫画中所见的约翰·Q. 帕布利克(John Q. Public)——一个白领或小企业主,纳税选民,或许在郊区有舒适的小屋。他天真、困惑、戴着眼镜、蓄须。威廉·格雷厄姆·萨姆纳在一个时代之前将他描述为"被遗忘的人",而伍德罗·威尔逊将他理想化为"进取之人",认为这种人来自普通家庭,是美国的希望。在许多进步党人看来,"良家子"与积极目标无关,他的主要目标是消极的。他需要被保护以免于不公正的税收和高昂的生活成本,摆脱垄断集团的勒索和政治老板的贪污。在过去的日子里,他对自己的公民义务漫不经心,但现在他义愤填膺地站起来,为自己发声。他终于准备好认真对待政府事务了。

现在的问题是，要设计出一个能够赋予他统治权的政治机器。由于他与所有特殊利益群体和偏见无关，一心关注公共福祉，他将能够很好地统治。他会像一个有公共精神的人那样行动和思考，而不像那些既得利益集团，随时准备掠夺人民。道德败坏的人拥有压力集团，而"良家子"只有他的公民组织。他加入组织绝非为了私利，而是为了把自己与垄断隔离开，直接投身于政府事务。他对待政治的方式在某种意义上是理智主义的，他会研究问题并深思熟虑，而非通过追求自己的需求来了解他们。此外，他应该能够充分了解他将要面对的诸多问题，掌握它们错综复杂的关系，从而做出明智的判断。

如果没有这些前提，那么整个创议、公投、罢免权等改革运动将难以被理解。实际上，大众的直接民主运动是在试图实现扬基－新教徒关于个人责任的理念。进步党人关于良好公民的观念，是扬基－中立派不计私利投身政治的精神发展的顶峰。但是，尽管这种精神相比起由集团统治、服从纪律、个人忠诚和个人偏见构成的政治老板－政治机器制度，有着明显的优势，却并不足以适应19世纪末至20世纪初高度组织化的社会现实。因此，毫不奇怪，许多旨在实现直接民主目标的政治机构，实际用途却不值一提。

当然，并非所有的进步党人都如同威廉·艾伦·怀特一样乐观。一些进步党代言人对他的假设提出了批评，还有一些杰出的进步领导人在政治实践中超越了他的理论。正如进步党人在对商业秩序的讨论中，因不同的反托拉斯方案而划分成两派，政治改革的讨论也在持有不同哲学的两方之间展开。左翼为民粹主义思潮，主张毫无保留地将国家管理权交给民众。这一派别可以追溯到杰克逊时代，当时他主张轮流执政，理由是："所有公职的职责都如此简单，至少在制定之时是如此简单，以至睿智之人可以轻松胜任。"进步时代的威廉·詹宁斯·布赖恩对此做了完整的阐述。他主张，人民有能力"对已经出现或将要出现的每一个问题进行判断，无论我们的政府将持续多久"，并认为，任何重要的政治问题归根结底是道德问题，关于这些问题，人民的直觉几乎和任何专业经验一样可靠。即使如伍德罗·威尔逊这样的人物，尽管天性和早期哲学倾向完全与其相反，也陷入了这种民粹主义的民主观念。他声称，民粹党旨在"在世界范围内建立一个政府，让普通人、平凡者、无知者、有缺陷者、失意者、贫穷者在决定公共事务时拥有与其他任何人平等的发言权。这是一个在历史上从未实现过的理想。"[69]

这种对政治行动最低共同标准的信念，通常伴随着对政治组织的攻击。他们认为，困扰国家的政治弊端不是组织不足的结果，而是过度组织的结果。解决之道在于建立一个尽可能由人民"直接治理"的体系。他们认为，人民不仅能够作为个体有效行动，而且在以个体身份行动时表现最为出色，因为只有在这种情况下，人民才能摆脱政党和政治机器的腐败与自私的影响。因此，阿尔伯特·贝尔德·康明斯（Albert Baird Cummins）在1910年竞选艾奥瓦州州长时，宣称他的宏伟目标是"给予单个选民更突出的地位，减少党内永久组织的影响"。[70]

那些持有这种思维方式的人，往往会否认政党是党组织的财产——即从事党的工作并以党的名义掌握行政大权的人的财产——并坚持认为政党应该属于广大选民。实际上，美国政党的政治言论鼓励了这种观念，而且很容易得出结论：只要政党实质上不属于选民，民主就被藐视了。人们认为，民主不仅需要党派组织之间展开竞争，以为选民提供选择，还需要由平民控制甚至解散组织本身。[71] 直接初选运动就是这种民主观念的主要表现。它的历史灵感可能源自19世纪早期到中期的小镇会议模式，以及公民对公共事务的广泛直接参与。

与这一哲学相对的是一个更为保守的观点。这些人认可进步主义改革的价值，也觉察到民众不满的重要性，但他们把希望寄托在可靠领导人统治下的新形式政治组织，将其视为消除进步主义者一直在对抗的社会弊病的最理想、最有效方法。这种观点的历史根源是中立派长期以来对良好政府的关注，以及对精英领导人的坚定信念。正如我们所见，布兰代斯呼吁律师们"站在富人和民众之间，准备遏制任何一方的极端行为"，表达了这种愿望。西奥多·罗斯福将他对企业界的一次演讲称为《保守主义指导下的激进主义》，也表达了同样的愿望。[72] 亨利·L. 斯廷森在1910年给罗斯福的一封信中，就这一哲学发表了带有党派色彩的阐述：

> 在我看来，至关重要的一点是，拥有这个国家较富有、较聪明公民的共和党，应该在改革中发挥领导作用，而不是阻挠改革。否则，如果领导权落入独立党手中，或者落入如民主党这样，主要由外国移民和期待直接从改革中获益的阶层所组成的政党手中，如果可靠的实业共和党人陷入新的困境，我担心必要的改革将难以完成，除非是通过动荡和暴力。[73]

更契合中立派传统的观点是，进步党人所反对的社会弊端可以通过政府重组来补救。在重组后的政府中，行政部门的责任和权力得到统一，其行为将公之于众。他们认为，政治老板的权力，就像大公司拥有的过度权力一样，是行政部门软弱、政府权力分散，以及政府无能造成的结果。传统观点认为行政权力是共和国早期遗留的古董，那时行政权力还与君主政府和君主统治联系在一起。政府重组论的支持者对此报以嘲笑。斯廷森说："因此，对美国行政问题进行补救的真正办法，与直接民主的倡导者所言恰恰相反。民选官员必须拥有更多权力，而非更少权力。"[74] 这些措施的目的不是要蔑视公众舆论，而是在符合复杂社会现实的组织原则的基础上，来表达公众的基本诉求。

但最激烈的争论不是在两派改革者之间，而是在支持直接民主的改革派和极端保守派之间爆发。他们争论着促进直接民主的各种改革措施，包括妇女选举权，所用的言辞看起来像是乌托邦与末日启示的较量。保守派哀叹并警告，仿佛每一项新的改革都预示着国家的终结。

而许多进步党人则似乎畅想着，甚至经常公开表示，如果这些改革得以实现，将开辟一条彻底终结政治机器和腐败的道路。伍德罗·威尔逊曾明言，短期投票是"在这个国家恢复大众政府的整个问题的关键"[75]。这当然是一个沉重的负担，尽管它是一项合理的改革。当然，双方都有温和派存在，如今回顾起来，显然这些人是正确的[76]，因为大众政府的改革既没有革掉什么，也没有恢复什么，实际上，它们对美国政府行为所起作用似乎微不足道。

在这里，我们必须把进步党人针对政治老板、腐败和行政弊端的普遍抗议，与他们希望实行的旨在确保人民持久统治的政府机构改革区别开来。改革运动之所以能够成功地改变美国政府，很大程度上是因为它伴随着强烈的公众热情或义愤，或者是在具有非凡魅力的地方政治领袖的领导下进行。我相信，即使在旧政府体制的框架内，这样的领导者和公众情绪也可能产生相似的结果。当改革者寻求进行政府机构改革以确保人民的控制权时，他们是在做一件根本不可能的事情——将一种情绪制度化。当这种情绪消退时，一些更具体的改革措施仍然保留了下来。但是，关于大众政府的形式上的成就虽然载于法律条文中，却失去了意义，因为民众有效使用它们的能力，随着带来这些改革的政治复兴而消失，政治老板和利益集团很快就卷土重来。赫伯特·克罗利对他所称的"职业民主党人"虽然抱有同情，但也深刻地指出了他们的重大弱点，即倾向于"将民主的本质看作一种大众政治机制"。他们的主要目标是保护人民免受欺诈，这是一个消极的目标，而不是"给人民统治以积极动力和方向"。他们首先寻求的是"防止人民被背刺——被不受欢迎的政策和不代表民意的官员所利用。但是，以避免背叛为宗旨来教导人民和组织人民的生活，就是在欢迎思想贫瘠和社会分裂"。他总结道，只要脱离了具体的社会计划，对人民统治的追求就毫无意义。[77]

进步主义改革的历史证实了克罗利的观点。在进步主义的推动下，许多社区获得了更好的公共服务，更好的公园，更好的学校，更好的税收政策，但他们并没有摧毁褊狭的党派政府，打破政治机器，或者直接控制政府事务。除了少数例外，政治老板们都找到了出路，要么转型，要么利用那些旨在推翻他们的新改革。[78] 例如，尽管直接初选制在全国范围内得到了广泛应用，但它并未改变被提名者的成分。这种制度对政府和候选人来说都是代价昂贵的，因为它用两次竞选代替了一次竞选。在提名中进行舆论宣传的重要性增强，于是在政治中引入了一种新的力量——金钱的力量。直接初选虽然没有严重损害政治机器，但削弱了政党政府和政党责任。创议权和全民公投作为大众政府的工具也令人失望。批评人士如克罗利等指出，它们精心设计得可以方便少数人的统治，因为只要在全民公投中设置复杂的议题，就能只需少数注册选民的支持即可通过。[79] 面对一系列通常以晦涩的法律言辞表述的技术问题，选民们往往退缩了，回避新制度试图让他们承担的责任。组织有序、资金充裕、宣传技巧娴熟的小集团可以充分利用这些手段，但这并非创议权和全民公投的倡导者所期望。全民公投所需的宣传运动带来了政治的进一步非理性化，同样也是他们不乐见的。最终，热心的改革者原本期待一旦公众意愿能够得到直接表达，旧秩序将会天翻地覆，却惊讶地发现，选民们以最保守的方式行使他们的权力，例如，拒绝城市所有制、单一税制和城市雇工救济金等提案。[80]

当然，改革者们正确地认识到，反对旧政治机器及政治老板的有效行动既是可能的，也是可取的。改革历来是政府体系的平衡轮。现有的政治机器以不必要的成本和严重不公的方式运行，对自己的选民关爱有加，对反对者则残酷无情，并粗暴践踏、漠视公民自由。在遭到改革者反抗前，政治机器已败坏到威胁良好政府和自由政治的地步。然而，主张直接政府的教条主义者们犯了一个重大错误，不愿意考虑调和两种原则的可能性，他们迷信某种改革计划能够废除政治机器，甚至消除政党责任。这些改革狂热者没有看到，他们试图摧毁的机器组织确实具有许多实际功能，尽管它们常常执行得非常糟糕。而且任何试图取代现有政治机器的尝试都必须提供替代方案，而非威廉·艾伦·怀特所说的对整个机器系统的"永久治愈"。机器之外还是机器。摆在改革者面前的真正选择，不是选择直接由人民统治的政府，或是政党组织与机器；而是在摧毁现有组织的过程中，能否建立自己的组织，确保这些组织有严格纪律能维持下去，且比原组织更廉洁、更高效。必须立即承认，在这方面，一些老练的进步党领袖在实践中往往超越了他们的理论和言论，拉福莱特便是一个典范。尽管他表达了对直接政府的坚定信念，但他之所以能在威斯康星州长期掌权，并对该州的生活产生强大的积极影响，是因为他是一个极其精明的机器掌控者，他知道政治老板们的技巧，并利用其中一些建立了一个斗志昂扬、纪律严明的州立组织。[81]

正是在我们这个时代，传统政治机器的力量和重要性经历了最为显著的下降。这并不是因为政治机器屈服于正面的攻击，而是因为它的一些功能已不再必要，而另一些功能则被新的机构所取代。不再有大量移民需要被庇护并被引导融入美国生活。尤其自新政以来，联邦集中制逐渐侵蚀了地方组织的作用，特别是在社会福利领域。大规模工会的发展在某种程度上取代了政治机器，而州和地方政府中更强有力的行政官员的出现剥夺了它原有的部分权力。曾经属于它的许多政治灌输和教育的工作，已经由大众媒体——广播、电视和大众期刊——承担，而评估公众情绪的工作在某种程度上已被专业民调机构接管。这些后来的发展表明，在某种意义上，我们正在接近直接政府倡导者所设想的理想，即大众民主。但他们不会对以这种方式接近他们的目标感到高兴，因为大规模影响公众情绪需要大量的资金和狡猾的操纵技巧，而进步党人原本试图从政治中消除这些。

这又把我们带回现代民主的一个核心问题：在现代社会中，是否有可能找到满意的方式来实现大众政府的理想，而不至于过度依赖那些有能力影响公众思想的人？即使不过分宽容地看待旧机器，也不想象它们的问题实际上有多么严重，我们仍然可能怀疑，取代它们的新政治机器作为政府工具，是否更为优越。

The Age of Reform

第七章

从进步主义到罗斯福新政

Chapter 7

第一节 进步主义与战争

　　战争一直是美国自由传统的复仇女神。从我们作为一个民族的早期历史开始,民主政治与民族主义、沙文主义或战争之间就有着奇特而持久的关联。党派斗争中受欢迎一方所上演的戏剧,往往以战争落幕。在杰斐逊和麦迪逊的时代,杰斐逊共和党,尤其是与内地和边疆相关联的共和党,对1812年战争爆发起了很大作用,而正是这场战争最终消除了杰斐逊的政策并导致了政策逆转。下一次民众的崛起是杰克逊式民主,它最初建立在民族英雄崇拜和杰克逊的军事声誉之上,而他的国内政策观念尚不为人所知。尽管杰克逊未曾与欧洲列强作战,但杰克逊式民主政体的外交政策是好战的。在完成了主要的国内改革之后,杰克逊派推动国家走向好战的扩张主义,不惜冒与英国交战的风险,并最终与墨西哥开战。在19世纪50年代的"年轻美国"运动中,民主和民族主义再次携手并进。内战后漫长的西迁运动时期,美国与外国基本保持和平关系。1898年,保守力量第一次在战争时期掌舵,但是,正如我在分析民粹主义运动时所指出的,激进分子、民众和持不同政见者热烈地支持美国以解放古巴为由发起美西战争,而马克·哈纳这种华尔街式的共和党人则率先对战争表示强烈反对。就像杰斐逊和杰克逊式民主之后,战争又一次成为改革激情的宣泄口,虽然是暂时的。紧随战争而来的是一次大繁荣。

　　世纪之交的民粹主义–进步主义传统可以划分成两种主要的思想

倾向。其中一种更偏向于民粹主义传统，对农村和地方更有吸引力，而非全国。从某种意义上说，它代表了现代美国孤立主义的根源。但与其说这种冲动是和平主义、孤立主义的，不如说它是民族主义、反欧洲和反英国的。尽管不能完全排除好战的可能性，但它反对帝国主义、殖民主义或军国主义。对于善良的民粹党人来说，尽管帝国主义可能唤起他的民族自豪感，但它仍应被加倍诅咒，因为它被认为有利于资本家和华尔街人士，而不是整个国家，并且因为它过于强烈地模仿了英国的做法。对于南方民粹党人来说，帝国主义就更加可恨了，因为它将新的异族带入美国。因此，许多美国人狂热支持美西战争，将其视为一场解放古巴弱势群体、打击堕落的欧洲贵族和天主教势力的战争，但当他们看到一些资本家对将菲律宾作为帝国前哨站表示兴趣，他们就一百八十度大转弯，开始激烈地反对帝国主义。

我们必须要补充，伴随本土美国人这种民族主义好战性和轻信而来的，还有一种真正的基督教和平主义倾向。这种和平主义虽然断断续续，不足以成为决定性力量，但在处理国家事务中不能被轻忽。布赖恩有时呼吁的正是这种和平主义，而威尔逊"过于骄傲而拒绝战斗"的口号在很大程度上也依赖于此。两人都在处理与中国、墨西哥和加勒比国家关系时，借鉴了相同的道德理想主义倾向，来进行亚瑟·S.林克（Arthur S. Link）所说的"传教式外交"。[1]

爱国主义和帝国主义情绪的第二种来源，既不在民粹党人中间，也不在极端保守派中间，而是在全国各地被共和党鼓动的狂热爱国、民族主义的中产阶级美国人中间。在共和党进步派中，确实有几个像简·亚当斯那样热心的和平主义者，还有一小群追随拉福莱特以及乔治·W.诺里斯（George W. Norris）的孤立主义者，他们勇敢地抵制美国参与第一次世界大战到最后一刻。但是，主流情绪既不是反战也不是反帝国主义。在这点上及其他方面，西奥多·罗斯福无疑是精神领袖，他鼓吹军国主义，呼吁无私的爱国主义和男子气概，反对自私自利和物质主义。正如威廉·洛伊希滕伯格（William Leuchtenburg）所揭示的，进步党人在少数孤立问题上可能有不同声音，但在大问题上，要么公开支持帝国主义政策，要么缄默不语。他们大多数人投票支持增加海军开支，徒留保守派孤军奋战，反对扩大海军。他们对"美元外交"没有异议，也不反对塔夫脱政府派遣海军陆战队在尼加拉瓜登陆。他们大多数人支持西奥多·罗斯福在巴拿马和远东的冒险行动，以及他的海军扩张政策。他们投票赞成美国在加勒比海地区的霸权政策，认可罗斯福对塔夫脱仲裁的条约的轻蔑批评（这并非完全没有道理），反对威尔逊慷慨提出的废除巴拿马运河通行费法案。进步党在很大程度上因对关税问题的抗议而成立，但到1914年，它开始支持更高的保护性关税。到1916年，它完全致力于捍卫"国家荣誉"，痛斥威尔逊，主张备战和美国主义。到1916年，"帝国主义和军国主义已经取代了过去自由主义的抗议口号，一年之内该党就消亡了"。[2]

参加一战结束了进步主义运动。战争时期的理想主义和自我牺牲狂热既标志着进步主义精神的登峰造极，也是对其的清洗。将美国参战归功于进步党人可能会导致误解，因为最终推动美国走向战争的是全国性运动，两大主要政党中的大多数人都参与了。但重要的是，在美国公众面前，战争是使用进步主义的论调和术语来证明其正义的——也许是不得不如此。美国公共信息委员会（Committee on Public Information）中以乔治·克里尔（他自己就是一个改革派记者）为首，激发公众对战争的热情的许多人，在许多情况下，正是那些为进步主义改革摇旗呐喊，并给扒粪杂志撰写文章的人。到1912年，进步主义精神已经如此普遍，以至于任何政策——无论是威尔逊的参战，还是拉福莱特的避免战争——只要能以进步主义语言来表达，都能获得强大说服力。最终，不可避免的反噬来临，进步主义语言本身似乎也失去了光环。

在关于中立政策的长期斗争中，威尔逊是关键人物，不仅因为他是中央政府首脑，还因为在这个问题上，他是一个代表性的美国人，一个优秀的进步公民，他在每一次不一致、每一次动摇、每一次犹豫中，都表达了国家的普遍情感。他也体现了进步党人的一个胜利——国家政策中的问题需要用道德术语来表述。³ 起初，威尔逊和大家一样不愿意卷入一战，但他避免了"现实主义"的提法，即整个战争与美国无关，美国的本质问题是无论如何都要置身事外。即使他呼吁中立，也是以高尚的道德术语提出的：国家必须置身事外，以便做出贡献，提供一个未被战争的紧张和仇恨腐蚀的理智中心。他必须保持"绝对的自我控制"——这个表述非常典型——保持超然，以便最终能够为和平安定带来"无私的影响"。

随着形势的变化，美国对战争的态度逐渐发生变化。威尔逊再次选择了理想主义的语言来阐述美国的问题——不仅关于政府是否应该介入的问题，更关于介入的正当理由。一种观点在威尔逊政府内部及思想先进的美国人中被广泛接受，主要基于对国家利益和美国未来优势的冷静计算。它认为，德国的胜利可能对美国的长期利益构成威胁，而协约国①的胜利则不会。胜利的德国将会变得更强大、更具侵略性，并可能更加反美。如果协约国战败，英国舰队投降，德国可能会转向对抗美国，或至少构成持久的威胁，迫使美国为了安全而建立永久的军营。因此，有人主张，基于自身利益，美国的任务是确保协约国不败——如果可能的话，作为非交战国行动；如果必要，也可以作为交战国行动。另一种观点则认为，对战争的介入不应基于如此自私自利、斤斤计较的理由，而应建立在道德和意识形态的考量之上：捍卫国际法和海洋自由，保护弱小国家权利，反对独裁和军国主义，为实现民主和世界安全而奋斗。⁴

确实，基于自我保护和国家利益的观点，与基于道德和理想的观点并非互相矛盾，而且两者在公众讨论中都占据了一席之地。然而，威尔逊的宣传是典型的进步主义宣传，尽量少提及自利因素，在道德

---

① 第一次世界大战时敌对双方中一方的成员国，最初包括俄、法、英三国，后又有日、意、美、中等多国加入。——译者注

层面将美国的介入尽可能拔高。他很早就采取了这一方针,当时他的一个外交重点是处理德国潜艇战与海洋自由。他的行动是相当堂吉诃德式的,因为他试图将美国的参战与德国违背国际法联系起来——尽管他与进步主义者一样,对这个问题实际上漠不关心。对于威尔逊的批评者来说,这种立场显得有些虚伪,因为纯粹从形式上看,英国对海洋法的违反与德国的违反行为并无二致,但美国对其的抗议却从未像对德国这般强烈——它要让位于民众更迫切的愿望,即不采取任何可能影响协约国获胜的行动。

二战后的经验显示,从长远来看,威尔逊未能阻止民众对战争本身及战前进步主义运动的反应。但几乎同样可以肯定的是,通过将美国在战争中的角色彻底地与高尚道德、利他主义和自我牺牲精神绑定,通过尽可能将海外参战与进步主义价值观和语言紧密联系在一起,他不经意间促使对进步主义和道德理想主义的反弹更强烈。因为他实际上是在告诉美国人民,他们不仅仅是在保护自己的利益,更是以全球公民的身份,承担起对世界秩序和民主的广泛责任,正如扬基人的责任精神要求他们为本国的制度承担同样的责任。[5] 实行改革,推行民主制度在国内已经十分困难,现在又要被推到世界范围。[6]

威尔逊忽视了可能作为参战理由的现实考量,并反复强调更宏大的理想主义。他不仅忽视了自身利益因素,有时还公开否认它们。他在美国参战不久后告诉人民:"据我所见,我们为之战斗的事业中没有一丝自私的因素。我们为我们认为并希望成为人类权利的事业而战,为世界的未来和平与安全而战。"[7] 他重申:"我们参战并非出于我们自己的特殊冤屈,因为我们一直说我们是人类的朋友和服务者。我们不寻求利益。我们不寻求优势。"[8] 在一战后关于和约的争论中,他真诚地表示:"美国……是世界上唯一一个理想主义的国家。"[9]

威尔逊在巴黎和会上用实际行动证明了这一点,并且消除了其中的沙文主义因素。威尔逊没有提出任何特殊的民族要求,没有索求领土、赔偿或战利品。除了限制盟友,建立持久公正的和平,并建立国联来保障未来世界的和平,他没有任何自私自利的民族目的。这是外交史上的惊人一幕,以讽刺的方式重复了美国国内进步主义的主旨。在这里,威尔逊就像是利益集团面前的天真者,劳合·乔治和克列孟梭这样的欧洲冷酷首脑中的改革者,无声无权的小人物的代言人,他把心怀大爱的改革世界的计划,扔进了自私自利的外交传统和钩心斗角的外交历史的虎口中。但威尔逊不仅仅对欧洲提出了不可能实现的要求,他还把自己的人民,甚至那些最接近他的人的理想主义和决心推到他们无法忍受的极限。他试图开采的理想主义矿脉确实存在;但他误以为其是取之不竭的。他试图给美国的理想主义赋予国际主义形式,却没有考虑到他的国家即使在最广泛的意义上也不是一个具有国际主义视野的国家。传统的美国观念并非指美国要领导、援助或救赎欧洲,而是要带领它的人民走向一个欧洲可能无法跟随的、完全不同的方向。美国应该是一种非欧洲或反欧洲的存在。[10] 欧洲的制度是古老、静止、堕落和贵族化的,而美国的制度应该是现代、进步、道德和民主的。在本土美国人中,这种情感与进步主义的激情一样强烈,甚至比战争时期的短暂激情还要强烈。协约国在一段时间内似乎免于这些指控,但不久它们就会像英国在民粹主义思想中那样,被看作腐朽制度的化身。[11]

威尔逊的事业建立在美国的世界责任这一观念的基础上,他居然能够在短时间内成功团结起如此大一部分人支持这一事业,这是非常了不起的。但他在1920年的总统竞选中遭到彻底失败——比以往任何政府都要彻底——这一点也不令人惊讶。人们为战争付出代价后不久,就开始感到他们被协约国和美国国内的战争鼓吹者所欺骗。战后的历史修正主义者未能理解这一点。战争净化了长期积压的罪恶感,摧毁了十多年宣传言论所渗透的责任精神。它使人民相信,他们已经为现代生活中他们所能享有的舒适付出了代价,他们已经完全回应了进步主义对牺牲、克制和利他主义的要求。在否决威尔逊、《凡尔赛条约》、国联和战争本身的同时,他们也否定了进步主义的言辞和情绪——因为正是威尔逊本人和他的宣传者做了大量工作,将这些联系在一起。威尔逊曾预料,美国参战后,事务管理权将落入进步主义者一直在对抗的利益集团之手——但这远非他所想象的变化,因为除了有限的问题和无关紧要的方面,事务管理权从未真正脱离那些利益集团之手。反动远不止于此。它摧毁了1914年之前十多年里支撑进步党政治的改革冲动。公民参政的热情被广泛的冷漠所取代,责任感被忽视,对牺牲的号召被享乐主义所代替。随之而来的是一段时间内的自我厌恶感。到了1920年,出版商们仍在警告作者不要提交关于战争的投稿——读者不愿意听这些。[12] 当人们最终愿意思考这件事时,他们认为战争是一场错误,他们乐意阅读的是关于战争的愚蠢的书籍。

第二节　幕间休整

进步主义是建立在一种情绪之上的,而随着战争后的反动,这种情绪消散了。早在1920年威尔逊及其政党在选举中败北的前几个月,这一反动就在他的政府下开始了。正是他的司法部部长使得战后对共产主义的恐惧成为官方行为。威尔逊本人在拒绝赦免反对战争的德布斯(最终由哈丁赦免)时,只是表达了一种政治绝对主义的思想方式。这种思想方式的倡导者,在过去曾计划消除所有政治腐败,并最终消灭饮酒行为;而现在他们则意图消除任何同情布尔什维主义的迹象。情绪是无形的,但美国的变革在很大程度上依赖于情绪,就像依赖其他因素一样。人们通常将20世纪20年代保守主义的复兴简单地归因于繁荣的恢复,这是不恰当的,尽管毫无疑问,如果繁荣没有持续到1929年,这个保守主义时代可能会更短暂。事实上,在战争结束后和短暂的战后萧条时期,反动是最激烈的。但更重要的是,我们必须记住,从1900年到1914年的整个进步主义情绪是对繁荣和经济福祉的回应,而不是对萧条的回应。

当然,一种在1912年占据主导地位的情绪不可能在十年后凭空蒸发掉。因此，值得注意的是进步主义消失或转变的程度。1924年拉福莱特的独立竞选通常被作为证据，证明在20年代进步主义并未消亡。确实，拉福莱特1924年的竞选纲领提出了一系列大胆且明显属于进步主义的提议：水力发电的公有制，最终的铁路公有制，承认集体谈判，增加政府对农民的援助，童工法，以及制定几项旨在扩大大众民主的法案。这些提议比战前典型的进步主义走得更远。拉福莱特没有得到除家乡州外其他地方的实质性资金或政治机器支持，但就在这种情况下，他依然夺得16.6%的民众选票，表现不俗。但是，12年前，当西奥多·罗斯福从拉福莱特手中夺走共和党运动的旗帜时，进步主义情绪在全国范围内是如此普遍，以至于竞选中唯一公开宣称的保守党塔夫脱，即使在几个州的政治机器和充足资金的帮助下，也无法获得总票数的四分之一。1912年这种进步主义共识的消失，是最为重要的。此外，拉福莱特的选票，通常被认为是国内进步主义情绪的最低限度，却无疑比进步主义情绪本身要强得多：某些种族给他投票，是基于他的反战者的名声；也有很大一部分选票来自不满的农民，他们怨恨自己被排除在普遍繁荣之外，但他们并不支持拉福莱特纲领中承诺的庞大的社会民主改革计划。[13] 在4年后的竞选中，大多数拉福莱特的支持者似乎都转投了赫伯特·克拉克·胡佛的票。

在整个20世纪20年代，参议院一直处于一种躁动不安的状态，这主要是由于农业萧条和共和党总统拒绝采取强有力的农业救济措施所引发的。国会山上偶尔回响着传统的民粹主义论调，但这主要来自西部领导人，可以相信他们在总统选举中不会背叛。实际上，正如海拉姆·约翰逊（Hiram Johnson）在提到参议员威廉·E.博拉（William E. Borah）时所说的"我们那没有锋芒的领袖"，他们通常不会做任何激进的事情。来自农业州的国会议员，表达了农业思维"硬"的一面，组成了农业集团以推进农业利益。但是，除了少数人如乔治·W.诺里斯的活动和茶壶顶丑闻的曝光，20年代的国会进步派整体上是徒有其表，许多同时代人都心知肚明。[14]

在公众的冷漠，甚至大量的掌声中，老式的、自 1900 年以来几乎已经销声匿迹的保守派领导重新掌权，并且没有遭到严重的反对。尽管在一些地方，进步主义改革仍在进行，特别是在纽约，阿尔弗雷德·E.史密斯（Alfred E. Smith）的市政府继续扩大社会立法，但在全国范围内，进步政策被颠覆已是不争的事实。20 世纪 20 年代的共和党政府将关税提高到空前的程度，制定了有利于财阀和大公司的税收政策，鼓励并协助企业的不断合并，甚至利用威尔逊的联邦贸易委员会，来进一步推动其本应遏制的合并进程。20 年代的共和党总统稳稳地掌控着国家政治，甚至敢于踢开农民，否决提高国内农产品价格的方案。从 20 年代的第一位总统起，在州和市政政治中或多或少属于正常的腐败现象，就进入了华盛顿。反抗者揭露了这些腐败，但似乎无人在意，因为共和党人以压倒性多数重新掌权。[15] 这无比清楚地表明，这个国家对陈旧的进步党呐喊的反应是多么冷漠。

进步主义政治文化一直高度依赖知识分子的活动，但现在，他们明显地从政治和公共事业中退却，转向私人和个人领域。即使在那些有强烈反抗精神的人中，波希米亚主义①也战胜了激进主义。在年轻一代作家中，约翰·多斯·帕索斯（John Dos Passos）几乎是孤军奋战，关心所谓的"社会问题"。至于扒粪的作家群体，现在已经成为老一辈。一个在西奥多·罗斯福突然当选总统那一年 30 岁的人，在拉福莱特独立竞选的那一年已经 53 岁了。典型的这类人，很可能就是沃尔特·韦尔笔下的"疲惫的激进分子"。总的来看，必须说，进步主义一代少有遗憾。

1926 年，弗雷德里克·C.豪伊在自传《一个改革者的自白》中提出问题：激进分子在哪里？一家自由主义杂志就此举行了一次研讨会，给我们提供了了解当时进步党人观点的极好素材。[16] 几乎所有的老改

---

① 指那些希望过非传统生活的艺术家、作家与对传统不抱幻想者。——译者注

革者都觉得没必要自我指责或辩解。而且有一些人表示：改革者的成功使得他们的工作不再必要。另一些人认为，在需要的时候，改革的精神将会复苏，并与新的、也许更激进的事业联手。但他们讨论的基调是，至少在目前，繁荣已经削弱了所有改革运动的基础。所有人似乎都已经忘记了进步时代的繁荣。[17] 但在这种误解之下隐藏着一个隐含的正确预测：新的冷漠将随着新的繁荣持续下去。

但是，"冷漠"这个词太强烈了，或者至少太绝对了。因为当美国政治的进程和事务落入更粗俗、更愚钝的企业家之手，且被公众广泛接受时，知识界对美国的战斗仍在第二条战线进行。这是"反抗乡村"的时代，是对乡村思维的攻击，是对古老的宗教虔诚的冷酷清除。在 H. L. 门肯（H. L. Mencken）对美国农场主的著名痛斥中，以及他对威尔逊、布赖恩和罗斯福的尖酸刻薄的描绘中，均可找到这一点。美国资本主义几乎在所有地方都被接受为铁的事实，但它并不被当作理想。在进步时代，作家们攻击企业家在经济和政治方面的角色；而在 20 年代，知识界则抨击他们在人格和文化方面的无能。曾经他们是投机者、剥削者、腐蚀者和暴君，现在他们变成了笨蛋和庸人，伪君子和守旧者，连同这个国家的多数机构一起被轻蔑地摒弃。远离政治现实并不等同于自满；但是，如果能以斯科普斯审判（Scopes Trail）① 来衡量美国的智慧，以萨科 – 万泽蒂案（Sacco-vanzetti）② 来衡量美国的正义，以三 K 党来衡量美国的宽容，以禁酒令的闹剧和茶壶顶丑闻来衡量美国的政治道德，那么乘坐前往欧洲的第一班轮船，或者退隐到图书馆

---

① 又称"猴子审判"。1925 年 5 月 5 日，在达尔文逝世四十三年后，美国田纳西州戴顿镇一位高中数学教师约翰·托马斯·斯科普斯（John Thomas Scopes）因在课堂上教授进化论而遭到政府起诉。——译者注

② 萨科和万泽蒂是移民美国的意大利人，1921 年被指控杀害了一位鞋厂的出纳员，虽无证据但仍被判处死刑。社会主义者和激进主义者指责陪审团是由于两人信奉无政府主义而将他们定罪。此案先后缠讼了六年，直至 1927 年两人终遭处死。——译者注

翻看《美国信使》(American Mercury)杂志，似乎要比煞费苦心提出改革美国生活的提案简单得多。

自由主义者和知识分子对农民思维的广泛反抗，是进步主义破裂的明显征兆，因为对于进步主义来说，保持农村和城市反抗者的和谐是至关重要的。民粹主义－进步主义传统在全国取得的成就——无论是铁路监管、反托拉斯法还是金融改革——始终依赖于它能够从西部和南部、从改革的农业侧翼动员的力量。而现在，正是在西部和南部，在布赖恩派曾经统治的地区，公众情绪尖锐地反对最具进步主义特征的必要改革。无疑，农业带在20年代的新繁荣中分润最少，昔日民粹主义的不满在那里并未被完全遗忘。但是，那些理解和热爱布赖恩的农村和小镇美国人最热衷的运动，恰恰是老练的城市进步党领导人所鄙视的：保护原教旨主义宗教免受现代科学的侵害（这在斯科普斯审判中达到了高潮），不惜一切代价捍卫禁酒令，以及集结三K党反对天主教徒、黑人和犹太人。布赖恩本人曾经是许多真正改革的领头羊，他战后的惨败，正是农村理想主义崩溃和传道思想没落的最好缩影。因为布赖恩正是通过宣传旧时代宗教、攻击思想自由和支持禁酒令的演讲而名声大振，而他的昔日追随者们则颂扬他为"我们时代最伟大的三K党成员"，尽管这种说法无疑是不准确的。

当改革的热情退去，美国从扬基－新教徒的道德思潮和战争时期的紧张氛围中继承下来的主要遗产就是禁酒令。对于那些喜欢追踪重大经济问题发展、关注阶级政治主流趋势的历史学家来说，禁酒令的故事可能看起来像是历史的一个小插曲，历史主线的一个无关紧要的注脚。然而，对20年代的人们来说，禁酒令是一个重大问题，因为它确实是一个重大问题。对于那些想要追踪城乡冲突和美国政治中种族紧张趋势的人来说，它是最典型的问题之一。它也是理解对进步主义情绪的反动的主要线索之一。因为在20年代，禁酒令就像是盛宴上的骷髅，是一个严峻的提醒，让人回想起许多人都希望忘记的道德狂热，它是对改革冲动和扬基－新教徒观念的可笑讽刺，因为后者认为，通过公共行动来使个人私生活道德化既是可能的，也是可取的。

将禁酒令的责任归咎于进步主义者是不公平的。习惯城市生活的人，无论是政治上的保守派还是进步派，通常都对战前的禁酒宣传持反对，或至少持怀疑态度。而许多主张禁酒的人也对其他改革漠不关心。然而，我们不能完全忽视禁酒主义的重要意义。因为禁酒令是一种伪改革，一种狭隘、偏狭的改革替代品，对某些宗教狂热分子有着广泛的吸引力。[18] 它与对醉酒及其伴随的恶行的厌恶有关，但同时也与移民的广泛饮酒、城市生活的享乐和便捷，以及富裕和有教养阶层有关。禁酒令是通过乡村福音派传遍美国的：农业衰退使得乡村新教徒移居城市寻求生计，而他们的信仰自是相随而去。研究禁酒运动的学者们发现，很多人相信，在禁酒令通过及之前的几年里，大多数美国人是支持禁酒的；因为即使许多酒徒也被道德劝导所感动，认为禁酒令可能是好事一桩。[19] 即使禁酒的愿望是少数人的情绪，它也是相当大的少数人的情绪，这种情绪的强度和持久性给了他们与其人数不成比例的力量。无论如何，政治家们迎合了他们的要求，其中有一些人毫无疑问相信，征服恶魔般的酒是政治生活中重要的任务之一，比如布赖恩担任国务卿时举办过无酒晚宴，约瑟夫斯·丹尼尔斯荒谬地坚持海军军官不能饮酒。

禁酒令并非战争的突然产物。酒类改革的要求在美国政治中一直不陌生，在进步时代更是加快了步伐，特别是在大约1908年之后。禁酒修正案的最终胜利是反酒吧联盟五年来拼命鼓动的结果。人们以典型的民粹主义-进步主义论调来解释酒精问题：它是利益集团——这里是"威士忌酒集团"——利用人民的劳动中饱私囊的一种手段。饮酒是富豪、腐败政治家和无知移民的显著恶习，改革者最痛恨或害怕这些阶层。酒吧是罪恶生活与美国城市政治中的关键机构，因而受到了特别的谴责。像其他罪恶行为一样，饮酒也受到扒粪运动的攻击，读者们则乐于阅读杂志上关于酒精的这类文章，比如《进步的最大敌人》《一位纽约酒吧老板的经历与观察》《一个酒精奴隶的自述》，甚至苍白无力的《一个适度饮酒者的忏悔》等。[20]

乔治·基贝·特纳（George Kibbe Turner）是《麦克卢尔》杂志旗下的一位杰出扒粪者，专门揭露卖淫现象。他撰写的一篇攻击城市酒吧的文章，可能触及了禁酒情绪的核心。文章指出，城市人口所占整个国家人口的比例越来越大，因此城市改革运动首先要做的事情就是"消除那些可怕的、无纪律的商业力量，这些力量正努力将城市人口浸泡在酒精中"。[21] 在战争期间，所谓的节约物资的需要和主要酿酒商的日耳曼名字大涨了禁酒的声势，但最大的支持力量来自一股强烈的公众自我谴责的暗流，是对肉体享受和物质成功的反动。这股暗流曾经支持进步党人对富豪阶层发起猛烈抨击，并激发了那些呼吁林肯·斯蒂芬斯"来揭露我们"的呼声。战争加强了这种自责：他人正在战斗和牺牲，所以美国人也应该做出某种牺牲；禁酒运动要求的自我克制，越来越引起共鸣。[22] 前面提到，美国人抱着一种将国家从德国入侵下拯救出来的想象。一位扒粪者在描写这种想象时，没有忘记赞扬在"妇女国家战时经济联盟"（Women's National War Economy League）名义下聚集在一起的妇女俱乐部的英雄主义，其成员们除了许多其他誓言，还承诺"不购买珠宝或无用饰品"，少买衣服，减少娱乐活动，并且"戒掉鸡尾酒、姜汁威士忌和所有昂贵的葡萄酒，还有香烟，以影响丈夫、父亲、兄弟、儿子和男性朋友做同样的事情，并将节省下来的金钱捐给妇女国家战时基金"。[23] 当然，这种事情不可能永远持续下去，但当它正值高潮时，禁酒游说者采取了行动；而当这类事情结束时，禁酒的狂热已经固定在宪法中。它在宪法中保留了近15年的时间，成为前一个时代道德过度紧张的象征、笑柄、普遍愤怒的源泉，以及对绝对道德运动的一种奇异力量的纪念，这些运动往往强化了它们意图摧毁的邪恶。

然而，禁酒令不仅仅是一个象征，它是一种手段，将国家的改革能量偏转为纯粹的牢骚。在《沃尔斯特德法案》通过之前的很长时期，尤其是在反酒吧联盟出现之前，禁酒运动谈论的是社会和人文改革，主要的禁酒主义者常常也是主要的改革者。[24] 最强烈支持新教社会福音运动的教派，同样是禁酒事业的热切支持者。禁酒令的胜利，将饮酒者从道德堕落者转变为违法者，为此有必要保卫一项被广泛违反的法律。这使得许多曾经的改革者转向了保守派的阵营，而美国的政治环境又导致他们在 1924 年和 1928 年进行了反天主教和反城市的活动。禁酒令成为以前热情的社会福音运动的低级替代品。[25]

20 世纪 20 年代的另一种乡村新教狂热——三 K 党，似乎也在嘲笑战前时期的改革能量。说是"乡村"，但三 K 党活动的重要中心几乎遍布全国的小镇，除了东北部。对于精明的三 K 党组织者来说，长途跋涉不辞劳苦将分散的农场主组织起来，实在得不偿失；但在小镇上，聚集的轻信的本土主义者数量足够多，值得组织起来，且乡村新教的精神仍然强大，可以看到燃烧的火刑十字架。三 K 党吸引的是相对不富裕、未受过教育的本土白人新教徒[26]，他们内心有一股朦胧但往往相当真诚的理想主义。通常他们所住的地方与其所反对的天主教徒和犹太人几乎没有真正接触，尽管理所当然的，在南方，三 K 党成为白人至上主义的主要传播者。

三 K 党运动通常不是对直接个人关系或面对面竞争的反应，而是源于一种日益增长的感觉，即农村和小镇上的盎格鲁-撒克逊美国人所遵循的规则正在被邪恶的城市忽视甚至嘲笑，尤其是被"外国人"所轻视；他们古老的宗教和道德正在被知识分子嗤之以鼻。城市最终在人口数量上超过了乡村，更重要的是，它成为美国生活的想象力中心。一个多世纪以来，过剩的农村人口涌入城市，给城市生活带来一丝乡村式的怀旧和理想气息，但现在城市正在向全国提供美好生活的典范。城市享受着繁荣带来的各种好处，而乡村则落后了。但最重要的是，城市是酒类和私酒贩子、爵士乐和周末高尔夫、狂野派对和离婚的温床。杂志和报纸、电影和广播将这些消息传到乡村，甚至引诱绅士家庭的孩子们远离旧的生活方式。三 K 党将罪责归咎于移民、天主教徒、犹太人——不是真正落在那些附近的无害邻居身上，而是落在那些居住在像纽约和芝加哥这样的遥远大都市中的人身上。盎格鲁－撒克逊美国人现在比以往任何时候都更觉得自己代表了一个受到威胁的种族的纯洁性和理想，受到威胁的基督教新教，甚至是受到威胁的国家忠诚度——因为战争及其后果使他们惊觉，这个国家充满了虽然加入美籍、但仍然心怀故土并忠诚于故土的公民。[27]

三K党的帝国巫师和皇帝①，海勒姆·韦斯利·埃文斯（Hiram Wesley Evans），曾撰写了一份坦率而雄辩的声明，阐述了三K党的愿景，这份声明像任何分析师一样，清晰地揭示了该运动与美国乡村新教衰落之间的关系[28]：

> ……上一代的北欧美国人发现自己越来越不舒服，最终深感痛苦。首先出现的是思想和意见的混乱，对国家事务和私人生活都感到犹豫不决。这与我们早期岁月里明确、直接的生活目的形成了鲜明对比。宗教也失去了作用，这在许多方面甚至更加令人痛苦。……最后是长达20年的道德崩溃。我们传统的道德标准一个接一个地被抛弃，或者被如此忽视，以至于它们不再具有约束力。我们的安息日，我们的家庭，我们的贞洁，甚至我们在自己的学校里教育自己的孩子基本事实和真理的神圣性的权力，都被一一剥夺了。那些坚持传统道德标准的人备受嘲弄。
>
> 伴随而来的还有经济困境。我们对孩子们未来的保障逐渐减少。我们发现，我们的大城市和大部分工商业的控制权被陌生人接管，他们的飞黄腾达对我们不利。不久，他们开始主宰我们的政府。他们赖以实现这一点的院外活动集团现在已为所有人熟悉。……
>
> 因此，今天的北欧美国人，已经变成他父亲留给他的土地上的陌生人。……我们不断下降的出生率，就是这一切的结果，是

---

① 三K党对自己最高领袖的称呼。——编者注

我们苦难的证明。我们认为，除非我们能从一开始就确保自己的孩子拥有资本或教育，或者两者都有，使他们永远不必与现在处于社会底层的人竞争，否则我们就是对自己带到这个世界上的孩子不公平。我们不再敢冒险，让我们的年轻人像我们当年一样，闯出自己的一条路……

我们的运动是普通人民的运动，在文化、知识支持和训练有素的领导力方面非常薄弱。我们要求……权力回归老派的普通美国人手中，他们不一定有较高的文化修养，不一定有过强的理解力，但保持淳朴未受污染，没有去美国化。我们的成员和领导都属于这个阶层——我们自发地反对那些掌握了领导权却背叛了美国精神的知识分子和自由主义者……

这无疑是一个弱点。它使我们容易被贬低为"乡巴佬""土包子"和"开二手福特车的穷小子"。我们承认这一点。……每个人民运动都曾经历这种障碍。然而，人民运动一直是进步的主要动力，并且必须战胜同时代的"精英人士"。

三K党自视为抵御日益逼近的邪恶的守卫者——但这些邪恶也是诱惑。三K党成员对于被审查的事物有着审查者特有的关注。因此，当一位备受尊敬的领袖，强大的印第安纳州三K党头目因奸杀被判刑时，这对他们无异于晴天霹雳。在许多地方，他们自诩为公共道德的守护者，或者禁酒令的非官方执行者。如果说他们的一些活动隐含着他们对城市特权的渴望，那么他们对浪漫和异国情调的公开向往则加剧了他们对天主教的反感。虽然天主教徒是他们怨恨的主要对象，但至少在南方地区以外，三K党最引人注目的特征之一是他们对一切暗示天主教传统的事物的痴迷，例如复杂的等级制度[库科罗斯（Cyclops）[①]、克里格尔（Kleagle）、克拉立夫（Klaliff）、克洛卡德

[①] 古希腊神话中的独眼巨人。——译者注

（Klokard）、克鲁兹（Klud）、克拉立普（Kligrapp）、克拉比（Klabee）和克莱克斯特（Klexters）]，对其仪式的骄傲（据帝国巫师所言，其他组织的成员也承认这个仪式华丽而尊贵），以及每个普通成员都能穿的干净白色法衣。[29]

一些对三K党实力的估计表明，在其鼎盛时期，三K党的成员人数接近400万。[30] 如果是指注册成员，这个数字显得过高；但如果说它包括了那些虽然生活在三K党组织范围之外，但其情感与三K党趋同的人，这个数字就一点也不算高。无论如何，它的影响力被用来为政治上的反动服务。布赖恩在某些地区的三K党成员中颇受欢迎，表明其追随者包括了大量曾经支持农村改革事业的人。

禁酒令和三K党问题造成了共和党和民主党内部的撕裂，在民主党中尤甚。正是在民主党内部，美国生活中的种族紧张关系被戏剧性地展现出来。此外，战后民主党的崩溃如此严重，以至于它导致了两党制和有效反对派的实际瓦解。自从内战以来，民主党传统上一直是少数党，但在进步时代，两党之间的力量对比已经足够拉近，迫使共和党内的投机政治家以改头换面的形式采纳许多最有吸引力的民主党提案，来避免公众的批评。在1912年，靠着共和党的分裂，威尔逊得以上位，结束长达16年的共和党统治。而威尔逊在1916年以微弱优势连任则依赖于他让美国成功避免卷入战争。然而，"他让我们避免了战争"这一口号的政治资本，在1920年已经消耗殆尽，选举中民主党只获得了全国总票数的34.7%，这是自内战以来任何主要政党选举表现最差的一次。[31] 这场灾难，再加上1924年民主党全国代表大会上的激烈争吵和无休止的投票，民主党作为一个主要的反对党几乎彻底完蛋。[32] 正是两党之间的巨大差距，使得共和党的保守派更容易忽视农场主，经受扒粪者对腐败的攻击，并在1924年竞选中对拉福莱特掉以轻心，因为只有当主要政党之间的竞争非常接近时，第三党才可能四两拨千斤。

进步主义最有趣的结局并不主要体现在拉福莱特运动中，而是在民主党内部，未来的改革政治问题在那里得到了最清晰的提出。正是在民主党内部，农村扬基-新教徒与城市机器之间的冲突达到了最高点。在20年代，城市的天主教移民中首次产生了一个全国性英雄：阿尔·史密斯。史密斯是一个矛盾体，既是坦慕尼协会的成员，同时也是一个进步主义者。他是城市机器的产物，而其名字与腐败是同义词；但他又是一位政治领袖，在州长任期内大力推动大众福利。作为一个天主教徒，一个反对禁酒令的人，一个从未上过大学的城市街道毕业生，一个政绩斐然的老练政治家，他成为美国城市各种可能性的象征。他那粗哑的嗓音、含糊的发音和语法使他成为美国势利眼的完美靶子；但同样的原因，他也成为那些被美国中产阶级的体面生活所排斥的人们的共情对象，尤其是对移民群体而言。尽管1921年起，大规模移民的大门已经关闭，但移民在政治中的活跃力量才刚刚开始被感受到。第一代移民相对被动和顺从，但第二代甚至第三代，即19世纪晚期大移民浪潮的后代，现在正在成年。他们的自豪感和自我意识也在增长。他们对政治的兴趣被激发，不再仅仅将其当作适应美国生活的勉为其难的手段。许多人因为美国参战第一次对政治产生了兴趣，这场战争唤醒了他们对故国的忠诚。还有许多人因为威尔逊的政策——这些政策与几乎每个欧洲国家的命运密切相关——对交战国的一方或另一方第一次产生强烈的热情。他们的自豪感，以及往往他们的家庭计划，都受到了《1921年移民法案》（又称《紧急限额法案》）的影响。他们的休闲和娱乐受到了荒谬的禁酒令的限制，甚至他们在美国的安全感也受到了三K党的威胁。对于觉醒的移民来说，史密斯成为一个当然的领导者，本土绅士中的势利小人对他的蔑视，让他更受尊敬。由于禁酒令的斗争，种族冲突在一个繁荣的时代变得比任何经济问题都更突出。

种族斗争经历了两个阶段。第一阶段于1924年在民主党内展开。来自老布赖恩选区的农村代表威廉·吉布斯·麦卡杜（William Gibbs McAdoo）和史密斯的追随者，在麦迪逊广场花园进行了为期17天的激烈交锋。为争夺总统候选人提名，民主党全国代表大会举行了103

次投票。双方势均力敌，争吵越发剧烈。围绕是否明确谴责三K党的议题，"最后点名"投票以543票3/20对542票7/20予以否决。代表们最后提名了一个与两派都没有明显关联、同时也缺乏显著吸引力的候选人，他在总统竞选中的表现令人遗憾。4年后，史密斯的力量占了上风，被提名为总统候选人，由此，种族斗争在两大党之间而不是在民主党内部进行。尽管史密斯的观点比胡佛更倾向自由主义，并得到了自由主义知识分子的支持，但双方都竭尽全力讨好大企业，以至于没有经济观点上的本质区别。[33] 选举在支持禁酒-新教徒-农村和反对禁酒-天主教徒-城市移民两大阵营之间进行。[34]

史密斯在1928年的惨败（其败北程度几乎和4年后胡佛对富兰克林·罗斯福的败北程度不相上下），转移了人们对美国政治生活中一些主要暗流的关注。这场选举伤害了美国天主教徒的公民意识，且迄今仍未恢复，其后果至今仍困扰着这个国家。尽管胡佛作为繁荣时期执政党的候选人和共和党多数的当然继承人，胜选可谓板上钉钉，但他的压倒性胜利，很大程度上源于反对史密斯的个人势利和宗教偏见。选举凸显了天主教徒不可能当选总统的事实，而且地下运动质疑了天主教徒的美国性，从而打击了他们融入美国社会和获得完整美国身份的努力。

同样重要的是城市政治的崛起，以及在大工业中心共和党多数的减少。正如塞缪尔·卢贝尔（Samuel Lubell）所指出的，这一过程隐藏在共和党的胜利之下，几乎无声无息。但在共和党取得胜利的那些日子里，共和党在全国12个最大城市超过民主党的票数，从1920年的163.8万票，减少到1924年的125.2万票，直至在1928年被民主党以3.8万票反超。正如卢贝尔所说，是史密斯而不是富兰克林·罗斯福打破了共和党对城市的控制。"在罗斯福革命之前，已经发生了阿尔·史密斯革命。"[35] 城市移民的美国化和政治意识的增强，开启了一股远离共和党的暗流，因为在大多数大城市，工人阶级、移民、反禁酒令人士，以及带着社会偏见的"民主人士"，比起加入塞奥里奇（Ceolidge）

和胡佛的政党，更乐意倒向民主党。

同样显而易见的是，在1924年民主党的内斗和1928年史密斯的失败之后，民主党终于准备好真正挑战共和党的统治，他们急需一位能够超越长期存在的党派矛盾的候选人来领导这场挑战。1928年尚没有人意识到这场挑战会来得如此之快，如此有优势，但谁是最佳人选已经越来越清晰。富兰克林·罗斯福长期以来一直是史密斯的支持者，并在1924年的大会上提名史密斯，然而公众并不认为他与坦慕尼协会有关联。同时，他信仰新教，出身传统美国家庭，是纽约北部一个可以自称绅士的农场主。作为威尔逊政府的海军助理部长，以及1920年注定失败的竞选中考克斯的竞选搭档，他在进步党中根基深厚，并在全国各地人脉广阔，即使20年代的斗争也未能破坏这些友谊。简而言之，他是一个老辣的职业政治家，能够在民主党和共和党之间走钢丝，保持与两个阵营的关系。他天赋过人，是美国改革史上第一位超越传统二重性——即城市政治机器精神和美国本土新教政治精神——的重要领导者，这种二重性曾长期困扰进步党人。

第三节　新的启程

就像战后的反动情绪扼杀进步主义热情一样，大萧条突如其来地打破了20年代的氛围，使战后充满火药味的政治对抗显得过时。对改革的需求再次变得不可抗拒，全国各地涌现出诸多混乱且常常相互矛盾的拯救方案，新政从中得以成形。在1933年至1938年，新政通过了一系列远超进步时代的立法变革，如果说总体上进步时代的革命并未将美国政治和管理从1880年的水平推进很远，新政则让其彻底地告别了1914年的水平。

出于对对称性和历史连续性的渴望，人们倾向于从新政中看到进步主义思想的回归。在西奥多·罗斯福和伍德罗·威尔逊任内开始的改革工作，现在由富兰克林·罗斯福接管。第一次世界大战前六年提出的变革，如今得到圆满完成。这种倾向性是很诱人的，有很多理由来解释这种倾向。最重要的是，新政支持者与进步党人一样，比美国历史以往任何时候都更愿意利用政府机构来满足人民的需求，完善国家的经济运作。在新政的过程中，有许多时刻，人们在表达特别是组织和行政管理方面的需求时，似乎完全符合赫伯特·克罗利等进步党人所倡导的新民族主义传统。由于任何社会都不可能为面临的每个新问题创造一套全新的词汇，因此新政的言论中也有许多强烈让人联想到进步主义的内容。与进步党人一样，新政支持者呼吁更广泛的民主；进步人士有他们的"财阀"，新政支持者则有他们的"经济贵族"。富兰克林·罗斯福在首次就职演说中宣称："货币兑换商已经从我们文明殿堂的高处逃之夭夭。我们现在可以恢复这座殿堂中的古老真理。"这听起来一如《麦克卢尔》杂志的任何一位鼓舞人心的撰稿人。[36] 此外，在处理许多具体问题，如控股公司、垄断和公共权力时，民众感觉新政似乎在重新审视一些熟悉的议题——就像在关键的 1933 年初期，西部形成一个强大的支持通货膨胀的参议员集团，让人回想起民粹主义运动。

尽管如此，如果我们承认历史中不存在绝对的中断，并且整体来看新政的历史，就会发现，它的突出之处在于它标志着美国改革主义历史上的激烈新开端。[37] 新政与此前在美国发生的任何事情都不同，其核心议题、思想、精神和技巧都与进步时代不同。许多人经历过进步时代，认为其典型提案是美国传统的延续，甚至是恢复这些传统的努力。但他们却发现新政是对他们所知和所珍视的一切的惊人背离，因此只能将其解释为一种颠覆，或者是受到强大外来影响的结果。他们的反对往往过于歇斯底里，但他们在感觉到美国政治和经济生活中出现了新事物这一点上是正确的。

对比新政改革面临的问题与进步时代的问题，我们会发现差异显著。当西奥多·罗斯福在 1901 年上任时，这个国家已经从严重的经济衰退中走出来 3 年多，正处于健康的经济发展的中期。农场主比约 40

年来的任何时候都要富裕，工人阶级不愁工作并且生活水平在提高，甚至中产阶级忙于衡量成功的道德成本，而不必担忧紧迫的家庭财务问题。相反，当富兰克林·罗斯福宣誓就职时，美国经济生活的整个运作机制已经崩溃，政府及其领导人陷入恐慌中。数百万人失业，城乡民众的不满情绪已经达到了沸点。

新政时期改革党的领导人接管了一个面临严重经济问题的政府，这在改革运动历史上是第一次。当然，整个19世纪美国政治改革传统受到了周期性经济崩溃的影响，但其政治领导人从未承担过解决它们的责任。1801年的杰斐逊、1829年的杰克逊，以及随后的西奥多·罗斯福和威尔逊，他们都是在经济状况良好的时候上台的。尽管他们每个人都经历过经济衰退——杰斐逊在1807年由于他的禁运政策，杰克逊派在1834年短暂经历了一次，1837年之后又经历了一次，西奥多·罗斯福在1907年短暂经历了"银行家恐慌"，威尔逊在战时繁荣前经历了一次短暂的经济衰退——他们的思考，以及他们所代表运动的思考，主要集中在使社会各阶层能分享现有的繁荣，而不是恢复失去的繁荣或预防周期性的经济衰退。

早期美国的政治抗议传统是对企业家或未来企业家的需求的回应——农民、小商人、专业人士，偶尔还有工匠或工人阶级上层。他们的目标通常是扫清新企业和新创业者的障碍，打破特权商业、大企业和垄断，让小人物更容易获得信贷。正如人们所期望的，进步主义传统观念的基础是对竞争秩序的接受乃至颂扬。杰斐逊派、杰克逊派以及他们之后的多数进步党人都相信市场经济，他们仅在认识到市场需要政府对经济开创者和小企业家的需求做出反应时，才勉强支持政府的道德督促和监管。偶尔，非常偶尔，他们会支持联邦政府行使一些积极职能，但他们主要倾向于最小化政府职能，希望将必要的职能维持在州一级而非国家一级。他们对联邦政府起初基本持消极态度，后来则主要是防范性的。在杰斐逊和杰克逊时代，政府的目的是避免过度支出和过度征税，拒绝授予特权。后来，在企业联合体时代，其目的是防止铁路和垄断企业的滥用权力，检查并规范不健全、不道德的做法。当然，确实有一些民粹主义和进步主义运动中更为"先进"的思想家开始尝试扩大政府的积极职能，如为农业贷款设立国库分库和各种公共所有制的提议，但这在试图向全国推广时引发了强烈反对。

整个改革传统展现了这样一种心态——存在一种本质上健康的社会。它主要关注的不是如何管理经济来恢复繁荣，而只是在一个运转良好的工作秩序中实行经济民主化。前者首先是一个组织问题[38]，而后者如我们所见，在某些重要方面意味着试图寻找攻击或限制组织的方法。因此，进步党人在应对1929年大萧条上，并不比保守党准备更充分。赫伯特·胡佛，一个老派的进步党人，虽然比以前任何一次萧条中的总统更乐意领导国家，但他对此措手不及，并且由于僵化教条地坚持原则，束手束脚。富兰克林·罗斯福是相当典型的进步主义产物，他在1910年首次当选参议员。他的经济思想对大萧条也毫无准备，任何研究他在20世纪20年代职业生涯的人都会看到这一点[39]；但他足够机会主义和灵活，能够相对更成功地应对这个问题。

相比之下，出生于艾奥瓦州的工程师胡佛代表了本土新教政治的道德传统。作为一个政治新手，胡佛在1928年赢得总统选举之前，从未担任过任何公职。他对政治妥协的容忍度很低，固执己见地坚持在执政期间行之有效的私人、自愿的方式，即便形势不允许。[40] 富兰克林·罗斯福则是一位经验丰富的政治家。在20世纪20年代激烈的党派对立中，他学会了政治交易，谙熟机器政治的运作机制，并且是妥协高手。不同于胡佛，罗斯福对经济理论持开放态度，他认识到有必要进行实验和灵活应对。在1932年的一次演讲中，罗斯福说："尝试一种方法是常识。如果尝试失败，坦然接受，并尝试另一种方法。但最重要的，是要敢于尝试某种方法。"

如果把新政时期的一系列立法描述为经济计划，将会混淆计划与干预主义。计划并不是新政的恰当词汇：作为一个经济运动，它是一系列实验的混合。像雷克斯福德·盖伊·塔格维尔（Rexford Guy

Tugwell）这样的真正计划者，发现自己在新政的逆流中挣扎，最终以失望告终。但是，如果说从经济角度来看，新政完全缺乏"计划"一词所隐含的理性或一致性；那么从政治角度来看，它代表了利益平衡的巧妙转变。难怪一些老的共和党抗议者对其方法感到不寒而栗。在西奥多·罗斯福时代，人们认为国家是中立的，是因为其领导人声称不偏袒任何一方；而在富兰克林·罗斯福领导下，国家被称为中立只是因为它向所有人提供好处。

实际上，富兰克林·罗斯福总统就任之前，公众舆论已经经历了一次静默的变革。新政推行者最初提出：为了经济复苏，联邦政府将负责管理劳工市场，将其作为整个工业问题的一部分予以关注。对此几乎没有反对之声，可见当时舆论的本质特征。政府并没有任何革命性的意图——但仅仅作为政治问题，联邦政府有必要承担起救济失业者的主要责任。而且，仅仅作为政治问题，如果赋予了工业家们制定可行的公平贸易行为准则的权力，那么至少也要正式认可劳工对资本家的集体谈判权。当然，在新政的头一两年，没有人预见到，通过联邦失业救济向经济注入的大量购买力，实际上会成为，而且持续成为未来几年经济的重要组成部分。也没有人预见到，新政的精神和承诺以及最初几年的部分复苏，将催生出一个多么强大的劳工运动。但到了1937年底，很明显，改革主义的社会基础已经有所增加。为了回应强有力的劳工运动的要求，以及考虑失业者的利益，后期的新政增加了一些社会民主主义的色彩，这在之前的美国改革运动中从未出现过。到那时为止，美国政治改革主义主要关注的是本质上属于企业类型的改革，仅在一定程度上涉及社会立法；从那时往后，它注定要在社会保障、失业保险、工资和工作时间以及住房等方面承担起更大的责任。[41]

更让人瞩目的是联邦政府的新财政角色。同样，这一切都不是预先计划的。最初，新政的大规模支出和预算不平衡是对迫切需求的回应。当其他复苏计划似乎未能达到预期时，政府支出维持了经济的运转。直到 1937 年富兰克林·罗斯福试图削减开支，他才意识到自己成为自己支出政策的囚犯，并将其从一种必要手段变成了政府美德。他的支出政策在二战爆发之前的任何时候，都不代表对凯恩斯经济学的明确或坚定赞同。只有战争本身才能完成新政所触发的财政革命。1940 年，凯恩斯勋爵在美国发表了一篇文章，有些沮丧地回顾了美国在之前十年里实行赤字支出的经验。他总结道："看起来在资本主义民主制度下，要进行巨大的实验，组织起大规模的支出来证明我的经济理论，在政治上是不可能的——除非在战争条件下。"然后他补充说，战争准备和军备生产可能会让美国人了解到国家经济的潜力，它将"促使更大的个人消费和更高的生活标准，而这是新政的成功或失败无法给予的"[42]。我们现在可以看到，这话多么具有先见之明。在和平时期，人们对富兰克林·罗斯福的预算抱怨不断——其高峰时达到了 70 亿美元。而现在，我们对于政府超过 800 亿美元的预算轻描淡写，因为我们知道这笔支出大部分将用于国防，而非用于政治上备受争议的方面。但最重要的是，我们了解到我们经济的潜力是 1933 年时做梦也想不到的，更不用说 1903 年了。尽管人们仍然对联邦的财政和税收政策感到愤怒，但几乎没有人怀疑，在可预见的未来，政府的财政角色将比其他因素更多地决定经济的走向。

那么，进步党的老问题呢？它们被绕过、回避、超越——总之，没有被解决。要意识到这一点的真实性，只需看看新政对进步主义思想中的两大恶魔——政治机器和托拉斯的态度。

正如我们所见，进步主义者花了大量的精力试图击败政治老板和政治机器，并改变国家的政治机制，以实现直接的人民民主和"让政府回归人民"，而新政几乎完全缺乏这种改革精神。令那些老派的、有原则的自由主义者深感不安的是，尽管他们对富兰克林·罗斯福的其他改革充满热情，但他并没有努力结束政治老板主义和腐败，而是简单地忽略了整个问题。出于更大的国家目标和更紧迫的需求，他与政治老板在后者愿意的领域合作——甚至毫不犹豫地与其中最恶劣的新泽西州独裁式的哈格领导机器合作。至于恢复民主，他似乎心满意足地认为，最广泛的民众需求已经得到了国家的响应，并且政府与广大民众之间建立了良好的关系。[43]

在政治改革领域，这种头痛医头的管理式精神有一个重要的明显例外，即试图扩大最高法院，但仔细审视，我们会发现它根本不是例外。毕竟，富兰克林·罗斯福与最高法院的斗争，并非为了推行某种重大的"民主"原则，或是出于改革宪法机构本身的愿望，而是因为法院的判决阻碍了他实现急需的社会管理重组。他的首要关注点不是司法审查"不民主"，而是联邦政府被剥夺了有效处理经济问题的权力。这场斗争也不是以真正的进步主义精神进行的。进步党人也曾在司法领域遭遇难题，他们的回应方式是典型的有原则但缺乏可操作性，即要求对法院判决的否决权。简而言之，他们像那些坚持原则的人一样，重新考虑了整个司法审查的问题。富兰克林·罗斯福却没有选择这种方法。[44] 他认为，在代议民主制下，重新审视国会行为司法审查的适当性，可能会是一种高尚的处理宪法困境的做法，但其带来的后果可能比他采用的策略更为灾难性。富兰克林·罗斯福避开了这种需要涉及修宪的复杂方法，设计了一个"花招"来实现他的目的，即以法官年龄过大跟不上案件的议程为由，要求为法院六人集团中每位达到七十岁的现任法官增加一名助理法官。

研究这场法院之争的学者们喜欢指出，富兰克林·罗斯福赢得了这一战，因为就在双方争辩期间，范·德凡特（Van Devanter）法官的退休使总统得以任命一位自由派大法官，从而决定性地改变了最高法院的构成。[45] 然而，有必要指出，哪怕是用这种实用主义的方式来改变一个伟大且神圣的保守机构，也注定要付出非常沉重的代价。法院之争使许多有原则的自由派疏远了富兰克林·罗斯福，也使得他的许多保守派对手能更令人信服地将他描绘为一个渴望个人独裁、试图颠覆共和制度的人。

如果我们来看进步主义的第二大敌人——大企业和垄断，我们会发现新政时期，公众情绪已经有了实质性的变化。诚然，大萧条的来临和 20 世纪 20 年代一些不光彩商业行为的曝光，造成了一种舆论氛围，使得人们对企业领导层，特别是大企业领导层产生了强烈质疑与不满。由此，它的社会地位肯定不如 25 年前。然而，到了 1933 年，美国公众与大型公司已经共存了如此之久，以至于人们觉得它们已经被"驯服"，并认为政府的重点应该是促进营商环境，提供更多就业机会，而非拆解现有的大企业。新政从未就企业联合体提出一个清晰或一致的政策，新政推行者对于这个问题的处理，有时让人回想起进步时代反托拉斯派与托拉斯监管派之争。然而，显而易见的是，在新政时期，大企业和垄断问题被置于次要地位，让位于罗斯福政府典型的寻找经济复苏手段的冒险尝试。

新政并非以反托拉斯行动华丽开场，而是在国家工业复兴署（National Recovery Administration）中，试图通过一个庞大的政府认可的法规体系来解决企业秩序的问题，使社会的托拉斯化合法化。新政遭受的第一次政治挫折就源于此——因为它将制定公平贸易准则的权力完全交给了大企业利益集团，导致小企业主和有组织劳工极度不满。5 年后，国家工业复兴署未能带来持续的复苏，并被最高法院宣布为违宪，政府才猛打方向舵，采取了相反的策略，对企业联合体和企业权力进行调查，这导致了临时国家经济委员会（Temporary National Economic Committee）的难忘调查。[46] 虽然当时有许多观察家预期旧式进步主义反托拉斯策略可能会复活，但新政从未像 1912 年威尔逊所谈的那样，致力于对商业秩序进行彻底"肢解"，也未尝试复制西奥多·罗斯福时代的"示范"性诉讼来激励和安抚民众。新政并不打算重建威尔逊带着怀旧情绪讲述的竞争秩序，也无意于坚持富兰克林·罗斯福冷峻地认为不再可能的竞争秩序。最终证明，新政的方法是严格局限于管理上的，明显服从于通过促进购买力从而带来复苏的经济考量。简言之，这是一项协调一致规范企业定价策略的努力，它并非意在考虑企业规模或较小的竞争对手，而是为了消除作为垄断特权的私人征税权，将购买力还给消费者。

历史不可能完全重演，因为它再次发生时，参与者都清楚第一次的结果。新政末期的反托拉斯思想家们非常清楚，过往对《谢尔曼反托拉斯法》的执行仅是形式上的立威，而非对大型企业的严格打击。负责反托拉斯计划的瑟曼·阿诺德（Thurman Arnold）以其坚定的信念而著称，他认为，早期对《谢尔曼反托拉斯法》的解释实际上隐含并鼓励了企业的合并。在描述现下反托拉斯诉讼的作用时，阿诺德强调了其对消费者的好处，并否定了早期实施《谢尔曼反托拉斯法》的方式：

> 由于没有强调消费者的利益，这些执法只顾惩戒违规行为，而忽视了经济目标。实际上，在反托拉斯诉讼中，很少对特定商品的分配问题限定或讨论过切实可行的经济目标。这导致了对违法行为的道德判断，以致虚无缥缈的企业意图，变成了比经济效果更重要的考虑因素。由于反托拉斯执法未从消费者利益的角度出发，它变成了追捕违法公司的行为，而非根据公司在商业中帮助或阻挠商品流通的表现，来测试有组织权力的有效性。结果，尽管自由竞争市场的经济理念一直作为美国经济的基石存在，我们却从未提供足够的执法人员来实现这一理念。大体来说，这就是从1890年到大萧条期间《谢尔曼反托拉斯法》的状况。[47]

但是，如果像我认为的那样，瑟曼·阿诺德这样的立场可以与进步党人的反托拉斯区别开来，那么今天一些政治思想在新政过程中定型下来的人则走得比他更远，认为反托拉斯行动仅仅是对大企业的打击，并且总体上大企业采取了默认的态度。几年前，约翰·肯尼斯·加尔布雷思（John Kenneth Galbraith）在轰动一时的著作《美国资本主义》（American Capitalism）中提出，企业合并本身创造了一种"抵消性力量"——也就是说，它不仅带来了强大的卖家组织，也带来了强大的买家组织，它们通过经济领域内的组织活动，贡献了各自的能力来拯救经济。[48] 该书与近年来大多数为大企业辩护的文献一样，寄希望于通过劳动、农业、政府和企业内部的反组织力量，而非解散大企业，来使企业合并的弊端最小化。其后，一位在新政行政机构任职的大卫·利连索尔（David Lilienthal），也紧随加尔布雷思，撰写了一部为大企业辩护的雄辩作品，强调大规模工业的技术进步性。他所使用的言辞，可能会令布兰代斯和威尔逊惊讶不已。[49] 尚不清楚加尔布雷思和利连索尔的观点是否代表了当代自由主义的主流情绪，但无疑，他们的作品没有激起其他自由主义作家的抗议热潮。

自由主义者为大规模工业和企业合并张目，不管他们附加了什么限定条件，都表明曾长期占据进步主义思想核心的反垄断情绪已不再是其中心议题。在威尔逊和布兰代斯的时代，经济活动被视为个性表现的舞台；而现代自由主义者则似乎完全将其视为可获取结果的领域。这种道德立场的变化尤其值得关注。一代人以前，甚至更早，美国民众普遍接受企业是个人性格乃至男子气概的试炼场，竞争秩序正是以这些术语来吸引人。[50] 而那些批评经济秩序的人通常也是在同样的道德框架下提出诉求：经济秩序未能唤起或奖励期望的性格品质，未能扬善罚恶；它是不平等和不公正的源泉。然而，在过去的 15 或 20 年中，正如加尔布雷思观察到的，"美国激进分子不再谈论资本主义制度下的不平等或剥削，甚至其'内在矛盾'。相反，他们更多强调资本主义表现的不稳定性。"[51]

第四节　新机会主义

新政及其所催生的思想，代表了经济危机和人类需求对传统观念和禁忌的胜利。它是以罗斯福所称的"大胆、持续的实验"精神来设计与执行的，那些对企业整体持批判态度的人则认为这是庸俗的机会主义。在讨论进步主义时，我强调它的道德绝对主义观念，以及高调的道德宣传。虽然类似特质在新政中并非不存在，但它显示出一种强烈而坦率的意识，即正在进行的与其说是道德改革，不如说是经济实验。新政的许多保守派对手认为，这种实验不仅是危险的，而且是不道德的。

这个时期的一大特点，是保守派和改革派在意识形态上的相对逆转。自然，在所有意识形态中，无论是保守派还是激进派，都有对终极道德原则和实际生活制度的双重诉求。传统上，保守派的力量在于他们把诉求建立在制度的连续性、严酷的事实和有限的可能性的坚实基础上；而改革派的力量通常在于他们唤起道德情感，谴责不公，并集结社会义愤来对抗无法容忍的权力滥用。在进步时代，双方的言论就是如此划分的。然而，在罗斯福新政期间，却是改革派为紧迫的现实需求冲锋在前，吸引了缺乏市场的农场主，没有面包和希望的失业者，关心银行状况、投资市场等的人。而保守派则代表了更大的道德义愤，并调用了美国生活中鼓舞人心的文献。这不仅仅因为保守派现在是反对党，还因为新政所做的事情如此激进新颖，以至于在实用性甚至道德方面几乎违反了所有传统规则。因此，如果一个人想在20世纪30年代寻找乌托邦主义，对无形的道德和性格的崇高信念，以及曾经主要属于改革派特权的道德义愤，那么他在保守派报纸的社论中，比在新政的文献中更容易找到。

如果我们寻求乔治·凯南在后来的第一个翻版——他在早期对旧金山人民发出警告，如果他们在获得繁华城镇的同时失去了灵魂，将是得不偿失的——我们最有可能在20世纪30年代的这些人中找到：那些反对为失业者提供联邦救济的人，因为这会破坏失业者的人格；或者那些对美元贬值感到震惊的人，他们震惊不是因为他们清晰地认识到其后果，而是因为这让他们感到肮脏和不诚实。在过去，保守派控制了国家，建起伟大的工业和通信设施，设立了引以为傲的生产和分配系统；而改革派则指出其间付出的人力成本和道德代价，并绘制蓝图展示如何改进。然而现在，是改革派在为失业者提供救济，帮助他们找到工作，拯救银行，建立更具人性化的工业，建造房屋、学校和公共设施，将农民从破产中解救出来，给农民带来希望。而保守派瞬间被剥夺了惯常的对事务的控制权，以及在行动中的角色，开始高谈阔论健全的原则，担忧宪法受到侵害，对细节斤斤计较，呼吁更好的道德，并警告人们要小心暴政。

遗憾的是，新政时期的保守思想大多空洞无物，充斥着陈词滥调。然而，关于新政最引人注目的是，这些改革的大动作只产生了非常少的政治批评文献。进步时代的变化催生了许多重要的宣传小册子，或对社会进行深刻分析的书籍，如克罗利、李普曼、韦尔、布鲁克斯·亚当斯、布兰代斯、扒粪者以及像 W. J. 根特（W. J. Ghent）和威廉·英格什·沃林（William English Walling）这些社会主义批评家的作品，但新政却没有诞生任何价值超过报纸头条的政治文献。这部分是由于时间的缘故：进步时代持续了十多年，它的绝大多数重要作品都出现在其后期，特别是 1910 年之后；而新政活跃期仅有 1933 年至 1938 年这激荡的 6 年。也许更重要的是，新政带来了迅速膨胀的官僚机构扩张和复杂多样的问题，为具有改革思想的法律、新闻、政治专业人士和学者们提供了广阔舞台。原本忙于解读社会问题的人才，现在投身不断增长的官僚机构中，忙于撰写法律草案，游说难以应付的国会议员，或重新安置佃农等。

上述概述有一个值得注意的例外。瑟曼·阿诺德创作了才思横溢且富有智慧的《政府的象征》(The Symbols of Government)和《资本主义的神话》，它们具有持久的重要性，我相信，胜过进步时代的任何政治评论作品。[52] 但我们在新政最重要的这两部作品里，发现了什么？我们发现了一种尖锐且持续的对意识形态、理性原则和政治道德主义的攻击。简而言之，富兰克林·罗斯福在现实政治层面的机会主义技巧，在理论层面的对应——一种攻击理论的理论。阿诺德的作品当然主要是针对 20 世纪 30 年代保守派的形式主义思维，但也可以用来攻击我们在进步主义思想中发现的顽固的道德主义。阿诺德主要关注的，是社会实际运作方式与律师、经济学家和道德家试图通过神话来理解它的方式之间的差异。他的书解释了社会所赖以存在的大多数表面上理性的原则，在付诸实践时如何变得僵化和不合理。在他的书写作之时，需要应对经济崩溃的人们，突然发现许多广为接受的概念和想法在实际生活中百无一用。政治、经济和法律的词汇本身变得如此含混不清，以至于关于语义学和试图打破"词语的暴政"的作品开始流行，阿诺德的书无疑是其中翘楚。

阿诺德的主要目的是审视和讽刺当时正统的保守思想。这不是我们的主要关注点，我最感兴趣的是阿诺德的思想在多大程度上偏离了，甚至在某些情况下攻击了早期的进步主义。阿诺德的价值体系与美国进步主义经典价值体系的偏差，从他使用的术语中就可以明显看出。在讨论进步主义舆论氛围时，我提到了存在一种普遍的公民道德词汇，反映了好公民应该展现的无私思考和无私行动。进步主义的常用词汇包括爱国主义、公民、民主、法律、性格、良心、灵魂、道德、服务、责任、羞耻、耻辱、罪恶和自私等，这些术语让人想起顽固的新教盎格鲁-撒克逊道德和进步主义运动的知识根源。搜索阿诺德书籍的关键词汇，我们得到：需求、组织、人道主义、结果、技术、机构、现实、纪律、士气、技能、专家、习惯、实用、领导——这个词汇表揭示了一组非常不同的价值观，源于经济危机和官僚主义的必然性。

尽管阿诺德主要关注的是当代的保守派，但他也经常提及过去的改革者，由此我们可以窥见新政支持者心中早期进步主义的形象。他认为过去的改革者忙于口头和道德上的斗争，而鲜少触及社会的大型运作组织。"无论改革者在何时取得成功——无论他们何时看到直接初选、反托拉斯法，或者他们寄予希望的任何其他法律付诸实践——伟大的世俗机构都会同化他们，让老一辈的改革者如林肯·斯蒂芬斯失望，而新一代则继续挥舞着改革大旗。"[53]阿诺德批判了人道主义改革家所犯的一个典型错误，即忽视了"统治有组织社会的是组织而非逻辑"这一事实；因此，他们选择将逻辑原则而非组织作为忠诚对象。

大多数自由主义改革运动试图让机构践行其理念，但在这种情况下，如果遵循这一理念，机构就无法执行其职能。[54] 进步党人对机构和组织的发展感到困扰，而阿诺德则对它们颂扬备至。

阿诺德对进步主义思想的大部分基本理念进行了批判性考察。《资本主义的神话》以讽刺"思想者"开场，且其关于理性政治的大多数论述都是针对他的；而思想者几乎是大多数进步主义思想视为中心人物的好公民的漫画版。当进步主义宣传家们花费大量时间反对所谓的"目无法纪"时，阿诺德书籍的一个中心主题是对法律和法律思维的分析，表明法律和道德的定义过于狭隘，以至于社会的许多真实和必要功能不得不在法律框架之外进行。[55] 阿诺德对进步主义的批评，还体现在他对反托拉斯法的攻击——当他后来负责执行这些法律时，这一点未免贻人口实。但阿诺德并不否认，这些法律在经过改革者解释之后，确实有一些用途。正如他所看到的，它们的主要用途是允许工业组织继续存在，同时安抚那些对此感到不满的民众。因此，它们具有实际意义，但与改革者的最初意图大相径庭。然而，改革者并没有真正的策略来对抗大托拉斯：

> 这些（针对工业组织的）批评常以象征性的忏悔收场，却很少带来任何实际改变，因为并未有新的组织成长起来，接管那些受批判的组织的功能。反对者们未能组建自己的补给和供应系统。他们中演说家和经济学家济济，实际的组织者却寥寥无几。在美国进行一场广泛的合作运动也许有可能转变工业界的权力格局；然而，仅仅只是宣传反对它，结果只会导致反说教。之所以如此，是因为改革者们的信念，同样也是支持着他们试图改革的机构的信念。他们从道德的角度来看待社会，他们在乌托邦中思考。他们对政治制度抱有强烈兴趣。对于他们来说，哲学比机会主义更重要，结果，他们收获的是哲学上的洞见，而非实际的机遇。[56]

阿诺德对进步主义者们痛恨的工业巨头们,而非对改革者本身,表现出了更多的钦佩。他谈起洛克菲勒、卡内基和福特时显得非常宽容,并将约翰·L. 刘易斯与他们相提并论为精明的组织者,不得不绕过公认的道德顾虑。"对人类社会的实际观察表明,人类组织的伟大建设成就,往往是由那些肆无忌惮违背我们所珍视的大部分原则的不道德的人所完成的。"[57]工业组织的领导者们忽视了法律、人道主义和经济原则。"他们在错误的基础上建造,他们的行动是机会主义的,他们毫不犹豫拿人作实验,将社会正义置之度外。然而,他们却将生产能力的水平提升到远超其父辈的想象。"[58]

毫不奇怪,阿诺德也对政治家们给予了好评,尽管他们缺乏社会价值观,尽管他们的目标和愿景存在缺陷,但他们是"唯一懂得政治技巧的人"。当然,人们更希望政府掌握在无私的人手中,但这些人如此致力于并满足于良好原则的发展,以至于未能发展管理技能,无法构成"一个胜任的统治阶级"。因此,社会常常只能二选一:要么是煽动家和精神病者,要么是"善良但未受过教育的爱尔兰人,他们的人性同情心给了他们一种本能地理解人们喜好的能力"。[59]《资本主义的神话》专门有几页为政治机器辩护,因为它们以常识来处理政府任务,并以人道主义精神进行工作。[60]

阿诺德的作品质疑具有所谓正义思想的公民,排斥僵化的道德原则和政治中的无私理性,鼓吹务实精神,推崇成就,神化组织和机构纪律,为政治机器辩护。它可能夸大了新政与战前进步主义之间的差异,但它确实尖锐地指出了这种差异的性质。[61]

我强调新政的务实和"硬"的一面,并不是要忘记它的"软"的一面。并非所有新政发言人都像阿诺德那样,展现出一种冷酷无情的态度。[62]一个如此广泛和强大的运动不可能没有其理想和意识形态,甚至其感伤。新政有其充满激情和愤怒的文学,有其理想主义的热忱,有其英雄和反派。差异在于,新政的愤怒主要针对的是无情和浪费,而不是像进步主义者那样针对腐败或垄断。其热忱更多来源于工程、管理和经济,而较少来自道德和高尚原则。因为新政不仅令人振奋地重新发现了这个国家的人性化本能,还恢复了昔日美国对于实现具体成就的兴趣,对于与物质世界互动的兴趣,这种理想曾激发了镀金时代的巨头和工业建设者,但在那之后通常被自认道德纯洁的人视为平庸和贪婪之徒的专属。

因此,新政的核心不是一种哲学(富兰克林·罗斯福在哲学上顶多能将自己定位为一个基督徒和民主主义者),而是一种适用于实用主义政治家、行政官员和技术专家的态度,与进步党人及其反对者在大部分时间里共有的道德主义格格不入。

离新政核心稍远,但对获得公众支持至关重要的,是其他类型的情感。在某些地区,民粹主义情绪和旧有的民间恶魔传说复兴,富兰克林·罗斯福和哈罗德·伊克斯(Harold Ickes)等人偶尔会利用它,特别是在竞选时期,哈里·杜鲁门后来对华尔街的抨击也反映了这种情绪。随之而来的另一个新政现象是对弱势人群的普遍同情,包括奥克拉人、分成制佃农、约翰·斯坦贝克(John Steinbeck)小说中的角色、为农业安全局摄影师摆姿势的人。他们被叫作"小人物",直到人们厌倦这个称谓。紧随而来的还有一种民间的民族主义,无疑是因联邦对文学和艺术的赞助而加速,但根本上是对美国及其人民和制度的真实希望的重新发现。因为在集中营、《纽伦堡法案》[①]、格尔尼卡(Guernica)[②],以及(并非每个人都能看到的)莫斯科审判之后,美国的所有事物似乎都是新鲜和充满希望的,梅因街超乎意料的纯洁;随着时间的推移,巴比特[③]似乎也变得纯朴可爱。进步主义曾利用人们对美国生活成功表面下日益增长的丑陋感,而新政则在美国不平等和大

---

① 纳粹德国于1935年颁布的反犹太法律。——译者注
② 1937年西班牙内战期间,德国纳粹轰炸西班牙北部城市格尔尼卡,造成了严重伤亡。——译者注
③ 出自美国著名小说家辛克莱·刘易斯于1922年发表的同名长篇小说,主角巴比特是一个市侩商人。——译者注

萧条后贫困的表面下，发掘出人类的温暖感和技术潜力感。

在新政的边缘，还有一小部分真正的意识形态者，他们既被国内的改革斗争所吸引，也为世界范围内法西斯主义的兴起所震动。尽管他们中的许多人是共产主义者和同路人，但过分强调这个边缘对新政核心或大众的影响，将严重误解新政的性质。现在，夸大极左派对20世纪30年代美国思想的影响既时髦又方便。毫无疑问，这样做总是可能的，因为马克思主义对许多知识分子有着强烈但短暂的影响；但这种对马克思主义的爱好，对新政的核心或美国大众的思想和行为影响甚微。[63] 对于广大人民，也就是那些最需要新政的人来说，新政的力量首先在于其取得成果的能力。

新政从一开始就在左右翼极权主义的阴影下发展。富兰克林·罗斯福和希特勒在几个月内相继上台，从那时起直到新政改革的最后阶段，每一年都带着一些终极恐怖即将来临的预兆。在罗斯福政府的早期时代，许多批评者发现新政与国外灾难性处理模式的相似之处，认为新政是法西斯主义或共产主义的苗头。例如，左翼的批评者认为国家工业复兴署是墨索里尼的社团国家的翻版。而且——尽管现在这一点几乎被遗忘——右翼的批评者最初不时指控新政政策侵犯了基本自由，具有法西斯倾向。但后来，他们更乐意指责新政促进了共产主义。

对于清醒的观察者来说，这些批评今天看来根本站不住脚。因为现在更容易看出，罗斯福和他的支持者试图在美国政治方法的独特框架内处理美国经济问题——在某种意义上，他们试图继续排斥欧洲的意识形态。从伦敦经济会议到罗斯福1937年的"隔离"演讲，尽管新政签订了所有降低关税的协议，但本质上它是孤立主义的。这一点它无法逃避，以至于后来一些共和党领导人将之称作"一个世界"。1939年之后，这个现实成为美国生活的主导力量。战争的开始意味着美国人终于被残酷地拉出他们习惯的安全状态——在其中他们的国内生活只是被外国世界的危机偶尔打断。从那时起，美国人的国内生活很大程度上由外交政策和国家安全需求所决定。随着这种变化，国家最终卷入了它曾试图避免的所有现实，因为现在它不仅机械化、城市化、官僚化，而且国际化了。美国的大部分地区仍然渴望——甚至再次期待——回归昔日的个人主义和孤立状态，当他们发现即使保守领导人也无法恢复这一状态时，就会变得狂热。实际上，我们可能会同情民粹主义者及其同道，他们相信美国曾经存在一个黄金时代，其生活远比我们现在要好。但真正生活在那个世界，真正享受它所珍视的承诺和它所想象的纯真，已经不再在我们的能力范围之内。

注释

第一章　农耕神话与商业现实

1. 我在这里使用"神话"一词，并不是暗示它完全不真实，而是想强调它如何有效地反映了当时人的价值观，深刻地塑造了他们对现实的感知，影响了他们的行为。在这个意义上，神话可能融合了不同程度的虚构与事实。随着时间的流逝，农耕神话带有的虚构色彩愈发浓厚。

2. *Writings*, ed. by Paul L. Ford (New York, 1892–1899), Vol. VII, p. 36. 欲完整了解杰斐逊所阐述的农耕神话，请参阅 A. Whitney Griswold: *Farming and Democracy* (New York, 1948), chapter ii。

3. Quoted by Paul H. Johnstone: "Turnips and Romanticism," *Agricultural History*, Vol. XII (July 1938), p. 239. 该文章和同一作者的 "In Praise of Husbandry", ibid., Vol. XI (April 1937), pp. 80–95，简要介绍了整个农耕传统的优秀历史。

比较德莱顿所翻译贺拉斯作品与 Chester E. Eisinger: "The Farmer in the Eighteenth Century Almanac," ibid., Vol. XXVIII (July 1954), p.112 所引的本杰明·富兰克林所著年鉴：

哦，幸福的人！尘世中最幸福的人！
他远离奴隶制，也远离傲慢。
不畏任何人的怒容，也不卑躬屈膝等待
大人物的恩赐。
既不被权力的高傲和浮华所诱惑，
也不被野心的排场、贪婪的矿藏
或奢华的毒害所吸引。
他坚定地踏在祖辈的古老土地上，
岿然不动。

4. The prevalence of the myth in eighteenth-century America is shown by

Chester E. Eisinger: "The Freehold Conceptin Eighteenth-Century American Letters," *William and Mary Quarterly*, third series, Vol. IV (January 1947), pp. 42–59.

5. Works, Vol. III, pp. 215–216.

6. *Writings,* ed. by Albert H. Smyth (New York, 1906), Vol. V, pp. 200–202.

7. Chester E, Eisinger: "The Influence of Natural Rights and Physiocratic Doctrines on American Agrarian Thought during the Revolutionary Period," *Agricultural History*, Vol. XXI (January 1947), pp. 12–23. Cf. Griswold, op. cit., pp.36–45.

8. 当然，与政客和舆论制造者所述的情况相反，这不过是一位看似合情合理的旁观者。Eisinger: "The Farmer in the Eighteenth Century Almanac," p.108 指出，即便 18 世纪的农业年鉴编纂者也忽视了农业的实际操作层面，转而大量发布以农耕为主题的田园诗。这明显表明，这些年鉴的编辑们认为，比起建议农民如何经营农场，让他们相信自己在社会中扮演的角色具有重大价值更为简单，也更为重要。如果农民对于农耕神话的基本理念不感兴趣，那么他们就完全误解了那些代表他们发声的人。关于 19 世纪一位有影响力的年鉴编辑如何全面接受农耕神话的例子，请参阅 Roland Van Zandt: "Horace Greeley:Agrarian Exponent of American Idealism," *Rural Sociology*, Vol XIII (December 1948), pp. 411–419。关于神话在爱默生思想中的位置，请参阅 Douglas C. Stenerson: "Emerson and the Agrarian Tradition," *Journal of the History of Ideas*, Vol. XIV (January 1953), pp. 95–115。

9. 参考格里斯沃尔德，其结论强调，杰斐逊将小农视为"国家最宝贵的部分"，这是"家庭农场政治理论的经典美国表述……[杰斐逊] 的民主理想是一个家庭农场的社区，这种理想一直激励着现代立法者，并在他们思考农村生活时影响着他们的选民的想法"。Op. cit, pp. 45–6.

10. 要了解农耕神话作为政治措施和策略来源的命运，请参阅 Henry Nash Smith: *Virgin Land* (Cambridge, 1950), Book Three, "The Garden of the World."

11. Ibid., p. 170.

12. 事实上，农业代言人长期以来可以分为两类。一类是奉承者，通常为政治家和记者，他们是农业主义者，其目标是政治性的，方式是让农民相信自己在社会中的角色的重要性和高尚性。另一类是自我批评者，通常可以在农业编辑和一些农村专业人士中找到，他们不是农业主义者，而是农业学家。他们的目标不是政治性的，而是经济和技术性的。他们告诉农民，其疏忽大意、无知，很大程度上是他们自己所造成的，必须通过学习科学和改进方法来拯救自己。

13. 这种怀旧情感，是当时最受欢迎的民间诗人詹姆斯·惠特科姆·莱利（James Whitcomb Riley）作品的重要主题。Hamlin Garland: *Main-Traveled Roads* (Boston, 1891) 的一些故事涉及从乡村迁徙到城市的移民及与之相关的负罪感。

14. 关于农耕神话在政治中的存在，可参看 Roger Butterfield's amusing essay "The Folklore of Politics," *Pennsylvania Magazine* of *History and Biography*, Vol. LXXIV (April 1950), pp. 165–170; the pictures may be found facing pp. 166 and 167。

15. Joseph S. Davis has discussed this survival in an essay on "Agricultural Fundamentalism" in *On Agricultural Policy* (Stanford, 1939), pp.24–43.

16. Ibid., p.38.

17. Ibid., p.25.

18. Albert J. Demaree: *The American Agricultural Press, 1819-1860* (New York, 1941), pp. 86–88, 183 ff.; Richard Bardolph: *Agricultural Literature and the Early Illinois Farmer* (Urbana, 1948), pp.162–164.

19. Quoted by Bardolph, op. cit., p.164 n.

20. Paul H. Johnstone: "Old Ideals versus New Ideas in Farm Life," in *Farmers in a Changing World*, U.S. Department of Agriculture Year-book (Washington, 1940), p.119. 其中，对美国农民身份变化的深入研究使我受益匪浅。

21. Quoted by P. W. Bidwell and John I. Falconer: *History of Agriculture in the Northern United States* (New York, 1941), p.205.

22. Johnstone: "Old Ideals venus New Ideas," op.cit., p.118.

23. Ibid., p.118, for both quotations.

24. Albert J. Nock: *Jefferson* (Washington, 1926), pp.66–68; cf. Wilson

Gee: *The Social Economics of Agriculture* (NewYork, 1942), p.39.

25. Quoted by Griswold, op.cit., p.136.

26. Quoted by Paul H. Johnstone: "On the Identification of the Farmer," *Rural Sociology*, Vol. V (March 1940), p.39. For this transformation in agriculture, see Bidwell and Falconer, op.cit., pp.126–132, 164–165, chapters xiii, xix, xxiii, and Everett E. Edwards: "American Agriculture—the First 300 Years," in *Farmers in a Changing World*, esp. pp.202–208, 213–222, 228–232. On the foreign market see Edwin G. Nourse: *American Agriculture and the European Market*(New York, 1924), pp.8–16, and on the disappearance of household industry, Rolla M. Tryon: *Household Manufactures in the United States, 1640-1860* (Chicago, 1917), chapters vii and viii.

27. David Riesman: *The Lonely Crowd* (New Haven, 1950). 然而，值得补充的是，在内战前夕，当乡村青年开始萌生职业抱负时，这些想法浸透着典型的扬基社会的认知，从商仍不受认可。农场出身的年轻人被鼓励去仿效发明家、科学家、作家、哲学家以及军事领袖。显然，所有这些榜样最终指向的是城市生活的理想。Johnstone: "Old Ideals versus New Ideas," pp.137–138.

28. Bidwell and Falconer, op.cit., p.119.

29. Ibid., p.154; cf. pp.82–83, 115, 166.

30. Benjamin H. Hibbard: *History of Agriculture is Dane County, Wisconsin* (Madison, 1904), pp.195 ff.

31. *Democracy in America* (New York, ed. 1899), Vol. II, p.644.

32. Some aspects of agrarian mobility and mechanized agriculture for the market are discussed by James C. Malin in "Mobility and History," *Agricultural History*, Vol. XVII (October 1943), pp.177–191. The general characteristics of American agriculture in the period after the Civil War are discussed by Fred A. Shannon: *The Farmer's Last Frontier* (New York, 1945), passim.

33. 索尔斯坦·凡勃伦不仅以经济学家的身份写农民，他本人也同样生活在农民中间，凡勃伦在 *Absentee Ownership*（New York, 1923）中对"独立的农民"和"乡村城镇"进行了深入的论述。

34. Compare Arthur F. Raper's account of the people of these localities in

Carl C. Taylor et al.: *Rural Life in the UnitedStates* (New York, 1949), chapter xxvi, with the similar picture of the old yeoman farmer. For an excellent account of the transformation in farming by one who saw it at both ends, see Rodney Welch: "The Farmer's Changed Condition," *Forum*, Vol. X (February 1891), pp.689-700.

35. Marcus Lee Hansen: *The Immigrant in American History* (Cambridge, 1940), pp.61-62.

36. Ibid., pp.63-71. 我并不是要暗示移民群体在所有方面都与杰出的农民阶层持平。他们在土地管理上做得很好,但并没有像北方的美国人那样迅速地采纳机械化和科学化的耕种技术。这一现象持续了相当长的一段时间。可参看 John A. Hawgood: *The Tragedy of German-America* (New York, 1940), chapter i, esp. pp.26-33; Edmund de S. Brunner: *Immigrant Farmers and Their Children* (New York, 1929), chapter ii。

37. Wilson Gee 著作的第 3 章对美国和欧洲的农业规模进行了很好的比较。

38. Malin: "Mobility and History," pp.182ff.

39. 引自 C. Vann Woodward: *Origins of the New South* (Baton Rouge, 1951), p.194。在 19 世纪 80 年代末期,农民的不满还未达到极点时,农场主联盟等农业组织实施了基于自身经济利益的有限项目。而到了 19 世纪 90 年代,随着农民不满情绪的激增,一个全国性的第三党运动随之兴起。

40. Frederick Jackson Turner: *The Frontier in American History* (New York, 1920; ed., 1947), preface, p.ii; cf. pp.211,266.

41. Ibid., p.155.

42. Ibid., p.148. 请注意他对另一位作者描述的移民定居地商业性质的评论,见第 211 页。此外,值得一提的是,特纳本人并非民粹主义支持者,他并不同意民粹主义者关于"金融信贷宽松"的看法,尽管他认为希望"一个初级社会"能够展现出对"成熟社会中商业利益复杂性"的深刻理解,实属天真。Ibid., p.32.

43. Ibid., pp.219-221; cf. pp.147-148, 218, 276-277, 305-306.

44. John D. Hicks: *The Populist Revolt* (Minneapolis, 1931), p.95; cf. also p.vii:"农民在美国历史上始终占据显著地位,然而直至西部衰落和廉价

土地变得稀缺，才真正催生了更为激进的农业运动。"虽然 19 世纪 70 年代的格兰其运动可能被视为一次尚未成熟的农业抗议，但实际上，早在 1890 年边疆消失之前，美国社会就已经出现了显著的农业动荡。

45. Woodward: *Origins of the New South*, p.200; cf. pp.277–278 on the greater staying power of Southern Populism.

46. 参看本书第 3 章第 1 节。

47. 特纳在 1910 年的评论："社会已经感受到了人口增长对食物供应的压力"，体现了对"封闭空间"痴迷的误导性后果。Op.cit., p.279. 当时由于世界农业总产量过剩，美国正在迅速失去其在世界市场上的地位。Nourse, op.cit., pp.28–42.

48. Quoted from Spectator, Vol. LXX, p.247, by C. F. Emerick, "An Analysis of Agricultural Discontent in the United States," *Political Science Quarterly*, Vol. XI (September 1896), p.433; see this series of articles for a valuable contemporary account of the international aspect of agricultural upheaval, ibid., pp.433–463, 601–639; Vol. XII (1897), pp.93–127.

49. 关于传播革命的文献综述可参看：Lee Benson: "The Historical Background of Turner's Frontier Essay," *Agricultural History*, Vol. XXV (April 1951), pp.59–64. The point of view expressed here was originally stated by James C. Malin: "Notes on the Literature of Populism," *Kansas Historical Quarterly*, Vol. I(February 1932), pp.160–164; the term "Communication Revolution" was first used by Robert G. Albion: "The 'Communication Revolution,'" *American Historical Review*, Vol. XXXVII (July 1932), pp.718–720. See also Hans Rosenberg: "Political and Social Consequences of the Great Depression of 1873–1896 in Central Europe," *Economic History Review*, Vol. XIII (1943), pp.58–73.

50. 小麦种植者每年总收入的 30% 至 40% 依赖出口市场；棉花种植者收入的价格约为 70%。Frederick Strauss: "The Composition of Gross Farm Income since the Civil War," *National Bureau of Economic Research Bullet* in No. 78 (April 28, 1940), esp. pp.15–18.

51. Cf. Senator William A. Peffer as quoted by Elizabeth N. Barr in William E. Connelley, ed.: *A Standard History of Kansas and Kansans* (Chicago, 1919), Vol II, p.1159; Hamlin Garland: *Jason Edwards* (Boston, 1892), p.v; Mary

E.Lease: *The Problem of Civilization Solved* (Chicago, 1895), pp.177-178.

52. 对于公共土地资源即将枯竭的种种猜测，Benson, op.cit., pp.59-82 作了极好的阐述。

53. A. W. Zelomek and Irving Mark: "Historical Perspectives for Post War Agricultural Forecasts," *Rural Sociology*, Vol.X (March 1945), p.51; cf. *Final Report of the Industrial Commission* (Washington, 1902), Vol. XIX, pp.58, 105-106; Benjamin H. Hibbard: *A History of the Public Land Policies* (New York, 1924), pp.396-398.

54. Marcus L. Hansen and J. Bartlet Brebner: *The Mingling of the Canadian and American Peoples* (New York, 1940), pp.219-235; Paul F. Sharp: *The Agrarian Revolt in Western Canada* (Minneapolis, 1948), pp.1-8, 17.

55. 直到 1913 年，当大卫·休斯顿担任威尔逊政府的农业部部长时，他指出："我们可耕作的土地中，只有不到 60% 在被耕种，而其中仅有不超过 12% 的土地得到了合理的回报。"*Eight Years with Wilson's Cabinet* (New York, 1926), Vol. I, p.200. 1913 年也是根据《宅地法》申请达到峰值的一年，此时距离所谓的边疆消失已经近 25 年。即便在第一次世界大战期间，农民仍有机会大幅扩展作物种植面积，包括在那些已有长期定居史的州。Lloyd P.Jorgensen: "Agricultural Expansion," *Agricultural History*, Vol., XXIII (January 1949), pp.30-40.

56. Fred A. Shannon: *The Farmer's Last Frontier* (New York, 1945), pp.51, 55. 根据其保守估计，在 373 万个新农场建立期间，大约有 40 万个农场根据《宅地法》被政府剥夺。

57. Paul Wallace Gates: "Land Policy and Tenancy in the Prairie States," *Journal of Economic History*, Vol. I (May1941), pp.60-82; see also his "The Homestead Act in an Incongruous Land System," *American Historical Review*, Vol.XLI (July 1936), pp.652-681.

58. Malin: "Mobility and History," pp.181-182. For the malad ministration of the Homestead Act, see Roy M. Robbins: *Our Landed Heritage* (Princeton, 1942), part III.

59. Arthur F. Bentley: *The Condition of the Western Farmer as Illustrated by the Economic History of a Nebraska Township* (Baltimore, 1893), p.46; 关

于西部移民定居的投机和风险特征可能与"贷款人的贪婪"一样重要,见 Allan G. Bogue: "The Land Mortgage Company in the Early Plains States," *Agricultural History*, Vol. XXV (January 1951), pp.20–33。

60. Bentley, op.cit., pp.46, 68, 76, 79, 80.

61. Ibid., pp.69–70.

62. 美国农业用地从 1870 年的 407 735 000 英亩,增加到 1900 年的 838 592 000 英亩。

63. William Allen White: *Autobiography* (New York, 1946), p.187.

64. Quoted in Raymond C. Miller: *The Populist Party in Kansas*, ms. Ph.D. dissertation, University of Chicago, 1928, p.22; cf. Miller's article: "The Background of Populism in Kansas," *Mississippi Valley Historical Review*, Vol. II (March1925), pp.474–485; Hicks, op.cit., chapter i, has a good brief account of the speculative background.

65. 农民并不仅仅因为外界宣称他们的生活水平有所提高就感到满足,因为他们更关注自己的商业利益。不满源自他们的期待:经历了边疆艰苦生活,农民依赖希望和期待维持生活,为了一个在婴儿潮一代看来是美好的未来而承受当前的牺牲。在这一阶段后,他预期生活水平将实质性提升,并对那些建议他们应该心满意足的观点感到不快。Cf. Bentley, op.cit., p.87; Henrietta M. Larson: *The Wheat Market and the Farmer in Minnesota, 1858-1900* (New York, 1926), p.167.

66. 关于运费在农民处境中的作用,西奥多·萨劳托斯(Theodore Saloutos)强调了小查尔斯·F. 亚当斯(Charles F. Adams, Jr.)早先提出的观点:"历史学家们多次将农民所遭受的困难,至少部分归因于高昂的运输费用。然而,现有数据明确显示,19 世纪下半叶运费显著下降,但农民的收益并未因此而相应增加。许多农民将价格下跌归咎于所谓的高运费,却忽略了低运费使他们能进入以往难以想象的市场⋯⋯在许多其他国家,这样的利率被视为极其低廉。See the rest of the argument in Saloutos's astute article: "The Agricultural Problem and Nineteenth-Century Industrialism," *Agricultural History*, Vol. XXI (July 1948), p.167. On this issue, however, see Shannon: *The Farmer's Last Frontier*, pp.295–302.

67. 关于企业家对杰克逊式民主的解释,请参阅 Bray Hammond,

Journal of Economic History, Vol. VI (May 1946), pp.78-84，以及理查德·霍夫施塔特所著《美国政治传统及其缔造者》第3章的相关评论。

第二章　民粹主义的民俗学

1. 引自 Thomas E. Watson: *The Life and Times of Andrew Jackson* (Thomson, Ga., 1912), p.325：" 历史学家和政治家普遍认同，在我国历史的前半个世纪，社会中并不存在穷人，人们甚至未曾预料到会有穷困阶层出现：乞丐或流浪汉是那个时代未曾见过的景象。"Cf. Mrs. S. E. V. Emery: *Seven Financial Conspiracies Which Have Enslaved the American People* (Lansing, ed. 1896), pp.10–11.

2. 例如，请注意 Thomas E. Watson 在其作中对杰克逊思想的深情处理，op.cit., pp.343–344.

3. James B. Weaver: *A Call to Action* (Des Moines, 1892), pp.377–378.

4. B. S. Heath: *Labor and Finance Revolution* (Chicago, 1892), p.5.

5. 关于杰克逊思想的这种倾向可参看理查德·霍夫施塔特的"William Leggett, Spokesman of Jacksonian Democracy," *Political Science Quarterly*, Vol XLVIII (December 1943), pp, 581–594, and *The American Political Tradition*, pp.60–61.

6. Elizabeth N. Barr: "The Populist Uprising," in William E. Connelley, ed.: *A Standard History of Kansas and Kansans*, Vol. II, p.1170.

7. Ray Allen Billington: *Westward Expansion* (New York, 1949), p.741.

8. Allan Nevins: *Grover Cleveland* (New York, 1933), p.540; Heath, op, cit.,p.27：" 世界上总是有两个阶层的人：一个靠诚实的劳动为生，一个靠前者的劳动为生。"见堪萨斯州州长莱韦林（Lewelling）："两大力量各自联合起来，采取不同的形式和伪装，长期以来致命对抗，包括主人与奴隶、领主与臣民、国王与农民、暴君与农奴、地主与租户、债主与债务人、有组织的贪婪之辈和孤立无助的穷人的必需品。" James A.Barnes: *John G. Carlisle* (New York, 1931), pp.254–255.

9. George H. Knoles: *The Presidential Campaign and Election of 1892* (Stanford, 1942), p.179.

10. William A. Peffer: *The Farmer's Side* (New York, 1891), p.273.

11. Ibid., pp.148–150.

12. Weaver, op.cit., p.5.

13. See Allyn B. Forbes: "The Literary Quest for Utopia," *Social Forces*, Vol. VI (1927), pp.178–179.

14. E. W. Fish: *Donnelliana* (Chicago, 1892), pp.121–122.

15. Ibid., pp.119–120.

16. *Caesar's Column* (Chicago, 1891), p.327.

17. Ibid.

18. 值得注意的是，在接下来的几年里，随着现实曝光的情况变得越来越全面，大众对"金钱权力"的抨击中，幻想的成分逐渐减少，而现实的成分逐渐增多。

19. 例如，可参看玛丽·莱斯的作品，开篇便是对一系列神秘的国际暗杀事件的评论。*The Problem of Civilization Solved* (Chicago, 1895).

20. 这种狂热的阴谋论情绪的副产品是一个广为人知的传言，即1933年美国承认苏联是新政实施者的阴谋的结果。Paul Boller, Jr., in a highly amusing article, "The 'Great Conspiracy' of 1933: a Study in Short Memories," *Southwest Review*, Vol. XXXIX (Spring, 1954), pp.97–112 指出，一些曾经狂热地高呼阴谋论的人在1933年之前就主张承认苏联。

在阅读里奥·洛温塔尔（Leo Lowenthal）和诺伯特·古特曼（Norbert Guterman）关于近期威权主义煽动者的优秀作品 *Prophets of Deceit*（New York, 1949）时，我留意到他们提出的主题与民粹主义作家如埃默里夫人、"钱币"哈维、唐纳利以及莱斯夫人等的思想风格之间的相似性。在这些流行的鼓动下，似乎有某些超越了特定历史时期的持久主题。通过洛温塔尔和古特曼的描述，我们可以在民粹主义文学及其煽动者的言论中找到以下主题：历史阴谋论；对于富裕阶层穷奢极欲生活的迷恋；对两党制的嘲弄；世界末日即将到来的信念；只批判银行家和其他财阀群体的贪婪和其他个人罪恶，而非对社会体制进行结构性分析；反犹主义和排外情绪；对本地朴素和美德的向往。当然洛温塔尔和古特曼也提出了其他主题，似乎更贴近我们这个时代的社会需求，但在民粹主义文学中却缺少对应的描述词。

21. Frederick L. Paxson: "The Agricultural Surplus: a Problem in History,"

Agricultural History, Vol. VI (April 1932), p.58; cf. the observations of Lord Bryce in *The American Commonwealth* (New York, ed. 1897), Vol. II, pp.294–295.

22. Frank L. McVey: *The Populist Movement* (New York, 1896), pp.201–202.

23. Emery, op.cit., p.13.

24. Ibid., pp.14–18.

25. 采取的措施包括：1862年的"例外条款"，1863年的《国家银行法》，自1866年起美钞逐步退出流通市场，1869年3月18日实施的《强化信用法案》，1870年启动的偿还国债计划，1873年《铸币条例》实际废止银币，以及1875年对部分纸币发行的终止。

26. Ibid., pp.25, 43.

27. Ibid., pp.54–55. 关于这个故事更详尽的描述，请参阅 Cordon Clark: *Shylock: as Banker, Bondholder, Corruptionist, Conspirator* (Washington, 1894), pp.88–99.

28. W. H. Harvey: *A Tale of Two Nations* (Chicago, 1894), p.69.

29. 反犹主义在美国社会源远流长。特别是在1837年经济恐慌期间，许多州未能偿还债务，很多债务持有者是外国人，在这一背景下，密西西比州州长麦克纳特采取了一种挑衅的立场。他抨击罗斯柴尔德男爵："犹大和夏洛克的血液在他的血管中流动，他结合了他的两个同胞的品质……" George W. Edwards: *The Evolution of Finance Capitalism* (New York, 1938), p.149.

同样，我们注意到塞迪斯·史蒂文斯在早期对美元的呼吁中，猛烈批评了"罗斯柴尔德家族、金史密斯家族以及其他大型货币交易商"。See James A. Woodburn: *The Life of Thaddeus Stevens* (Indianapolis, 1913), pp.576, 579.

30. See Oscar Handlin: "American Views of the Jew at the Opening of the Twentieth Century," *Publications of the American Jewish Historical Society*, no. 40 (June 1951), pp.324–344.

31. Harvey: *A Tale of Two Nations*, p.289; cf. also p.265："我们的祖先不就是……无论什么种族的女人，只要他们喜欢，就要千方百计得手吗？"

32. Harvey: *Coin's Financial School* (Chicago, 1894), p.124; for a notable polemic against the Jews, see James B. Goode: *The Modern Banker* (Chicago, 1896), chapter xii.

33. *Proceedings of the Second National Silver Convention* (Washington, 1892), p.48.

34. Mary E. Lease: *The Problem of Civilization Solved*, pp.319-20; cf. p.291.

35. Donnelly, op.cit., pp.147, 172, 331.

36. Gordon Clark, op.cit., pp.59-60; for the linkage between anti-Semitism and the conspiracy theme, see pp.2, 4, 8,39, 55-58, 102-103, 112-113, 117. 在民粹主义的反犹主义中，有某种自觉和充满歉意的意味。唐纳利笔下的一个人物说："如今，世界上几乎所有的贵族都是希伯来人的后代。"他解释说，犹太人几个世纪以来遭受的严酷迫害促成了他们内部的一种自然选择，"只有那些身体强健、智力敏捷、头脑灵活、坚韧不拔的人得以存留……如今的基督教世界正在为他们偏执无知的祖先对这一高贵族群所造成的苦难，付出眼泪和血液的代价。当自由与公正的时代到来，犹太人开始与那些曾憎恨、恐惧他们的外邦人进行较量。" *Caesar's Column*, p.37. 在另一个奇幻故事里，唐纳利将巴勒斯坦归还犹太人，并使其变得极度繁荣。*The Golden Bottle* (New York and St. Paul, 1892), pp.280-281.

37. Quoted by Edward Flower: *Anti-Semitism in the Free Silver and Populist Movements and the Election of 1896*, 尚未发表的硕士论文，哥伦比亚大学，1952年，第27页；本文阐述了这一时期反犹主义的发展以及与政治问题有关的一些犹太媒体的反应。

38. William Jennings Bryan: *The First Battle* (Chicago, 1897), p.581.

39. 我在此处区分了当时普遍的反犹主义和上层阶级的反犹主义，即各种势利行为。这显示了民粹主义对于这个问题的包容性态度。Carey Mcwilliams: *A Mask for Privilege: Anti-Semitism in America* (Boston, 1948) 中将早期美国的反犹主义简化为一种上层阶级的现象。在他关于反犹主义兴起的历史叙述中，没有触及绿背纸币运动和民粹主义传统。Daniel Bell: "The Grass Roots of American JewHatred," *Jewish Frontier*, Vol. XI (June 1944), pp.15-20。他是为数不多的认识到后来的反犹主义者与早期民粹主义传统之间联系的作者之一。See also Handlin, op. cit. 阿诺德·罗斯指出，美国的反犹主义很大程度上与农耕神话和对城市优势的反感有关。犹太人被塑造成资本主义和城市主义的象征，而这两者本身由于过于抽象，无法成为令人满意的憎恨目标。Commentary, Vol. VI (October 1948), pp.374-378.

40. For the latter see Woodward: *Tom Watson*, chapter xxiii.

41. Keith Sward: *The Legend of Henry Ford* (New York, 1948), pp.83-84, 113-114, 119-120, 132, 143-160. Cf. especially pp.145-146："福特之所以能够轻松地将民粹主义理论与资本主义实践结合起来，是因为他从古老的农业抗争传统中继承的，主要是一种温和且最不极端的信念支柱。与许多早期支持美元的人一样，*Dearborn Independent* 的出版商也被'金钱'和'种族'的'幻影'所困扰。正是这些迷恋构成了他政治思想的核心。"要进一步说明民粹主义传统如何影响山区州的参议员，请参阅 Oscar Handlin's astute remarks on Senator Pat McCarran in "The Immigration Fight Has Only Begun," *Commentary*,Vol. XIV (July 1952), pp.3-4。

42. Josiah Strong: *Our Country* (New York, 1885), chapter x; for the impact of the city, see Arthur M. Schlesinger: *The Rise of the City* (New York, 1933).

43. Hamlin Garland: *A Son of the Middle Border* (New York, ed. 1923), pp.269, 295.

44. Watson: *Andrew Jackson*, p.326; cf. *Cæsar's* Column, p.131："美国的先人愚昧地允许数百万外国人占据公共土地资源，因此未为自己的后代留下丝毫遗产，他们竟自称这是'国家的发展'。"

45. Lease, op.cit., p.17.

46. Loc. cit.

47. Ibid., pp.31-32, 34, 35.

48. Ibid., pp.177-178.

49. 鉴于这种情况在 19 世纪的美国社会屡见不鲜，因此无法将莱斯夫人的言论视为任何特别的预言。

50. See W. H. Harvey: *Coin on Money, Trusts, and Imperialism* (Chicago, 1900), for an expression of popular feelings on these and other issues.

51. 美国的金银复本位制运动便是对此现象的最佳证明。直至 19 世纪 70 年代，而且是在经济大萧条时期商品价格长期下滑的前夜，国际金本位制才初现端倪。全球对白银的强烈需求，以及那些寻求利用白银提升整体物价的团体，几乎立即在西欧各地掀起了金银复本位制浪潮。即便在英国这个对用贬值货币偿还债务持反感态度的商业枢纽和债权国，也有著名政治人物支持推行金银复本位制，当时最杰出的两位经济学家，杰文斯和马歇尔，认真考虑过这一议题。然而，除美国外，金银复本位制运动普遍将国际合作视为确立金银复本位制的途径；只有在美国，白银利益群体坚持采取单边行动。人们一直期望美国能单独采取措施以维持银价，这种期待阻碍了其他国家的行动。从 19 世纪 70 年代起，那些试图通过行动促成国际金银复本位制的美国保守政治家们发现自己难以与其他国家联合，又深受国内白银利益集团的极大压力。随着时间的推移，后者越来越坚定地认为，不愿意单独采取行动者就是背叛者。可参看 J. B. Condliffe: *The Commerce of Nations* (New York, 1950), chapter xii, "The International Gold Standard"; Jeannette P.Nichols: "Silver Diplomacy," *Political Science Quarterly*, Vol. XXXVIII(December 1933), pp.565–588。On the relation between silverism and isolationism, see Ray Allen Billington: "The Origins of Middle Western Isolationism," *Political Science Quarterly*, Vol. LX (March 1945), esp. pp.50–52.

52. See Harvey's *Coin on Money, Trusts, and Imperialism,* passim.

53. Ignatius Donnelly: *The Golden Bottle*, pp.202ff. 序言中提到："如果有人愚蠢到认为民粹党的胜利等同于向全世界宣战，那我会感到非常遗憾。"然而，我们此处的关注点并非民粹主义者在这一领域的具体意图（无疑他们是无辜的），而是唐纳利的幻想情节所暴露的情绪。

54. *Coin's Financial School*, pp.131–132.

55. Nevins, op.cit., pp.608–609.

56. 关于这一事件背后的国内压力，请参阅 Nelson M. Blake: "Background of Cleveland's Venezuela Policy," *American Historical Review*, Vol. XLVII (January 1942), pp.259–277.

57. James A. Barnes: *John G. Carlisle* (New York, 1931), p.410.

58. Nevins, op.cit., p.641.

59. Alfred Vagts: *Deutschland und die Vereinigten Staaten in der*

Weltpolitik (New York, 1935), Vol.I, p.511.

60. Ibid., Vol. II, p.1266n.

61. J. E. Wisan: *The Cuban Crisis as Reflected in the New York Press* (New York, 1934), p.455; for the relation of this crisis to the public temper of the nineties, see Richard Hofstadter: "Manifest Destiny and the Philippines," in Daniel Aaron, ed.: *America in Crisis* (New York, 1952).

62. Vagts, op.cit., Vol.II, p.1308n.

63. Woodward: *Tom Watson*, p.334.

64. Lease, op.cit., p.7. 托马斯·E.沃森在1902年撰写了关于拿破仑的长篇传记 *Napoleon, a Sketch of His Life, Character, Struggles*，书中将这位"出身贫寒的科西嘉岛小伙子，凭借自身的坚强意志、天赋才华和不懈努力，闯入了世界的顶层社会"，冷静地塑造为"伟大的民主暴君"。在其他地方，沃森写道："今天，没有一个铁路大亨，没有一个成为资本和劳工巨大运动领袖的白手起家者，不会在拿破仑身上看到自己性格的特质：同样的坚定不移的目标，不知疲倦地坚持，默默谋划，无情地冲向胜利……"这让沃森的传记作者感到困惑，为何一个民粹主义者会去赞美铁路大亨的品质，树立一个资本主义贪婪的形象来供民众崇拜。"难道以色列人和非以色列人崇拜的是一样的神吗？难道这两个阵营之间的唯一争端只在于赢得的好处有差异吗？" Woodward, op. cit., pp. 340-2.

65. Matthew Josephson: *The President Makers* (New York, 1940), p.98. See the first three chapters of Josephson's volume for a penetrating account of the imperialist elite. Daniel Aaron has an illuminating analysis of Brooks Adams in his *Men of Good Hope* (New York, 1951).

第三章　从悲情到平等

1. *The Populist Revolt*, p.237; Louis Hacker in Hacker and Kendrick: *The United States since 1865* (New York, ed. 1949), p.253. 想要了解类似的观点，请参阅 *Tom Watson*, p.330.

2. Hicks: *The Populist Revolt*, chapter xv; Hacker and Kendrick, op.cit., pp.257, 352-358.

3. Solon J. Buck: *The Granger Movement* (Cambridge, 1933), p.122.

4. See the astute essay by John D. Hicks: "The Third Party Tradition in American Politics," *Mississippi Valley Historical Review*, Vol. XX (June 1933), pp.3-28; cf. also Arthur N. Holcombe: *The Political Parties of Today* (New York, 1924), chapter xi; on the types of minor parties, see Arthur M. Schlesinger: *The American as Reformer* (Cambridge, 1950), pp.54 ff.

5. 伊利诺伊州的经验揭示，当劳动者变得有足够的阶级意识，能独立发挥政治作用时，他们倾向于采取与通常民粹主义不相容的集体主义策略。Cf. Chester McA. Destler: *American Radicalism, 1865-1901* (New London, 1946), chapters viii, ix, xi. Cf. Daniel M. Feins: *Labor's Role in the Populist Movement, 1890-96*, unpublished M.A. thesis, Columbia University, 1939.

6. Lee Benson: *The New York farmers' Rejection of Populism: the Background*, 尚未发表的硕士论文，哥伦比亚大学，1948年。尽管美国农民在意识形态上拥有许多共同点，但由于美国农业的多样性，他们的具体利益往往存在直接的冲突。关于这些差异的相关解释，请参阅 Herman C. Nixon: "The Cleavage within the farmers' Alliance Movement," *Mississippi Valley Historical Review*, Vol. XV (June 1928), pp.22-33.

7. 实际上，在西部，小麦种植的广泛推广与第三党政治运动的核心地带有着明显的重合。关于多样化的稳定作用以及乳制品业和玉米畜牧业的发展情况，请参阅 Chester Mc A. Destler: "Agricultural Readjustment and Agrarian Unrest in Illinois, 1880-1896," *Agricultural History*, Vol. XXI (April 1947), pp.104-116。See Benton H. Wilcox: "An Historical Definition of Northwestern Radicalism," *Mississippi Valley Historical Review*, Vol. XXVI (December 1939), pp.377-394 and the same author's *A Reconsideration of the Character and Economic Basis of Northwestern Radicalism*, unpublished Ph.D.dissertation, University of Wisconsin, 1933, pp.56-58 and passim for an illuminating discussion of Northwestern regional differentiation. Clyde O. Ruggles: "The Economic Basis of the Greenback Movement in Iowa and Wisconsin," *Mississippi Valley Historical Association Proceedings*, Vol. VI (1912-1913), pp.142-165, esp. pp.154-157，展现了早期农业多样化和乳制品的发展如何阻碍了对绿背纸币运动的支持，就像它后来对民粹主义运动一样。关于繁荣的艾奥瓦州的情况，请参考 Herman C. Nixon: "The Populist Movement

in Iowa," *Iowa Journal of History and Politics*, Vol. XXIV (January 1926), esp. pp.3-45, 68-70, 99-100, 103-107。

8. Elizabeth N. Barr, in William E. Connelley: *A Standard History of Kansas and Kansans*, Vol.II (Chicago, 1918), pp.1167ff.

9. Hicks: *The Populist Revolt*, chapter x; on the situation in Minnesota see Hicks: "The People's Party in Minnesota," *Minnesota History Bulletin*, Vol.V (November 1924), pp.547ff.

10. 即便在拥有众多农民的艾奥瓦州,1844年至1938年,全州419位被选为国会议员的代表中,仅有15位来自农民,其余代表则来自各个行业(包括309位律师)和企业界。在这15位农民代表中,12位是在1844年至1890年间当选,1932年到1938年有3位农民当选,1890年至1932年期间则无一农民当选。Johnstone: "Old Ideals versus New Ideas," pp.156-157. 关于领导问题,参见 Hicks: *The Populist Revolt*, pp. 151-2。对唐纳利文本的研究表明,在明尼苏达州的联盟组织中,农村中产阶级扮演了关键角色。农民们忙于劳作,无暇进行演讲或组织,但那些农业被其他商业利益所掩盖的人——例如,向农民销售并依赖其繁荣的小商人——能够承担这些任务。对他们来说,将鼓动和销售结合起来是可能的。运动对领导者的需求也为乡村狂热分子提供了一个愉快的职业出口,以表达他们的观点。因此,人们不能总是确定,更极端的民粹主义思想的表现,在多大程度上代表了农民自己,而不是这样的农村鼓动者。

11. Orville M. Kile: *The Farm Bureau Movement* (New York, 1921), p.28.

12. Nixon: "The Populist Movement in Iowa," p.81; cf. the lament recorded on p.82.

13. A. L. D. Austin to Ignatius Donnelly, June 19, 1896, Donnelly Papers.

14. H. E. Taubeneck to Donnelly, July 2, 1891.

15. Donnelly to K. Halvorson, August 5, 1892.

16. 陶本内克致唐纳利,1892年7月27日、8月4日。同样的困难也困扰着联盟本身的组织。一位组织者写信给唐纳利说:"组织联盟最严重的障碍是缺少50美分。"另一位组织者说:"……在一些地方,钱如此稀缺,以至于很难找到7个各有50美分的人。"一位农民写道:"我们农民很穷,但我认为我们每人肯定能捐出10美分。"致唐纳利的信,1890

年 6 月 10 日、11 日，1891 年 7 月 18 日。唐纳利文件中充满了这样的证据。由于无法为联盟的演讲者提供薪水，领导人试图通过给他们销售冰雹和农作物保险的代理权来解决这个问题。在明尼苏达州，这引发了一场关于控制这类保险公司的斗争。

17. Cf. Miller: *The Populist Party in Kansas*, pp.144–147, 162.

18. Taubeneck to Donnelly, January 29, 1894, Donnelly Papers.

19. For the story of the strategy of the silver forces, see Elmer Ellis: *Henry Moore Teller* (Caldwell, 1941) and "The Silver Republicans in the Election of 1896," *Mississippi Valley Historical Review*, Vol. XVIII (March 1932), pp.519–534. Much light is shed on the movement for silver and fusion by Hicks: *Populist Revolt*, chapters xi–xiv; Woodward: *Watson*, chapters xvi, xvii; Destler: *American Radicalism*, chapter xi; Nixon: "Populist Movement in Iowa," pp.67–100; Fred E. Haynes: *James Baird Weaver* (Iowa City, 1919), chapter xvi; Hicks: "The People's Party in Minnesota," pp.548–558; Barnes: *Carlisle*, pp.263–264 and chapter xvii, esp. pp.433, 448.

20. Henry Demarest Lloyd: "The Populists at St. Louis," *American Review of Reviews*, Vol. XIV (September 1896), p.303.

21. Caro Lloyd: *Henry Demarest Lloyd*, Vol. I, pp.259–260; cf. chapter xii, passim.

22. 使民粹党最终取得成功的一个原因是，在它成立时，两大主要政党在民众支持度上一直旗鼓相当。在 1880 年、1884 年和 1888 年的选举中，他们获得的总选票之间的差距从未超过 1 个百分点，而在 1892 年，这个差距仅略高于 3 个百分点。在选举人团中的差距也在毫厘之间。由于这种微弱的差距，主要政党无法承担失去任何重要选民群体选票的风险，因此，其中一个政党在早期向民粹主义精神屈服的可能性非常高。

23. *Report of the Commission on Country Life* (1909; ed. Chapel Hill, 1944), p.36.

24. See E. G. Nourse: *American Agriculture and the European Market* (New York, 1924).

25. 关于城市的发展是农民不满情绪的"安全阀"的首个阐述，可参看 Fred A. Shannon: "A Post Mortem on the Labor-Safety-Valve Theory,"

Agricultural History, Vol. XIX (January 1945) and *The Farmer's Last Frontier*, pp.356-359。这一概念对我而言极富吸引力,然而,我难以赞同 Shannon 的结论,即 19 世纪 90 年代农业的困难是由于"城市正趋向停滞"和城市作为安全阀的功能正在关闭。实际上,美国的城市在 1890 年之后仍旧保持了快速的增长,这种增长在很大程度上助推了农业的复兴。

26. See the significant article by James C. Malin: "The Background of the First Bills to Establish a Bureau of Markets,1911-112," *Agricultural History*, Vol. VI (July 1932), pp.107-129.

27. 对于这两个组织的相关论述观点可参看 Saloutos and Hicks: *Agricultural Discontent in the Middle West, 1900-1939* (Madison, 1951), chapters v and viii。See also the manifesto of the founder of the American Society of Equity, J. A.Everitt: *The Third Power* (Indianapolis, 1905).

28. See John M. Gaus and Leon O. Wolcott: *Public Administration and the United States Department of Agriculture* (Chicago, 1940), pp.30-47; Edward Wiest: *Agricultural Organization in the United States* (Lexington, Kentucky, 1923), pp.175ff. A.C.True: *A History of Agricultural Experimentation and Research in the United States* (Washington, 1937), pp.213, 233-234.

29. 关于农业合作社和其他协会的发展,可参看 R. H. Elsworth: *Agricultural Cooperative Associations*, U.S. Department of Agriculture Technical Bulletin No.40 (Washington, 1928), esp. pp.2, 6-8。

30. Saloutos and Hicks, op.cit., pp.63-64, 288.

31. I. L. Kandel: *Federal Aid for Vocational Education* (New York, 1917), pp.98-106. For the early use of the Morrill grants by states, see Earle D. Ross: *Democracy's College* (Ames, Iowa, 1942), chapter iv.

32. M. L. Wilson in O. E. Baker, R. Borsodi, and M. L. Wilson: *Agriculture in Modern Life* (New York, 1939), pp.224-225. 威尔逊注意到这种变化的时间可能晚于事实所证明的时间。

33. 关于这一主题和现代农业政治的关系请参阅 Grant McConnell: *The Decline of Agrarian Democracy* (Berkeley, 1953), chapter i。

34. 因此,西奥多·萨洛托斯(Theodore Saloutos)评论农业繁荣:"奇怪的是……当农民人数达到历史最低点时,他们发现自己正处于政治运动的高峰。" Saloutos and Hicks, op.cit., p.341. 值得注意的是，民粹主义培养了许多未来的农业领袖。民粹主义不仅教会了他们什么不能做，还把他们的注意力转向了立法行动的可能性。那些被民粹主义运动唤醒和锻炼过的人，在后来的组织如农场主协会、美国公平协会和无党派联盟中发挥了重要作用。Ibid., chapter ii, and pp. 117, 221; Edward Wiest, op. cit., p. 475. 关于有民粹主义背景的后期农业领袖，参见 Gilbert C. Fite: "John A. Simpson," *Mississippi Valley Historical Review*, Vol. XXXV (March 1949), pp. 563-84, and Theodore Saloutos: "William A. Hirth," ibid., Vol. XXXVIII (September 1951), pp. 215-32。

35. 当然，关于我们社会政治制度的文献资料丰富多样。作为例证，我选取了两篇最近发表的文章，它们传达了这种不满情绪：Richard L. Neuberger: "Rotten Boroughs and Our Lawless Lawmakers," *The Progressive*, December 1951, pp.22-24, and Senator Paul Douglas's speech in the Senate: "The Surrender to the Filibuster," *Congressional Record* for March 17, 1949。See also the discussion by George A. Graham in *Morality in American Politics* (New York, 1952), pp.96-109. 在任何关于农场问题的讨论中，不妨指出，随着大量农村非农场人口的增长，农村的过度代表并不完全等同于农民的过度代表。大量农村非农业人口的比例也过高。值得一提的是，城市保守派支持这种过度代表权的延续。yong'lan。

36. 1862年内战期间，共和党通过了三项措施：《宅地法》、《莫里尔土地授予法》和创建农业部（尚未达到内阁级别机构）的法案，所有这些都表明了对农业发展的关注。但从这一年一直到19世纪末，立法领域都乏善可陈。对农业最具影响力的是《哈奇法案》(1887)，它在土地授予学院的指导下建立了一个农业实验站系统，这被及时证明具有重要意义。1889年的另一项法案则将农业部提升到内阁级别。简要总结见 Arthur P. Chew: *The Response of Government to Agriculture* (Washington, 1937); cf. Donald Blaisdell: *Government and Agriculture* (New York, 1940)。

37. Wiest, op.cit., pp.31 ff., esp. p.35; on the evolution of the Department's structure and functions see Gaus and Wolcott, op.cit., chapters i-v.

38. Griswold, op.cit., p.150.

39. For a discussion of the implications of this concept see John D. Black:

Parity, Parity, Parity (Cambridge, 1942), and for its history chapter v of that work.

40. Griswold, op.cit., p.157; cf. Black, op.cit., chapters iv, xviii, and passim.

41. 在经济发展领域，我们看到了一个较大的工业部门与一个较小的农业部门的并存，这实际上对农民阶级有利。城市部门占据较大比例，这使得它能够更有效地通过补贴来吸引上层农民群体，而反过来如果农民人数更多而城市人口更少，则不可行。这便是加拿大西部的农民相比美国农民表现得更激进的原因之一。Seymour M. Lipset: *Agrarian Socialism* (Berkeley, 1950) 一书提供了具有启发性的比较。

42. La Wanda F. Cox: "The American Agricultural Wage Earner, 1865–1900," *Agricultural History*, Vol. XXII (April 1948), p.100.

43. Johnstone; "Old Ideals versus New Ideas," pp.147–152.

44. Joseph Schafer: *The Social History of American Agriculture* (New York, 1936), pp.199–200.

45. 现代农业中商业雇主与雇工之间关系的演变，并未阻碍人们通过农耕神话来描绘农业生活的尝试。1939 年，一位国会议员如此描述农场的劳动雇佣关系："在传统农业界，农场主的生活习俗与工业界截然不同。农场主与农场工人不仅每日紧密合作，往往还会共同进餐，他们的子女在同一所学校接受教育，家庭成员因共同的信仰一起参与宗教活动；他们共同讨论社会、经济和政治生活中的问题，作为一个劳动共同体，农场主及其家人齐心协力工作。农场主和工人必须携手应对共同的挑战，这种紧密的联合在工业界找不到，它比任何法律更能有效地解决劳资冲突。" Harry Schwartz: *Seasonal Farm Labor in the United States* (NewYork, 1945), p.4.

46. Ibid., p.152; cf. Saloutos and Hicks, op.cit., pp.258–261.

47. See the table in McConnell, op.cit., p.149, 它揭示了在所有农场组织，包括更为"激进"的农场主协会中，成员由经济地位（也在较小程度上由社会地位）高的农民主导，那些经济地位较低的农民在所有这些组织中都无足轻重。

48. 农场主协会在进行与其他现代农场组织类似的商业化项目的同时，也继续表达民粹主义情绪，支持自由主义措施。对其活动的概述可见 Carl C. Taylor: *The farmers' Movement, 1620-1920* (New York, 1953), chapter xiv。

49. For this story see McConnell, op.cit., chapters viii, ix, x.

50. McConnell, op.cit., pp.29-33 对商业界运动做了精彩总结。关于当时示威活动，请参考 Joseph C. Bailey: *Seaman A. Knapp* (New York, 1945), chapters ix-xii。

51. Saloutos and Hicks, op.cit., p.56.

52. Johnstone, op.cit., pp.143, 145.

53. Ibid., p.145. Cf. Everett, op.cit., p.42: "What the farmer wants to produce is not crops, but money."

54. Saloutos and Hicks, op.cit., p.114; cf. pp.113-115.

55. Orville M. Kile: *The Farm Bureau Movement* (New York, 1921), p.123.

56. Saloutos and Hicks, op.cit., p.273; for an account of the chief farm organizations, see DeWitt C. Wing: "Trends in National Farm Organizations," *Farmers in a Changing World*, pp.941-979. 值得补充的是，农业合作社的领导人的待遇并不如那些杰出的国家级游说者般优渥。

57. 另外，肖托夸运动是自 19 世纪 80 年代以来在农村地区蓬勃发展的一种文化和教育活动，但随着农民阶级在 20 世纪 20 年代中期越来越少地与外界隔离，该运动迅速衰落。See Victoria Case and Robert Ormond Case: *We Called It Culture* (New York, 1948), and Henry F. Pringle: "Chautauqua in the Jazz Age," *American Mercury*, Vol. XVI (January 1929), pp.85-93.

58. 这个系列始于 Freeman Tilden's article: "What a Farmer Really Looks Like," *Country Gentleman*, Vol. LXXXVI (July 2, 1921), pp.6-7，随后是连续几期直至 1921 年 12 月 17 日的漫画，美国社会的研究者能够从这些漫画中找到一个有趣的案例，显示出刻板印象制造者的自觉性和有意识的选择。虽然漫画家们意图摒弃农民的传统刻板形象，但他们尚未能创造新的刻板印象。他们的文字评论明确显示了一个旧观念仍被广泛接受：农民实质上是宇宙的道德中心。

59. Johnstone, op.cit., p.162; William M. Blair in *New York Times*, December 16, 1951.

60. For both quotations, Johnstone, op.cit., pp.134, 162.

第四章　地位革命与进步党领袖

1. *Autobiography*, pp.482–483.

2. Quoted by Kenneth Hechler: *Insurgency* (New York, 1940), pp.21–22.

3. *The Education of Henry Adams* (New York, Modern Library ed., 1931), p.32; cf. Tocqueville: *Democracy in America* (New York, 1912), Vol.I, pp.40–41.

4. Sidney Ratner: *American Taxation* (New York, 1942), pp.136, 275.

5. Thomas G. Shearman: "The Coming Billionaire," *Forum,* Vol. X (January 1891), pp.546–557; cf. the same author's "The Owners of the United States," ibid., Vol. VIII (November 1889), pp.262–273.

6. Ratner, op.cit., p.220. Ratner 发表了《论坛》杂志的相关榜单，随后在1902年,《纽约世界年鉴》(*World Almanac*)编制了一份更新的名单，并在《美国巨额财富史新论》(*New Light on the History of Great American Fortunes*)一书中加入了一篇富有洞见的前言（纽约，1953年）。《论坛》杂志的榜单主旨在于向反关税政策者展示，大部分巨额财富实际上源于未受关税保护的企业。有关《论坛》杂志榜单的分析详见 G. P.Watkins: "The Growth of Large Fortunes," *Publications of the American Economic Association*, third series, Vol. VIII (1907), pp.141–147。出于对财富集中的警惕，美国社会第一次对国家财富和收入进行了相关研究。对于这些研究的回顾可参看 C. L. Merwin: "American Studies of the Distribution of Wealth and Income by Size," in *Studies in Incomeand Wealth*, Vol. III (New York, 1939), pp.3–84。

7. 在美国的西部和南部，民众对铁路或工业公司的不作为抱有较多的怨恨情绪。在现代社会中，这种地区特有的怨恨，相较于进步时代的类似情绪，对社会造成了更大的伤害，且更缺乏建设性。西摩·M. 利普塞特（Seymour M. Lipset）和莱因哈德·本迪克斯（Reinhard Bendix）曾提出，在依赖全国性大公司的美国小城市中，当地上层阶级的地位仅限于其所在的社区。他们对自己的经济弱势地位和失去对外界的影响力感到不满。美国的小企业家和商人正处于大工会和大企业的夹缝中，感到受到威胁。这种地方性优势与经济实力的下降，为反对大企业和大工会主义的意识形态提供了丰富的养分。"Social Status and Social Structure,"

British Journal of Sociology, Vol. II (June 1951), p.233.

8. 地位革命的时代不仅是社会动荡的时代，也是爱国主义情绪浓厚、社会建设活跃的时代，这一点在当时具有极其重要的意义。在 1783 年至 1900 年，共有 105 项爱国命令被颁布，其中 34 项在 1870 年之前实施，其余 71 项在 1870 年至 1900 年陆续推出。在美国，爱国主义的表达往往与个人或家族在国内的血统地位和居住历史紧密相关，这通常意味着家庭成员需要参与到全国性的事件中，如美国独立战争。地位革命期间，爱国主义和宗谱学会的兴起反映了许多社会地位正下滑的传统美国家庭可能通过回顾家族往日荣光来寻找心理上的补偿。值得注意的是，很多这样的群体是在 19 世纪 90 年代民族主义高涨期间形成的，这可能与他们的社会地位变化有着微妙的心理联系。请注意西奥多·罗斯福等对富裕阶层缺乏爱国主义精神的批评，以及对激进民族主义的蔑视。关于爱国组织的成立，见 Wallace E. Davies: *A History of American Veterans' and Hereditary Patriotic Societies, 1783-1900,* unpublished doctoral dissertation, Harvard University, 1944,Vol. II, pp.441 ff。

9. 其中著名的有小查尔斯·F. 亚当斯、爱德华·阿特金森（Edward Atkinson）、摩尔菲尔德·斯托里（Moorfield Storey）、莱弗里特·索顿斯托尔（Leverett Saltonstall）、威廉·埃弗雷特（William Everett）、乔赛亚·昆西（Josiah Quincy）、托马斯·温特沃斯·希金森（Thomas Wentworth Higginson）。

10. See William Miller: "American Historians and the Business Elite," *Journal of Economic History*, Vol. IX (November1949), pp.184–208; "The Recruitment of the American Business Elite," *Quarterly Journal of Economics*, Vol. LXIV(May 1950), pp.242–253, C. Wright Mills: "The American Business Elite: a Collective Portrait," *Journal of Economic History*, Vol. V (Supplemental issue, 1945), pp.20–44. Frances W. Gregory and Irene D. Neu: "The American Industrial Elite in the 1870's," in William Miller, ed.: *Men in Business* (Cambridge, 1952), pp.193–211.

11. Henry Demarest Lloyd: *Wealth against Commonwealth* (New York, 1894, ed. 1899), pp.510–511; italics added. 关于其他作者对富豪统治的经典论述，请参考劳埃德（Lloyd）文章中所引用的长文："Plutocracy," in W. D.

P.Bliss, ed.: *Encyclopedia of Social Reform* (New York, 1897), pp.1012–1116.

12. 要深入理解该学派的理论观点，请参考 Alan P. Grimes: *The Political Liberalism of the New York Nation,1865-1932* (Chapel Hill, 1953), chapter ii。

13. *The American Commonwealth,* Vol. II, p.45，参阅第 45–50 页，简要了解中立派。

14. *Grimes*, op.cit., chapter iii.

15. George Mowry: *Theodore Roosevelt and the Progressive Movement* (Madison, 1946), p.10.

16. Alfred D. Chandler, Jr.: "The Origins of Progressive Leadership," in Elting Morison, ed.: *The Letters of Theodore Roosevelt*, Vol. VIII (Cambridge, 1954), pp.1462–1465. Chandler 分析了 260 位领导人，发现他们的具体职业类型分布如下：商业界人士 95 人；律师 75 人；报纸编辑 36 人；以及其他专业人士 55 人，包括大学教授、作家、社会工作者等。Chandler 还观察到明显的地域差异。在东北部和老西北部的城市中，知识分子和专业人士扮演了重要角色；而商业领袖则多为那些经营传统企业的人士。相对而言，在美国南部，一批充满活力的新兴商业人士加入了社会精英行列。在西部和农村地区，报纸编辑和律师在政党领导层中占据主导地位，而商业人士通常来自较小规模的企业，如牲畜养殖、房地产、木材、出版和小型制造业等。

17. George Mowry: *The California Progressives* (Berkeley, 1951), pp.88–99。请参阅第 4 章，该章节详细介绍了 47 位进步派领导人的背景和观点，内容极具启发性。其中，四分之三的领导人接受过高等教育，包括 17 名律师、14 名记者、11 名独立商人及房地产经营者、3 名医生以及 3 名银行家。莫里指出，在这一群体的意识形态中，他们主要反对那些"被庞大企业所代表的、非个性化的、集中化的、所谓的特权财产"。他们"回望过去的美国，试图在政治、经济和社会生活的各个层面上，重新寻找并强调过去时代的个人主义价值观"。Ibid., p.89.

18. Walter Weyl: *The New Democracy* (New York, 1914), pp.242–243.

19. Ibid., pp.244–248.

20. Henry F. May: *Protestant Churches and Industrial America* (New York, 1949), p.91.

21. Ibid., pp.202-203.

22. 纽约市圣乔治教堂（圣公会）的牧师 W. S. 雷恩斯福德（W. S. Rainsford）和教区长之一的 J. 皮尔庞特·摩根（J. Pierpont Morgan）之间的争论，提供了一个有趣的案例，尽管它并不代表普遍情况。See Rainsford: *Story of a Varied Life* (Garden City, 1924), p.281.

23. 在 1860 年，麦格拉斯（McGrath）伯爵的私人机构董事会中有 39% 是神职人员；到了 1930 年，这一比例降至 7%。McGrath: "The Control of Higher Education in America," *Educational Record*, Vol. XVII (April1936), pp.259-272。在进步时代，神职人员也开始被学院和大学中的世俗人士所取代。

24. 1918 年发表在 *Literary Digest* 上的一项调查显示，在美国的 17 万名牧师中，仅有 1671 名牧师的收入超过 3000 美元，从而需要纳税。到了 1920 年，一项全球范围内的教会间运动调查揭示，牧师教区的平均年收入仅为 937 美元。《基督教倡导者》杂志 1920 年 7 月 22 日，第 XCV 卷，第 985 页上的报道指出，牧师们清楚地意识到，他们的薪水甚至低于许多技术工人，特别是泥瓦匠、水管工、泥灰工和砖瓦匠的工资。关于牧师薪酬的进一步描述，可以参考 *Homiletic Review*, Vol. LXXXVI (December 1923), p.437; Vol.LXXXVII (January 1924), p.9。

25. May, op.cit., chapter iv, "The Social Gospel and American Progressivism."

26. Cf. Joseph Greenbaum and Leonard I. Pearlin: "Vertical Mobility and Prejudice," in Reinhard Bendix and SeymourM, Lipset, eds.: *Class, Status and Power* (Glencoe, Illinois, 1953), pp.480-491; Bruno Bettelheim and Morris Janowitz: "Ethnic Tolerance: a Function of Personal and Social Control," *American Journal of Sociology*, Vol. IV (1949), pp.137-145.

建筑师提供了一个堪比教授的有趣案例。再清楚不过的是，在世纪之交前，这个职业的标准和地位已经有了很大的提高，然而我们发现其中一位资深成员在 1902 年抱怨说，当他还是个孩子的时候，"建筑师是个人物……他与法官、首席律师、杰出的医生平起平坐——在社会等级上比只是有几个臭钱的商人或经纪人高几个档次。" F. W. Fitzpatrick: "The Architects," *Inland Architect*, Vol. XXXIX (June 1902), pp. 38-9. 除了建筑师地位的上升和城市商业的发展使他接触到让他自惭形秽的富豪阶层这一事实，还有什么能解释这种错误的职业地位下降的意识呢？他不快乐，不是因为他实际上失去了什么，而是因为他用来衡量自己地位的"参照组"不同了。当然，也有基于职业考虑与客户疏离的因素。See Fitzpatrick: "Architect's Responsibilities," ibid., Vol. L (October 1907), p. 41.

27. Richard Hofstadter and Walter P. Metzger: *The Development of Academic Freedom in the United States* (New York, 1955), esp. chapters v, vi, ix.

28. 约翰·杜威在1902年哀叹道："老式的学院无疑是一个彻彻底底的民主国家。它选择教师，更多是因为他们明显的个人特征，而不是因为纯粹的学术成就。每个人都坚持自己的立场。""Academic Freedom," *Education Review*, Vol. XXIII (January 1902), p. 13.

这种对职业过去的理想化是这个职业兴起的产物。关于这种理想化的虚假性，请参见 Hofstadter and Metzger, op. cit., chapters v and vi, and passim。

29. Merlo Pusey: *Charles Evans Hughes* (New York, 1951), Vol. I, pp.95–104.

30. 请参看 Joseph Katz: *The American Legal Profession, 1890-1915*, 尚未发表的硕士论文，哥伦比亚大学，1953年，对这一时期的职业趋势分析提供了极为深刻的洞见。

31. "Corporate Monopoly in the Field of Law," 15 *Law Notes* (1911), p.22.

32. Lloyd W. Bowers: "The Lawyer Today," *38 American Law Review* (1904), pp.823, 829; italics added.

33. George W. Bristol: "The Passing of the Legal Profession," *22 Yale Law Journal (1912-13)*, p.590. 关于这一问题以及其他类似问题的相关讨论，请参阅 George F. Shelton: "Law as a Business," 10 *Yale Law Journal* (1900), pp.275–282; Robert Reat Platt: "The Decadence of Law as a Profession and Its Growth as a Business," *12 Yale Law Journal*(1903), pp.441–445; Newman W. Hoyles: "The Bar and Its Modern Development," *3 Canadian Law Review* (1904), pp.361–366; Henry Wynans Jessup: "The Professional Relations of the Lawyer to the Client, to the Court, and to the Community," *5 Brief (1904)*, pp.145–168, 238–255, 335–345; Albert M. Kales: "The Economic Basis for a Society of

Advocates in the City of Chicago," *9 Illinois Law Review (1915)*, pp.478–88; Julius Henry Cohen: *The Law: Business or Profession?* (New York, 1916); John R. Dos Passos: *The American Lawyer* (New York, 1907); Willard Hurst: *The Growth of American Law: the Law Makers* (Boston, 1950), chapter xiii.

34. Quoted by Louis D. Brandeis: *Business—a Profession* (Boston, 1927), pp.333–334.

35. Ibid., p.337; cf. Woodrow Wilson: "The Lawyer and the Community," *North American Review*, Vol. CXCII(November 1910), pp.604–622. 布兰代斯对于律师在社会阶层中扮演中介角色的研究兴趣,可以与托克维尔对律师职业功能的精辟评论进行对比:托克维尔《美国的民主》,第1卷,第16章。

36. A. A. Berle: "Modern Legal Profession," in *Encyclopedia of the Social Sciences*.

37. Willard Hurst, op.cit., p.345;许多复杂的律师与客户之间的关系未做分析。有关律师与当事人之间的异化,请参阅 David Riesman: "Some Observations on Law and Psychology," *University of Chicago Law Review*, Vol. XIX (Autumn 1951), pp.33–34, and "Toward an Anthropological Science of Law and the Legal Profession," *American Journal of Sociology*, Vol. LVII (September 1951), pp.130–131.

38. Hurst, op.cit., p.369.

39. Ibid., p.369.

40. Henry L. Stimson and McGeorge Bundy: *On Active Service in Peace and War* (New York, 1948), p.17.斯廷森的背景提供了一个理解中立派道德准则的有趣视角。斯廷森的父亲来自纽约一个传统家庭,曾经是银行家和经纪人,积累了一定的财富后,他选择放弃商业活动,转而投身于学习和实践医学。他生活简朴,继续从事与慈善机构有关的医疗工作。Ibid., p.xvii.

41. 传统上对农民不满的强调,已经转移了对采取相关措施的企业的关注焦点。可参看 Lee Benson: *New York Merchants and Farmers in the Communications Revolution*,尚未发表的博士论文,康奈尔大学,1952年。

42. Clifford W. Patton: *The Battle for Municipal Reform (*Washington,

1940), chapter iv. William Howe Tolman: *Municipal Reform Movements in the United States* (New York, 1895), 对 70 多个相关组织做了启发性总结。

43. 1900 年前后该领域的立法进展可以比较伊丽莎白·布兰代斯对此主题的处理，John R. Commons, ed.: *History of Labor in the United States*, Vol. III (New York, 1935), pp.399ff。在 1900 年之前，美国各州立法机构主要关注的领域包括童工、女工以及雇主责任问题。

44. 例如，在东部城市的选区，民主党通常拥有较多支持者，在 1896 年，布莱恩的支持率不仅大幅低于之前的正常水平，而且也低于随后的水平。

45. Henry Blake Fuller: *With the Procession* (New York, 1895), p.245.

46. White: *Autobiography*, p.367.

47. 世纪之交时，由于代际观点的显著差异，家庭内部的冲突常常呈现出一种意识形态的特色。关于广受欢迎的进步主义小说家在其作品中对此主题的探讨，请参阅 Richard and Beatrice Hofstadter: "Winston Churchill: a Study in the PopularNovel," *American Quarterly*, Vol. II (Spring 1950), pp.12–28.

48. 可参看莫里的话："总体而言，这位加利福尼亚州的进步党领袖还很年轻，看起来不到 40 岁；到了 1910 年，最杰出的进步党成员的平均年龄为 38 岁。" *The California Progressives,* pp.87,313.

49. John Moody: *The Truth about the Trusts* (New York, 1904), p.486.

50. Henry R. Seager and Charles A. Gulick, Jr.: *Trust and Corporation Problems* (New York, 1929), pp.60–67.

51. Black: *Parity, Parity, Parity*, p.74.

52. Paul H. Douglas: *Real Wages in the United States, 1890-1926* (Boston, 1930), p.111.

53. Leo Wolman: *The Growth of Trade Unionism* (New York, 1924), p.33. 所有工会的成员数据均为估算值，其中不包括公司工会的成员。

54. 那些依赖固定工资的中产阶级失去了他们原有的社会地位，尤其是邮政员工以及大多数办公室职员、政府雇员和部长等。Harold U. Faulkner: *The Decline of Laissez Faire* (New York, 1951), p.252.

55. *The Public Papers of Woodrow Wilson*, Vol. II (New York, 1925),

p.462. 有关当代美国社会生活成本问题的讨论，请参阅 Frederic C. Howe: *The High Cost of Living* (New York, 1917).

56. Cf. Walter Weyl, op.cit., p.251："价格普涨已经开始对消费者产生影响，仿佛他们正遭受成百上千小麻烦的围攻。垄断的根本问题在于，它拥有伤害所有消费者群体的能力。"

57. Walter Lippmann: *Drift and Mastery* (New York, 1914), p.73; cf. pp.66–76.

58. Christine T. Herrick: "Concerning Race Suicide," *North American Review*, Vol. CLXXXIV (February 15, 1907), p.407. 在当时，养育一个大家庭并保持适当的生活水准被认为几乎是不可能的任务，特别是对于文员、牧师、新闻记者和作家这些群体而言，通货膨胀给他们带来了极大的困苦。

1907 年,《独立报》上刊登了一篇纽约妇女的文章，她宣称不得不外出工作以补充家庭收入。在细数家庭预算之后，她用一段直言不讳的话作为结尾："现在，各位统治我们的先生们，我们成了你们的'工资奴隶'……你们这些统治者，或许你们会用我们辛苦赚来的钱一起漂洋过海去欧洲享受，或在保险方面玩些花招，让我们找不到你们；你们可以继续像过去那样，不断提升我们的住房租金，抬高我们的生活成本，却不增加我们的工资；你们还可以拒绝为我们提供任何工作和收入的保障，让我们无法掌控自己的生活，更不用说为晚年做准备了。但有一件事是你们做不到的，那就是用我们的血汗钱去滋养你们的企业。""A Woman's Reason," *The Independent* (April 4, 1904), pp.780–784.

59. Alpheus T. Mason: *Brandeis* (New York, 1946), pp.91–2.

60. Hechler, op.cit., p.106.

61. Cf. Henry F. Pringle: *The Life and Times of William Howard Taft* (New York, 1939), Vol. I. chapter xxiv.

第五章　进步主义的冲动

1. 根据最近的人口普查定义，我将"城市"人口定义为那些居住在人口超过 2500 人的法定地区的人。农村人口从 2522.6 万减少至 497.3 万，而城市人口则从 621.6 万增长到了 4199.8 万。人口增长最为迅速的是那些人口 10 万或以上的大型城市。See *Historical Statistics of the United States*,

1789-1945 (Washington, 1949), pp.16, 25, 29.

2. Arthur M. Schlesinger: *The Rise of the City* (New York, 1933), p.64.

3. 现如今，城市改革家 Frederic C. Howe 的作品仍然值得研究。可参看其作品 *The City: the Hope of Democracy* (NewYork, 1905); *The British City* (New York, 1907), esp. chapter xv; *European Cities at Work* (New York, 1913), esp. chapter xxi; and *The Modern City and Its Problems* (New York, 1915)。关于城市发展的相关研究，请参阅 Lewis Mumford: *The Culture of Cities* (New York, 1938).

4. In the chapter on municipal government he wrote for Bryce's *American Commonwealth*, Vol. I, p.652.

5. Ibid., p.637.

6. *Forum*, Vol. X (December 1890), p.25.

7. Josiah Strong: *The Twentieth Century City* (New York, 1898), p.181.

8. "受过教育的城市居民们说——我认为他们相信，当然也据此行事——是拥挤大城市中无知的外来者让市政政治变得如此恶劣。" Lincoln Steffens: *Autobiography* (New York, 1931), p.400.

9. See the charts in Frank Julian Warne: *The Immigrant Invasion* (New York, 1913), facing pp.118–119.

10. 见托马斯·贝利·奥尔德里奇（Thomas Bailey Aldrich）："吉卜林准确地描述了每个城市和城镇的政府……他描述纽约是'外来者所有，外来者统治，外来者享有的城市，偶尔会有平民的反抗！'" Ferris Greenslet: *Life of Thomas Bailey Aldrich* (New York, 1908), p. 169.

11. John Paul Bocock: "The Irish Conquest of Our Cities," *Forum*, Vol. XVII (April 1894), pp.186–195，其中列举了大量由爱尔兰少数族裔统治的城市。"费城、波士顿和纽约曾经由贵格会、清教徒和荷兰裔美国人来统治。自从爱尔兰裔美国人从市政政治的动荡中获得了财富和权力，现在政府治理得更好了吗？当然，那些过于谨慎而不愿与他竞争的人，应该是最后一个谴责他成功地获得了这些报酬的人。" Ibid., p. 195.

12. See John Higham: "Origins of Immigration Restriction, 1882–1897: a Social Analysis," *Mississippi Historical Review*,Vol. XXXIX (June 1952), pp.77–88; and Barbara Miller Solomon: "The Intellectual Background of the

Immigration Restriction Movement in New England," *New England Quarterly*, Vol. XXV (March 1952), pp.47–59. 关于历史学家的观点请参阅 Edward Saveth: *American Historians and European Immigrants* (New York, 1948).

13. 因此，在1912年的选举中，塔夫脱领导的共和党提出了一个模糊地限制移民的纲领，而进步党则强调了帮助、保护移民和使其美国化的必要性。民主党，既包括城市机器，也包括较为激进的农民，在这个问题上分歧最大，对此避而不谈。

14. 当然，移民之所以坚定地保持对自己民族的忠诚，一个原因是他无法忠诚于某个阶级——他被工会所排斥。这种对移民群体的态度加深了他的异己感。Arthur Mann's illuminating essay: "Gompers and the Irony of Racism," *Antioch Review* (Summer 1953), pp.203–214.

15. See, for instance, *Commons's Races and Immigrants in America*; cf. Higham. op.cit., pp.81, 85.

16. Edward A. Ross: *The Old World in the New* (New York, 1914), passim, esp. pp.219, 220, 226–227, 237, 272, 279–280, 286–287, 304, and chapters vii, ix, x. Cf. some of the nonsense about "race" in William Allen White's *The Old Order Changeth* (New York, 1910), pp.128–130, 197–199, 252, which, however, takes a more optimistic view of the future. Ross 的观点应该与社会党的种族主义、反移民派系的观点进行比较。Ira Kipnis: *The American Socialist Movement, 1897-1912*, pp.276–288. 1936年，Ross 出版了自传 (New York, 1936), chapter xxvii，否认了他早期作品中的一些种族主义言论。

17. Edward G. Hartmann: *The Movement to Americanize the Immigrant* (New York, 1948). 民粹主义者批评商业界对移民在美国社会中的地位漠不关心，这一指责并不完全准确。诸如北美移民公民联盟这样的组织，获得了商界相当一部分人的支持。这些商业人士希望让移民融入美国社会生活，从而远离可能的煽动者。

18. 关于移民反应的生动陈述，请参见 Bagdasar K. Baghdigian: *Americanism in Americanization* (Kansas City, Mo., 1921)。移民的反应在战争期间变得最直白，美国化倡导者震惊地意识到移民对原本民族的强烈忠诚，加速了美国化他们的努力。"移民绝不是愚蠢的，"一份移民报纸宣称，"他感觉到了美国人对他的傲慢态度，因此从不打开心扉。" Hartmann,

op. cit., p. 258.

19. 此处我引用了 Oscar Handlin: *The Uprooted* (Boston, 1951), chapter viii 关于移民在政治中的敏锐讨论。

20. 亨利·卡伯特·洛奇（Henry Cabot Lodge）抱怨，爱国主义，即对国家的忠诚是罗马传统，而忠诚于国家元首则是拜占庭传统。他说，东欧移民带来的是拜占庭式的遗产。Henry Cabot Lodge: "Immigration—a Review," in Philip David, ed.: *Immigration and Americanization* (Boston, 1920), p. 55. 政治老板的个人忠诚准则和改革者对公民理想的忠诚准则很难被调和，结果就是，当双方打交道时，会产生无法弥补的误解。因此，新泽西州的伍德罗·威尔逊和密苏里州的约瑟夫·福克（Joseph Folk）通过与政治老板达成协议，分别成为州长和司法部部长，但都反戈以对昔日的恩主，威尔逊在项目和赞助方面，福克在起诉腐败方面。对老板吉姆·史密斯（Jim Smith）和埃德·巴特勒（Ed Butler）来说，威尔逊和福克都是忘恩负义之徒。但在他们自己的心目中，他们作为改革者，将公民理想和公共承诺置于个人义务之上，是正义之举。

21. Ross 引用了一位新英格兰改革者的话："德国移民想要了解哪位候选人更适合担任总统，而在爱尔兰移民群体中，我却从未听到过这样的考量。他们通常会问：'谁支持这位候选人？''谁是他的后盾？'我曾多次召集爱尔兰人支持优秀的政府官员，但我从未提及任何细节，或是任何候选人的优势。我走近我的爱尔兰朋友们，呼吁：'为了我，做这件事吧！'" *The Old World in the New*, p.262.

随着时间的推移，新移民群体逐渐融入美国社会，他们开始反感爱尔兰人垄断政治权力的现象，并形成了自己的政治派别。爱尔兰老板们学会了如何与这些派系勾连。

22. William L. Riordan: *Plunkitt of Tammany Hall*, ed. by Roy V. Peel (New York, 1948), p.52. 该作品首次于 1905 年出版，详细记录了普伦基特的生活及其言论。将其基本假设与改革者的观点相比较，颇具启发性。

23. 我在文中提到的任何观点都不应被认为是在暗示，基于移民支持的城市机器是首个或唯一一个建立在个人经济利益基础上，并具有政治参与精神的机构。当然，19 世纪美国在地区利益争夺、相关的关税贸易和分赃程序中的行为，已经淡化了这种观点。此外，值得注意的是，这种政治传统主要由有着农村背景的盎格鲁－撒克逊政治家群体代表。政治机制应建立在高尚和无私服务的原则上这一理念，在19世纪末的中立派理想主义者中得到了复兴，而在进步时代，它逐渐成为一种广泛认同的信条，并吸引了更多追随者。作为进步时代的一个现象，我着重考察了企业管理者、国家结构、移民群体、改革者及个人主义，以及其中的盎格鲁－撒克逊情结和反感情绪。这不是因为我认为这是当时唯一的斗争，而是因为它代表了当时逐渐显现的重要政治情绪的潜流（有关它的后续发展，请参阅本书第七章第二节）。我们需要更多研究美国日益增长的政治组织类型，及其为维持组织机构而制定的忠诚准则。这类研究将包括至少5个主要变量，不仅涉及移民机器和改革运动，还包括持久的改革机器，19世纪中期的本地利益政治体系，以及18世纪中后期由相互关联的本地精英群体发展形成的政府模式。

24. John Lydenberg: *Premuckraking*，尚未发表的博士论文，哈佛大学，1946年。

25. S. S. McClure: *My Autobiography* (New York, 1914), p.245.

26. Alfred McClung Lee: *The Daily Newspaper in America* (New York, 1937), pp.716–717.

27. Ibid., pp.725–726.

28. See Helen MacGill Hughes: *News and the Human Interest Story* (Chicago, 1940).

29. 现代读者往往回避那些庸俗且略带伤感的新闻报道，尽管这类报道的明显目的可能是刺激公众情感来拉动销量，但其深层的作用实际上是帮助构建一种团结的城市精神，并对城市生活中的野蛮行为施加约束。美国的读者都会注意到，对于广泛报道的个人困境或灾难事件，社会往往会做出积极的响应。即便是像《纽约时报》这样的有影响力的主流媒体，也会利用公众的慷慨，通过记录城市中"数百个极端贫困案例"来为慈善机构筹集资金。依赖感伤情绪吸引同情的新闻文化虽令人遗憾，但在同一文化背景下，如果这种新闻无法引发共鸣，那就更加糟糕。

30. Frank Luther Mott: *American Journalism* (New York, 1947), p.385.

31. Ibid., pp.488–490.

32. "虽然编辑部可能正在撰写社论，高谈阔论人的价值、进步、性格、宗教、道德、家庭的神圣性、慈善等道德或宗教议题，但商业办公室和新闻室却毫不关心这些优秀的理论。在商业办公室里，一切皆是交易，除了成功，人们别无其他想法。在城市新闻室里，现实揭下了温情脉脉的面具，露出冷酷粗暴的一面，毫无掩饰……没有一个人是天生诚实的。慈善事业是一种针对他人的生意。道德主要只供公众消费。"Theodore Dreiser: *A Book about Myself* (New York, 1922), pp. 151–2. 因此，报纸本身就为道德和"现实"的渐进分离提供了一个模式。

33. S. S. McClure, op.cit., pp.237–278.

34. Ibid., p.238.

35. Ida Tarbell: *All in the Day's Work* (New York, 1939), pp.202ff.

36. Ibid., p.242.

37. Ibid., chapter xiv, pp.364ff.

38. Lincoln Steffens: *Autobiography*, p.364.

39. C. C. Fegier: *The Era of the Muckrakers* (Chapel Hill, 1932), p.130.

40. 关于扒粪行为衰落的相关解释，可参看 Louis Filler: *Crusaders for American Liberalism* (New York, 1939), chapter xxviii, and C. C. Fegier, op.cit., chapter xii。

41. Filler, op. cit., pp. 370–3. 扒粪行为衰落的整个主题值得进行全面的研究，不仅要关注商界的抵制，还要关注流行情绪、杂志本身的内部运作和促销方法等因素。后者参见 Walter A. Gaw: *Some Important Trends in the Development of Magazines in the United States as an Advertising Medium*，未发表的博士论文，纽约大学，1942 年。

42. 多数重要人物在他们的回忆录中均对这一事件避而不谈。其中最翔实的记述是 Ida Tarbell, op.cit., pp.256–257; cf. Steffens: *Autobiography*, pp.535–536.

43. Ray Stannard Baker: *American Chronicle* (New York, 1945), p.226.

44. Miss Tarbell 回忆说，《美国杂志》"几乎没有真正的扒粪精神……认为在劳资关系中有一些根本上健全和良好的东西，以及在许多地方已经远远超出了劳工或改革者的要求，这种想法是对旧问题的新攻击。" Op. cit., p. 281. 该组织的另一名成员威廉·艾伦·怀特 1906 年对编辑约翰·S. 菲利普斯（John S. Phillips）写道："在我看来，你面临的最大危险是你太有目的性了。民众期待看到的是苍白的脸、僵硬的嘴唇和情感上的疯狂。你应该愚弄他们，给他们一些像'猪就是猪'这样的东西。他们预期你将创造出一个'挑战禁忌的英雄'，而你应该给他们一种尖锐、滑稽的笑声……" Walter Johnson; *William Allen White's America* (New York, 1947), p. 159.

45. Robert Cantwell: "Journalism—the Magazines," in Harold E. Stearns, ed.: *America Now* (New York, 1938), p.347.

46. 关于这一代人在智力上所达成的成就，可参看 Morton G. White: *Social Thought in America* (New York, 1949), esp. chapter ii.

47. In his Introduction to J. Allen Smith: *Growth and Decadence of Constitutional Government* (New York, 1930), p.xi.

48. 我已在 "Beard and the Constitution," *American Quarterly*, Vol. II (Fall1950), pp.195–213 一文中详细地论述了这个问题。同类文章有 Howard K. Beale, ed.: *Charles A. Beard* (Lexington, Ky., 1954), pp.75–92。

49. Cf. the discussion of "Reality in America" by Lionel Trilling, in *The Liberal Imagination* (New York, 1950), pp.3–21.

50. Josiah Strong, op.cit., p.159.

51. 我不仅挑选了一篇来自《麦克卢尔》杂志的社论，还深入探索了该杂志在那个时代展现的整体内容。这是因为它准确反映了一般杂志读者的偏好，并且体现了扒粪运动的理念与情感。

52. "简而言之，只要信任问题是一个法律问题，人们可能会像总统一样感到，它在干净、稳定的手和忠诚、合法的头脑中是安全的。" L. A. Coolidge: "Attorney-General Knox, Lawyer," *McClure's*, Vol. XIX(September 1902), p.473.

"……民众的冷漠，导致他们不再坚持要求法律必须得到履行。" ibid., Vol. XXIV (December 1904), p.163.

"唯一的补救办法，就是严格执行所有的法律，一以贯之。" Ray Stannard Baker: "What Is a Lynching?" ibid. (February 1905), p.430.

"……未能坚守法律的基本原则……" Burton J. Hendrick: "Governor Hughes," ibid., Vol.XXX (April 1908), p.681.

"我希望看到所有的酒馆都被立法取缔……" ibid., Vol. XXXIII(August

1909), p.430.

"……我的主要建设性工作是致力于建立一套制度，来迫使民众改变他们旧有的习惯，甚至摒弃明显的利己行为，以实现真正的公正执法。" General Theodore A. Bingham: "The Organized Criminals of New York," ibid., Vol. XXXIV (November 1909), p.62.

这体现出那个时代高度复杂的思想与大众话语的偏离。因为当进步主义的道德家和劝诫者要求回归"法律"，将其视为一种闪耀的抽象概念时，像查尔斯·A. 比尔德、亚瑟·F. 本特利和弗兰克·G. 古德诺（Frank G. Goodnow）这样的学者试图表明，法律也是对政治压力的回应，它反映了阶级利益。

53. E.A.Ross 写了一本非常受欢迎的书 *Sin and Society* (Boston, 1907)，其核心目的在于展示新的生活条件如何孕育出新的道德准则。罪恶，即伤害他人的邪恶行为已经变成了公司的和非个人的。典型的错误不是来自侵略，而是来自背叛。它通常由那些在私人和私人关系中表现高尚的人所犯，因为现在的主要问题不是邪恶的冲动本身，而是道德上的麻木。现代的罪人看不到他们自己行为的结果，因为这些行为在时间和空间上都是遥远的。因此，在评价自己和别人的罪时，必须比以前更有想象力。除此之外，公司的董事应该对其公司犯下的每一个可预见的滥用行为负责。

54. 在福音派新教中，个人几乎被期望承担皈依和拯救自己灵魂的全部重任。就这个目标而言，他的教会提供给他的是一种劝勉的工具。相比之下，在天主教中，就像在其他一些教会中一样，教会本身的调解作用更加重要，个人的责任相对较轻。罗马天主教徒以忏悔和赎罪的形式提供了一种处理和精神上掌控罪行的机制。如果把这种差异转化为政治术语，人们就可以更好地理解进步主义的道德敌意。

55. Howe: *The Confessions of a Reformer*, p.17.

56. Ibid., p.3.

57. Ibid., p.8.

58. Theodore Roosevelt: "Reform through Social Work," *McClure's,* Vol. XVI (March 1901), p.454.

"归根结底，是选民们决定了纽约应该'开放'还是'关闭'。" Josiah Flynt: "In the World of Graft," ibid. (April 1901), p.576.

"简而言之，若我们渴望自治，那么就必须亲自付出努力。罗斯福总统在倡导广泛的道德观念上是对的，每个人都需要思考接下来自己应该采取什么行动。"Ray Stannard Baker: "The Trust's New Tool—the Labor Boss," ibid., Vol. XXII (November 1903), p.43. 可参照该作者的其他结论，我们都负有罪责，"谁能在不遵守法律的同时，还期望自己选出的代表去执行法律呢？"ibid., Vol. XXIII (May 1904), p.56.

"基督教公民可以通过在投票站为上帝投票来实现这一目标，换言之，就是投票支持那些得到上帝认可的候选人。"Anonymous: "Christian Citizenship," ibid., Vol. XXVI(November 1905), p.110.

59. William Allen White: *The Old Order Changeth*, p.30.

60. Lincoln Steffens: *The Shame of the Cities* (New York, 1904); the quotations are drawn, passim, from the introduction, pp, 4–26.

61. Ibid., p.25.

62. Ibid., p.24.

63. Ibid., p.140.

64. Jane Addams et al.: *Philanthropy and Social Progress* (New York, 1893), pp.1–26.

65. H. H. Boyesen: *Social Strugglers* (New York, 1893), pp.78, 83–84, 273. 在广受欢迎的进步主义小说家温斯顿·丘吉尔的创作中，内疚与愤怒、劳作与服务，以及物质满足与精神成长之间的激烈矛盾常常被作为突出的主题加以探讨。丘吉尔把整个改革运动描绘为"一代人的商业实践所孕育的一代人的理想"。请参阅 Richard and Beatrice Hofstadter: "Winston Churchill: a Study in the Popular Novel," passim。

66. "作为一名工人，布莱尔·卡哈特（Blair Carrhart）走进了钢铁工厂，这使他能更深入地理解那些他希望帮助的人……与他一起，我们经历了一种充满危险、挣扎和苦难的生活。"A review of I. K. Friedman's By Bread Alone, *McClure's,* Vol. XVII (September 1901), pp.502–503.

"她接受过高等教育，拥有丰富的社会经验，像许多同样背景的美国女性一样，充满了无尽的活力，不愿仅仅作为一个被动的观察者。"Lewis E. MacBrayne: "The Promised Land," ibid., Vol. XX (November 1902), p.66.

"如果我们阅读的文字不是让我们充满难以形容的耻辱，我们就会被这种坦诚、强烈和充满热情的风格所吸引,这是一种比娱乐更有价值的东西。"每个人对林肯·史蒂芬斯作品的回顾,载于 *McClure's,* Vol. XXIII (November 1904), p.111。最后那句话的意义不应被忽略。

"我们对真正的公民道德视而不见,正如宗教裁判所的西班牙人对基督教的道德视而不见一样。"William Allen White: "Roosevelt: a Force for Righteousness," ibid., Vol. XXVIII (January 1907), p.388.

"……用金钱买来的政府、用金钱购得的教会和学校,无疑源自我们内心的商业恶意,就像排列在旷野中的金牛犊是以色列人的神。"Ibid., p.394.

另请参阅 Rudolph Cronau: "A Continent Despoiled," ibid., Vol. XXXII (April 1909),其中谈及"是对我们国家所犯下的严重罪行的无可辩驳的证据"(p.639)。

67. *McClure's,* Vol. XXIII (June 1904), pp.167–168. 该作者在 1906 年 12 月发表了一首充满情感的诗歌,名为《致俄罗斯的问候》(*A Salutation to Russia*),采用了惠特曼式的诗风,开篇是:"你们,这数百万的人啊,拥挤在烟雾缭绕的茅屋门前……"这首诗可与她在 1910 年 6 月发表的另一首诗《双手》(*Hands*)相对比:

哦,伟大的劳动者之手,

刻印着岁月与技艺的烙印……

我尊敬劳动之手,

我愿跪下亲吻这双手。

68. *The Old Order Changeth*, p.29.

69. *McClure's, Vol.* XXVI (December 1905), p.223. 伯顿·J.亨德里克(Burton J. Hendrick)认为现在就评价休斯在州长任上改革的长远影响还为时尚早,但很明显,"他永久地提升了自己公职领域的影响力,为继任者树立了新的理想,向立法者传达了新的责任意识,同时极大地提升了公共生活的基调和效率。""Governor Hughes," ibid., Vol. XXX (April 1908), p.681 (italics added).

70. Cf. Miss Tarbell's "John D. Rockefeller; a Character Study," ibid., Vol. XXV (July–August 1905).

71. George Kennan: "Criminal Government and the Private Citizen,"

ibid., Vol. XXX (November 1907), p.71. 此处的乔治·凯南（George Kennan, 1845—1924），身份为探险家和记者，要避免与他的侄子外交家乔治·F. 凯南（George F. Kennan）相混淆。可参考本·林赛（Ben Lindsey）法官的观点：无法无天的行径和腐败的行为所带来的最严重后果并非物质损失，而是道德层面的损害。"社会问题和困境的根本原因在于一种自私的心态，这在美国社会尤为常见，人们往往将金钱视为比真正的男子汉气概还要重要。任何建立在这种不公正信念之上的企业，都不会永远成功。" Ibid. (January 1908), p.386. 相较之下，布兰代斯在其著名作品《商业———一种职业》中，提出了一种对商业及其职业行为的理想化看法。文章指出，"商业上的成功必须与单纯的赚钱行为加以区别，这样才能获得完全不同的价值含义"，同时强调，商业的乐趣决不应仅仅来源于获得金钱、行使权力或简单的胜利所带来的平庸满足感。*Business—a Profession* (Boston, 1944), pp.3, 5；最初写于1912年。

72. William Allen White: "Roosevelt, a Force for Righteousness," ibid., Vol. XXVIII (January 1907), p.393.

第六章　与组织的斗争

1. 关于这种参与的历史根源，请参阅 Stanley Elkins and Eric McKitrick: "A Meaning for Turner's Frontier, Part I: Democracy in the Old Northwest," *Political Science Quarterly*, Vol. LXIX(September 1954), pp.321-353。

2. Howells: *A Traveler from Altruria* (Edinburgh, 1894), p.164.

3. Ray Stannard Baker: "Capital and Labor Hunt Together," *McClure's*, Vol. XXI (September 1903), p.463; cf. theremarks of Mr. Dooley [Finley Peter Dunne]: *Dissertations by Mr. Dooley* (New York, 1906), p.64.

4. 新中产阶级的比例从1870年的33%上升至1910年的63%，这一数据是根据 Lewis Corey 的计算方法得出的。"The Middle Class," *Antioch Review* (Spring 1945), based upon *Population:Comparative Occupational Statistics for the United States, 1870 to 1940*, published by the United States Bureau of the Census。关于当下对新中产阶级的批判性看法，请参阅 C. Wright Mills: *White Collar* (New York, 1951).

5. Leo Lowenthal 在 "Biographies in Popular Magazines," in Paul

F.Lazarsfeld and Frank Stanton, eds.: *Radio Research 1942-1943* (New York, 1944), pp.507-548 中提出，职业抱负的减弱，以及越来越多地从消费者的角度追求舒适和解读生活，构成了他个人研究的核心主题。

6. 丹尼尔·贝尔（Daniel Bell）指出，*International Socialist Review*（美国社会主义的主要期刊）专栏中充斥着各种吸引人的广告，教导读者"通过诚实的投资活动，使你的资金翻倍甚至三倍"，或是通过销售奶油分离器每月赚取 300 美元。社会主义者似乎对房地产销售和金矿股票情有独钟。Daniel Bell: "Marxian Socialism in the United States," in Donald Drew Egbert and Stow Persons, eds.: *Socialism and American Life* (Princeton, 1952), Vol. I,pp.298-299. 关于美国社会主义的中产阶级特征，可参看 David A. Shannon: "The Socialist Party beforethe First World War," *Mississippi Valley Historical Review*, Vol. XXXVIII (September 1951), pp.279-288。

7. A. A. Berle and G. Means, ed.: *The Modern Corporation and Private Property* (New York, 1947), p.56.

8. Shepard B. Clough: *A Century of Life Insurance* (New York, 1946), pp.3, 6.

9. Ibid., pp.128-130.

10. Ibid., chapter xii; Marquis James: *The Metropolitan Life* (New York, 1947), chapters viii and ix; Merlo J. Pusey: *Charless Evans Hughes* (New York, 1951), Vol. I, chapter xv; and Douglass North: "Capital Accumulation in Life Insurance between the Civil War and the Investigation of 1905," in William Miller, ed.: *Men in Business* (Cambridge, 1952), pp.238-53.

11. Louis D. Brandeis: *Other People's Money* (1914; ed., National Home Library Foundation, 1932), pp.12-13.

12. Woodrow Wilson: "The Lawyer and the Community," *North American Review*, Vol. CXCII (November 1910), pp.612, 617-618.

13. Brandeis, op.cit., p.41.

14. 格罗斯卡普是麦金利时代的共和党人，同时也是一位杰出的法学家。他是 1894 年针对德布斯和其他美国铁路工会官员发出禁令的两位法官之一，并且是在普尔曼大罢工期间呼吁克利夫兰总统动用军队的关键人物。此外，格罗斯卡普还担任巡回上诉法院的主审法官，他驳回了地方法官肯尼索·芒廷·兰迪斯（Kenesaw Mountain Landis）以收取回扣为由对标准石油公司处以的 2924 万美元罚款。

15. Peter S. Grosscup: "How to Save the Corporation," *McClure's*, Vol. XXIV (February 1905), pp.443–448.

16. Wilson: *The New Freedom* (New York, 1913), pp.14–15, 30.

17. Ibid., pp.3, 5, 6, 15–18, 82, 85, 86–87.

18. Ibid., pp.14–19.

19. Ibid., pp.18–19.

20. Arthur S. Link: *Wilson: the Road to the White House* (Princeton, 1947), p. 514. 当人们发现,"自由企业"是所有其他自由主义的基石这一理念,已经成为保守派的战斗口号,以及美国制造商协会的最高口号,就能认识到,为何许多在第一次世界大战前的热心的进步党人,在过去的二十年变成了坚定的保守派,却丝毫没有意识到自身立场的前后不一。的确,他们也曾以非常坚定的态度坚持同样的思想;历史本身是前后矛盾的,整个世界也发生了变化。

21. The phrase is Wilson's: *The New Freedom*, p.187.

22. Ibid., pp.20, 22, 62, 114, 125–126, and chapter vi *passim*.

23. Charles William Eliot: *American Contributions to Civilization* (New York, 1907), pp.85–86. 艾略特并不像一些后来的进步党人那样对公司权力抱有恐惧,但他观察到:"公司的活动,无论其大小,都已深入渗透至工业和社会的每个角落。它们在日常运营中所展示的精神和道德影响力,甚至超过了(美洲)大陆上所有政府力量的总和。" Cf. the remarks of Wilson: *The New Freedom*, pp.187–188.

24. *Congressional Record*, 60th Cong., 1st Sess., March 17, 1908, p.3450.

25. Brandeis: *Other People's Money*, pp. 22–3.

26. Wilson: *The New Freedom*, p.286.

27. 熟悉西奥多·罗斯福著作的人会发现,西奥多·罗斯福的作品和言论充满了对改革热情的强烈支持。"这就是我对这个问题的全面看法,归根到底,关键是要根据个人的功过来对待他们,无论是富人还是穷人。要让他们知道,在以白宫为中心的国家财富分配中,所有有声望的公民都将得到公平而平等的对待。" *The Letters of Theodore Roosevelt*, ed. by Elting R.Morison, Vol.IV (Cambridge, 1951), p.880. "北方证券公司的行为保证了国家范围内富人和穷人在法律面前享有平等的权利,而我在所谓的米勒案中,向工会传达了一个公司之前所学到的教训:当他们的行为是正当的,我自然会支持他们;但当他们行为过分时,我也会毫不手软地给予纠正。"Ibid., p.993. "同时,我也希望劳工阶级明白,我对他们的暴力行为和无法无天持批评态度,正如我曾对富人群体的傲慢和贪婪所做的那样,我将迅速采取措施反击。"Ibid., Vol. III, p.482. 在西奥多·罗斯福的公开和私人著作中,可以找到许多类似的观点。为了深入理解罗斯福总统的特点,需要仔细分析这些言论。可参看 John Morton Blum: *The Republican Roosevelt* (Cambridge, 1954)。

28. 罗斯福和他的朋友、参议员亨利·卡伯特·洛奇对于当时行为的特点有着深刻的认识。在煤炭危机日益严重的背景下,洛奇在给总统的信中提道:"当然,你没有相应的权力或势力……那么,我们能做什么呢?" Henry Cabot Lodge, ed.: *Selections from the Correspondence of Theodore Roosevelt and Henry CabotLodge, 1884-1918* (New York, 1925), Vol. I, pp.528–532; italics added.

29. *The Letters of Theodore Roosevelt*, Vol. III, p.332.

30. 可参看西奥多·罗斯福对两人的诚挚感谢信,ibid., pp.353, 354。整个情节极具启发性,均可以在西奥多·罗斯福的信件中找到解释说明,ibid., pp.323–366.

31. Ibid., p.337; cf. pp.329–330, 336, 338, 340–341, 349, 357, 360, 362–363.

32. Ibid., Vol. IV, p.886. *Works,* Memorial Edition (New York, 1923–6), Vol. XIX, p.448; cf. *Outlook*, Vol. CII (September 21, 1912), p.105.

33. *The Letters of Theodore Roosevelt*, Vol. V, pp. 183–4. 不必说,罗斯福多虑了。他提到的作家们为了争取公众支持所做的远非创造"革命的感觉"。六年后,罗斯福本人建立了一种"革命的感觉",就像世界主义者等所创造的一样具有威胁性。

34. 在进步时代,社会主义情绪的增长对保守政治家的影响比通常认为的要大。这种趋势让像西奥多·罗斯福这样的政治人物更加坚信,从长远来看,他所提倡的温和渐进式的改革是迫切需要的,以此来避免更为激烈的冲突。当然,在那个时代,那些充满热情的进步党人中很少有人对社会主义发展的可能性感到担忧。许多人认为,社会主义情绪仅仅是普通抗议活动的另一种表现,而不是对建立社会主义社会的真正兴趣。Cf. Wilson: *The New Freedom*, pp.26-27. 对社会主义猜测的普遍兴趣可以从对社会主义扒粪者和相关人员的关注中得到证明,这些人包括根特、罗伯特·亨特(Robert Hunter)、杰克·伦敦、古斯塔夫斯·迈尔斯、阿尔吉·西蒙斯(Algie Simmons)、厄普顿·辛克莱、约翰·斯帕戈(John Spargo)和威廉·英格什·沃林。尤金·德布斯在总统选举中的得票数从1900年的94 000票增长到随后的402 000票和42万票,再到1912年的897 000票,这是社会党候选人历史上获得的最高票数和最大百分比(近6%)。尽管选民普遍认为社会主义者进入国会或州议会的机会极小,但他们经常被选派进入市政职位,主要是作为对地方政治腐败的抗议。截至1912年5月,共有1039名社会党成员当选公职,其中包括56名市长、160名市议会议员和145名镇议会议员。社会主义出版物也呈现出蓬勃发展的态势,拥有8份外语日报、5份英文日报、262份英文周报以及36份外语周报。J. A. 韦兰(J. A. Wayland)的社会主义周刊《诉诸理性》(*Appeal to Reason*)在堪萨斯州出版,发行量达到50万份。关于社会主义的政治成功,可以参看 R. F. Hoxie: "The Rising Tide of Socialism," *Journal of Political Economy*, Vol. XIX (October 1911), pp.609-631, and Daniel Bell: "Marxian Socialism in the United States," pp.259, 283-284, and passim。

35. 关于旧金山的情况,请参阅 Walton Bean: *Boss Reuf's San Francisco* (Berkeley,1952) 的精彩描述; George Mowry: *The California Piogressives,* p.295 指出了洛杉矶在劳工斗争时期类似的发展趋势。

36. 这项立法在 John R. Commons, ed.: *History of Labor in the United States*, Vol. III (New York,1935) 中作了总结。

37. On this movement see Cochran and Miller: *The Age of Enterprise,* pp.243-248, and Commons, op.cit., Vol. III, section III.

38. See the comments on this movement in W. J. Ghent: *Our Benevolent Feudalism*, pp.59-66.

39. L. A. Coolidge: *An Old-fashioned Senator: Orville H. Platt* (New York, 1910), p.444.

40. 塔夫脱在任内发起的反垄断诉讼数量确实是罗斯福时期的两倍,

然而，由于他在公众形象和表达上缺乏罗斯福那种戏剧性的天赋，塔夫脱并没有被广泛认为是一位反垄断主义者。这种现象反映了那个时代对于政治人物公众形象和言行举止戏剧化表现的重视。

41. *Works,* Memorial Edition (New York, 1923–6), Vol. XIX, p.401；这是他在 1912 年进步党全国大会上的演讲。

42. *Presidential Addresses and State Papers* (New York, 1910), Vol. I, p.139；这是 1902 年 9 月 2 日在马萨诸塞州菲奇堡的一次演讲。

43. John Morton Blum: *The Republican Roosevelt*, p.110; for a more elaborate statement of this argument, see Herbert Croly: *The Promise of American Life* (New York, 1909), esp. chapter xii.

44. *The Letters of Theodore Roesevelt*, Vol. III, pp.591–592, 680.

45. 乔治·莫里指出，罗斯福的家长式哲学涵盖了监管下的合并、劳动改革以及保护性关税，对城市的吸引力超过了对农村的吸引力，在全国 18 个最大城市中，他的支持率比全国平均水平高出 10%。*Theodore Roosevelt and the Progressive Movement*, p.280.

46. Quoted in William English Walling: *Progressivism and After* (New York, 1914), p.104.

47. *Autobiography*, pp.704–705.

48. *The New Freedom*, p.188.

49. Ibid., p.163; William Diamond: *The Economic Thought of Woodrow Wilson* (Baltimore, 1943), p.108.

50. See the discussion of "Monopoly or Opportunity," *The New Freedom*, chapter viii.

51. Ibid., p.180.

52. 在 1911 年法院运用"理性法则"，对美国烟草公司和标准石油公司反垄断诉讼案做出判决后，这一点就非常清楚了。在针对后一个案件的反对意见中，哈兰（Harlan）大法官宣称，最高法院"仅仅通过解释就修改了国会的立法，从而削弱了其作为对抗严重社会弊端的防御措施的实际效用"。这反映了反垄断改革者对这些判决的普遍看法。

53. 从 1938 年开始，在富兰克林·罗斯福领导下重新组建的反垄断机构，其目标并非对企业合并发起正面攻击，而是监管价格政策和竞争行为。它得到了大约 250 名律师和经济学家的支持。今天，美国证券交易委员会的运作需要超过 1200 名员工。Walton Hamilton and Irene Till: *Antitrust in Action, T.N.E.C. Monograph No. 16* (Washington, 1941), pp.23–26，对《谢尔曼反托拉斯法》未能严格执行做了概述；可参看 Walton Hamilton: *The Pattern of Competition* (New York, 1940), pp.58–82，关于执行的困难和限制；以及 Thurman Arnold: *The Bottlenecks of Business* (New York, 1940), esp. chapter viii。

54. Arthur S. Link: *Woodrow Wilson and the Progressive Era* (New York, 1954), pp.70–75.

55. Ibid., p.74.

56. Nicholas Roosevelt: *A Front Row Seat* (Norman, Oklahoma, 1953), p.53.

57. Matthew Josephson: *The President Makers* (New York, 1940)，深刻反映了进步政治的这一方面。

58. Arthur S. Link: *Woodrow Wilson and the Progressive Era,* pp.75–79.

59. Ibid., pp.79–80.

60. Thurman Arnold: *The Folklore of Capitalism* (New Haven, 1937), p.212; the thesis seems to have been foreshadowed by C. H. Van Hise: *Concentration and Control*, p.233.

61. Arnold, op.cit., pp.221, 228.

62. Franz Neumann: *Behemoth* (New York, 1942), pp.15–16.

63. Lipset and Bendix: "Social Status and Social Structure," passim.

64. White: *The Old Order Changeth*, pp.34, 36. 39, 47–53.

65. Ibid., p.39.

66. Ibid., p.121.

67. Ibid., pp.57, 60–63, 66, 71, 120.

68. Ibid., pp.132, 143; see chapter vi passim.

69. Link: *Wilson: the Road to the White House*, p.518.

70. *Dictionary of American Biography*, Vol. IV (New York, 1930), p. 597. 1923 年，参议员乔治·W. 诺里斯在为直接初选辩护时表达了这一观点："反对直接初选的最重要的反对意见之一是，它剥夺了党的责任，破坏了党的控制……政客、政治老板、公司和联合组织寻求特权和立法、行政官员的特殊支持，这一事实是敦促废除直接初选的首要原因。但是，我坦率地说，这种反对直接初选的意见恰是保留它的最佳理由之一。直接初选将降低党的责任，代之以个人责任。它确实减少了对政党的忠诚，并增加了对公职人员和普通公民的个人独立性。它剥夺了党的领导或政治老板的权力，并把控制党的责任推给了个人。它削弱了政党精神，减少了党派偏见。""Why I Believe in the Direct Primary," *Annals of the American Academy of Political and Social Science*, Vol. CVI (March 1923), p. 23.

71. See E. E. Schattschneider: *Party Government* (New York, 1942), pp.53–61.

72. Theodore Roosevelt: *Works, National Edition* (New York, 1926), Vol. XVI, pp.86–99.

73. Henry L. *Stimson and McGeorge Bundy*, op.cit., p.22.

74. Ibid., p.58; see the general argument of chapter iii, "Responsible Government," pp.56–81.

75. 引自 Austin F. Macdonald: *American City Government and Administration*, 3rd ed. (New York, 1941), p.279. 沃尔特·李普曼在1914年时提道："我最近阅读了一位大学教授的著作，他声称，短期内实行普选权将引发一场与废除奴隶制一样深远的革命。许多美国人相信，一部真正民主的宪法能够塑造出一个民主的国家。"*Drift and Mastery*, p.187. 此处，拉福莱特对直接初选的希望引自 *Autobiography*, pp.197–198。

76. A. Lawrence Lowell: *Public Opinion and Popular Government* (New York, 1913)，是当代对整个社会公共意志和代表机构问题的一个极佳的讨论；另见 Herbert Croly: *Progressive Democracy* (New York, 1914) 中的批判性反思。

77. Croly: *Progressive Democracy*, pp.213–214; see in general chapters x and xiii.

78. 如果社区的整体氛围与专制主义相契合，那就几乎不可能找到阻挡其发展的政治机制。一个明显的例子是新泽西州，它在1911年通过《沃尔什法案》(*Walsh Act*)，允许城市政府转变为委任制政府。这一法案在某些地区是有效的改革措施，但在新泽西州，弗兰克·黑格（Frank Hague）利用他作为公共安全专员的职权，即对警察和消防部门的控制，建立了臭名昭著的恶劣政权。Dayton D. McKean: *The Boss: the Hague Machine in Action* (Boston. 1940), pp.37–45.

79. Herbert Croly: *Progressive Democracy*, p.306.

80. 关于直接初选、短期投票、倡议公投、全民公决、决议罢免、委任政府、城市经理制度以及其他时代改革实践，存在大量的文献证据。对于这些主题的简要一般性评论，请参阅 William B. Munro: *The Government of American Cities*, 4th ed. (New York, 1933)。*Annals of the American Academy of Political and Social Sciences*, Vol. CVI (March 1933) 可找到一些政党对直接初选的冷静评估。Ralph S.Boots: *The Direct Primary in New Jersey* (New York, 1917), pp.262–276 中，在职政治家对直接初选的评论是不同寻常的。

其中一个更成功的改变是城市管理者计划，主要适用于小城市，它更尊重集中权力和专业知识的需要，而不是旨在实现直接的人民治理政府。然而，由于美国选民不愿看到他们的城市管理者（或其他管理者、政治领导人）拿到高薪，这个计划的价值也大为折损。On this see Thomas H. Reed: *Municipal Governments in the United States* (New York, 1934), chapter xiv.

81. 政治机器的类型和所谓的改革机器的性质需要历史学家和政治学家的研究。然而，参见 Robert S. Maxwell: "La Follette and the Progressive Machine in Wisconsin," *Indiana Magazine of History*, Vol. XLVIII (March 1952), pp. 55–70, 作者简要地分析了拉福莱特这个特殊实例："在罕见的情况下，当卓有成效的改革组织凝聚在一起，便发展出不亚于传统政治机器的政治智慧、领导技巧和纪律性。" Cf. George Mowry's remarks on Hiram Johnson's California machine: *The California Progressives*, pp. 138–9, 292. 纽约的菲奥雷洛·拉瓜迪亚（Fiorello La Guardia）政府提供了一个使用市政政治机器推动改革运动的例子。

第七章　从进步主义到罗斯福新政

1. 关于传教外交的优缺点的出色评价，可参看 Arthur S. Link: *Woodrow Wilson and the Progressive Era* (New York, 1954)，chapters iv, v。在下文的叙述中，我借鉴了 Robert Endicott Osgood: *Ideals and Self-interest in America's Foreign Relations* (Chicago, 1953) 对美国外交政策修辞的详细分析。也可参看 George F. Kennan: *American Diplomacy, 1900-1950* (Chicago,

1951), chapter iv。

2. William E. Leuchtenburg: "Progressivism and Imperialism: the Progressive Movement and American Foreign Policy, 1898–1916," *Mississippi Valley Historical Review,* Vol. XXXIX (December 1952), p.496. Leuchtenburg 指出，进步党人认为他们在国内政策上的理想主义和反物质主义并不矛盾，事实上，他们在外交政策上的好战态度和对美国使命的坚定信念相辅相成。

3. 尽管西奥多·罗斯福以"现实主义"自诩，在我看来，他的情况与其他领袖并无显著差异。他也是一个道德家，只不过威尔逊强调和平主义的道德考量，而西奥多·罗斯福则倡导达尔文主义的弱肉强食准则，谴责"懦弱""安逸舒适的生活""物质幸福的快乐"等，并在处理国际关系时，以一个妻子被扇耳光的男人的"胆怯"和类似的青少年行为来做比喻。他曾经写道："正义之战，是一场捍卫崇高理想的战争。对于一个民主国家的公民来说，适合在世界上发挥重要作用的唯一安全的座右铭是服务——在和平时通过工作和帮助来服务，在战争时通过不惜生命来服务。"Osgood, op. cit., p. 140. Osgood (ibid., p. 143) 得出结论："在美国加入一战前的两年多里，罗斯福对美国人民的呼吁是为了拯救文明和国家荣誉，而不是美国本身……1914 年之后，他发挥影响力并不是为了唤起对自我保护的必要性的现实评价。"

4. 这并非表明在美国参战前的讨论中，德国对美国的潜在入侵没有产生任何影响。实际上，关于德国入侵的幻想在当时的媒体报道中颇为普遍。Osgood, ibid., pp.132–133. 在 1915 年 5 月至 1916 年 2 月期间，*McClure's* 杂志刊登了两篇连载文章，描述了 1921 年德国对美国的一次假想入侵，标题分别为《征服美国》和《拯救国家》。最终，在总统遇刺后，西奥多·罗斯福、德裔美国人赫尔曼·里德（Herman Ridder）、威廉·詹宁斯·布赖恩和社会主义者查尔斯·爱德华·罗素携手领导美国人民进行了一场精神觉醒。在那个时代，许多关于备战的讨论都深受罗斯福主义的影响。Cf. Porter Emerson Browne, "We'll Dally 'round the Flag, Boys!" *McClure's,* Vol. XLIX (October 1916), p.81: "我们如今站立于世界之巅，成为最富有的国家。然而，我们也变得异常安于现状、体态臃肿，无论是在物质形态还是思维深度上。我们沉迷于物质的极致奢华，以至于精神逐渐变得松懈、怠惰，乃至懒惰，这种状态蚕食着我们的行动力，使我们几乎丧失了积极进取的能力。"

5. 丹尼尔·布尔斯廷（Daniel Boorstin）观察到，尽管美国社会在过去偶尔会表达出对输出代议民主制的期望，尤其是在 1848 年革命之后，但直到威尔逊的时代，美国作为一个整体才开始认真地期待做到这一点，更不用说美国人民有任何责任去保护它。确切地说，当时的普遍看法是美国的政治制度具有独特性，以至于欧洲国家无法照搬。正是威尔逊首次强烈呼吁美国人成为"世界公民"，并坚持认为他们所秉持的原则"不属于某个州或美洲大陆……而是整个解放了的人类世界的普世原则。"引自 "L' Europe vue par l' Amérique du Nord," in Pierre Renouvin et al., eds.: *L'Europe du XIXe et du XXe siècles: problèmes et interprétations historiques* (Milan, 1955).

6. 确实如此。布赖恩在 1923 年的一次讲话中表达了他的愿景："我们的国家将彻底摆脱酒馆，并引领世界发起一场伟大的运动，将酗酒行为从生活中彻底清除。""Prohibition," *Outlook*, Vol. CXXXIII (February 7, 1923), p.265.

7. *The Public Papers of Woodrow Wilson* (New York, 1925–7), Vol. V, p.22.

8. Ibid., p.33.

9. Ibid., Vol. VI, p.52. 相比之下更值得注意的是，富兰克林·罗斯福提议将第二次世界大战简称为生存之战。

10. Cf. Boorstin, op.cit., passim.

11. 请留意此处的微妙差异：拉福莱特对威尔逊关于民主的美国无法与专制的德国维持友好关系的观点提出了反驳。他指出："然而，总统却提议与英国结盟，而英国自身便是一个世袭君主制国家，其政治体系中包含上议院、世袭土地制度，以及受限于阶级划分的有限选举权。" *Congressional Record*, 65th Congress, 1st Sess., p.228.

12. *Literary Digest*, Vol. LXVI (August 21, 1920), p.35.

13. 对拉福莱特投票结果的分析揭示了两个最重要的考虑：首先，他的竞选呈现出鲜明的地域特色；其次，他在多大程度上融合了虽微妙却不完全一致的进步派元素。

拉福莱特仅在他的家乡所在的威斯康星州获得了选举胜利。虽然他获得了许多工业县的选票，但他只拿下了密西西比河以东的一个县，也就是伊利诺斯州南部。他在 11 个州的支持率仅次于柯立芝，这些州几乎都在美国中北部和西北部，以春小麦、牧场、采矿或伐木为业：明尼苏达州、艾奥瓦州、北达科他州、南达科他州、蒙大拿州、怀俄明州、爱达荷州、华盛顿州、俄勒冈州和加利福尼亚州。其中 6 个是布赖恩在 1896 年曾管理过的。

尽管在大多数获取第二名的州里，拉福莱特似乎主要削弱了共和党的选票；但在西海岸，他却赢得了众多持有异见的民主党人的支持，这些人原本希望支持自由派人士，却对戴维斯感到失望。可参看 Kenneth C. MacKay: *The Progressive Movement of 1924* (New York, 1947), p.223。罗伊·皮尔（Roy Peel）和托马斯·唐纳利（Thomas Donnell）指出，1928 年，支持拉福莱特的大部分县转而支持胡佛："在拉福莱特的 409 个支持县中，史密斯仅赢得了 43 个，由此可见，1924 年的进步党支持者实际上是经过掩饰的共和党人。" *The 1928 Campaign: an Analysis* (New York, 1931), p.122.

从社会阶层的角度分析，拉福莱特主要吸引那些受农业经济衰退困扰的农民和铁路工人，这些群体大多在 1922 年大罢工期间，受到了哈丁政府司法部部长哈里·多尔蒂所施行的一项广泛禁令的影响。MacKay, op.cit., pp.27–33.

拉福莱特赢得的支持主要来自反战、反英以及亲德的人群，其中德裔美国人占了大多数，但也包括一些爱尔兰裔美国人。MacKay (op. cit., pp. 216–17) 怀疑这是否非常重要，但原因似乎无关紧要。塞缪尔·卢贝尔深入研究投票模式后指出，在 1912 年并非进步党票仓的孤立德裔美国人的县，以及 1940 年外交关系成为一个重要问题后强烈反对富兰克林·罗斯福的县，拉福莱特占有显著优势。卢贝尔总结道："拉福莱特在 1924 年获得的 480 万张选票，经常被概述为美国自由主义力量的不可或缺的最低限度。这些投票的很大一部分实际上是支持拉福莱特反对与德国开战的立场，与自由主义无关。" *The Future of American Politics* (New York, 1952), p. 140.

14. 可参看一位华盛顿记者对此的谴责，"The Progressives of the

Senate," *American Mercury*, Vol.XVI (April 1929), pp.385-393。除了乔治·诺里斯和托马斯·沃尔什（Thomas Walsh），其他进步党人常因缺乏战斗精神、能力不足，乃至潜在的政党规则而遭受批评。通常站在进步派一边的参议员彼得·诺贝克（Peter Norbeck）在一封给朋友的私密信件中提到："那篇发表在《美国信使》杂志上的文章引起了轰动，因为它所写大部分是真的。" Reinhard Luthin: "Smith Wildman Brookhart of Iowa: Insurgent Agrarian Politician," *Agricultural History*, Vol. XXV (October 1951), p.194.

15. 实际上，最令人吃惊的是那些受到公众尊重的主流媒体的反应，他们认为这些扒粪者是可耻的。《纽约时报》称他们为"人格刺客"，《纽约论坛报》称他们为"蒙大拿州的丑闻贩子"，而其他媒体则批评他们充满了"纯粹的歇斯底里恶意"。Frederick Lewis Allen: *Only Yesterday* (New York, 1931), pp.154-155. 但在进步时代，人们揭露的丑闻不及茶壶顶丑闻十分之一严重。

16. For the symposium, see "Where Are the Pre-War Radicals?" *The Survey*, Vol. LV (February 1, 1926), pp.536-66.

17. 大萧条和新政的经历，让人们越发忘记国家在繁荣时期能够产生多少异议。可能改革者们认为，20世纪20年代的繁荣比进步时代的繁荣更分散，尽管表面上的证据似乎与这一观点相悖。这两个繁荣时代有两个显著的不同：第一，20年代的繁荣期间价格高度稳定，因此城市人口没有一个阶级参与了我在第四章中提到的抗击通货膨胀；第二，20年代新消费品——汽车、收音机、电话、冰箱、电影、厨房小电器——广泛扩散，大大改善了生活和娱乐。

18. 像1913年的《韦布-凯尼恩法案》（*Webb-Kenyon Law*）这样的早期禁酒法案，往往得到参议院进步党人的支持，而且大多数反对者都是保守派，这也许是很重要的。

19. Peter Odegard: *Pressure Politics* (New York, 1928), p.176; cf. Charles Merz: *The Dry Decade* (Garden City, 1931), chapters i, ii.

20. See *McClure's*, Vol. XXXII (December 1908), pp.154-161; ibid. (January 1909), pp.301-312; Vol. XXXIII (August 1909), pp.426-430; Vol. XXXIV (February 1910), pp.448-451.

21. George Kibbe Turner: "Beer and the City Liquor Problem," *McClure's*,

Vol. XXXIII (September 1909), p.543. 酒馆是城市政治的中心机构, Peter Odegard 的著作第 2 章中讨论了其重要性, 以及主张禁酒者对酒馆的看法。不幸的是, 尽管乔治·阿德（George Ade）和布兰德·惠特洛克（Brand Whitlock）曾就此主题发表过有趣的回忆, 但目前还没有人写过关于酒吧作为一种机构的全面历史。

22. "在几乎所有情况下, 我都坚信, 饮酒问题从根本上是道德教育的问题。在所有父母充分认识到这一点, 并在养育孩子的过程中, 指导他们真正建立起自我控制和自我克制的行为指南前, 我们必须被呼吁向不幸的酗酒受害者伸出援助之手。" H. Addington Bruce: "Why Do Men Drink?" *McClure's*, Vol. XLII (April 1914), p.132; 可以看到, 这是伍德罗·威尔逊告诫美国人民进行"绝对自我控制"的另一个舞台。

23. Clevel and Moffett: "Saving the Nation," *McClure's*, Vol XLVI (December 1915), pp.20 ff.

24. 比如弗朗西丝·威拉德（Frances Willard）和厄普顿·辛克莱（Upton Sinclair）, 后者直到 1931 年才写了一本反对饮酒的著作 *The Wet Parade* (Pasadena, 1931)。如同布赖恩这样的政治领袖, 将捍卫禁酒令与捍卫人民统治联系在一起。可参看他的 "Prohibition," *Outlook*, Vol, CXXXIII (February 7, 1923), p.263。

25. 这一过程被保罗·卡特（Paul Carter）详细记录并进行了深入分析。*The Decline and Revival of the Social Gospel ... 1920-40*, 尚未发表的博士论文, 哥伦比亚大学, 1954 年, 第 3 章, "禁令, 无论是向左还是向右"。

26. 一位来自印第安纳州的观察者对此发表评论: "你认为所有有权势的人都归属于这里吗? 观察他们参与游行时穿的鞋子吧。床单是掩盖不住鞋子的。" Frederick Lewis Allen: *Only Yesterday* (New York, 1931), p.67.

27. 要了解三 K 党, 可参看 John M. Mecklin: *The Ku Klux Klan* (New York, 1924), 相信会有所帮助。

28. Hiram Wesley Evans: "The Klan's Fight for Americanism," *North American Review*, Vol. CCXIII (March–April–May 1926), pp.33–63.

29. 应该记住, 当时有四个 "克洛拉尼骑士团", 其中最尊贵的两个是 "伟大的福勒斯特骑士（美国骑士团）" 和 "午夜神秘骑士（精神哲学高级骑士团）"。Stanley Frost: *The Challenge of the Klan* (Indianapolis, 1924), pp.298–299.

30. Ibid., pp.7–8.

31. 在普选中（尽管不是选举人团的投票），哈丁击败考克斯的决定性程度，甚至超过了 1936 年罗斯福击败兰登的决定性程度。因此，兰登最终只获得了 36.4% 的总选票。

32. 在 1924 年，民主党候选人约翰·戴维斯仅获得了 28.8% 的选票，柯立芝赢得了 54.1% 的选票，拉福莱特则获得了 16.6% 的选票。

33. Peel and Donnelly: *The 1928 Campaign*, p.79. 当然，史密斯确实努力吸引那些无法享受到美国社会整体繁荣成果、因此感到不满的社会群体；相对而言，胡佛强调的是共和党作为这种繁荣的创造者的角色。

34. 参看沃尔特·李普曼的评论："即使不考虑禁酒主义者的强烈反对、对坦慕尼协会的抵制，以及地方上对纽约的反感，还存在一种对史密斯政府的反对，在我看来，和对他的支持一样真切。它的灵感来自一种感觉，即喧嚣的城市生活不应该被认定为美国理想。" *Men of Destiny* (New York, 1927), p.8.

35. Lubell, op.cit., pp.34–35. Lubell 对美国政治中的种族–宗教因素的分析极具启示意义。

36. 当然，人员方面也展现了一定的连续性，因为罗斯福只是众多美国领导人中的一个，这些领导人在战前都是年轻的进步党人，并支持 30 年代美国社会进行的重大改革。然而，我们同样能列出一个令人惊讶的名单，这个名单上主要是进步时代的共和党反叛者，但也包括许多民主党人，他们曾支持进步主义的措施，后来却成为新政的强烈批评者。

37. 此处，我发现自己同意塞缪尔·卢贝尔所提出的看法 (op.cit., p.3)："由富兰克林·罗斯福启动、由杜鲁门继续推进的政治革命，其显著特点并不在于它与安德鲁·杰克逊或托马斯·杰斐逊的政治斗争有何相似，而在于它与过去的政治连续性的突然中断。"

38. 最接近新政早期模式的不是进步时代的经济立法，而是威尔逊政府为第一次世界大战组织经济的努力。全国复兴署的休·约翰逊（Hugh Johnson）和美国仲裁协会（American Arbitration Association）的乔治·皮克（George Peek）就他们在伯纳德·巴鲁克（Bernard Baruch）领导下的战争工业委员会的经历,在很多方面进行了概括。

39. See Frank Freidel: *Franklin D. Roosevelt: the Ordeal* (Boston, 1954), and his forthcoming volume on F. D. R.'s governorship.

40. 此外,胡佛也接受了所谓的本土主义者对大萧条的观点:它来自国外;它不是美国经济中任何缺陷的产物,而是欧洲不健全制度的影响的产物。

41. 正如全国制造商协会的顾问所言:"法规已经从仅仅防止非法和不当行为的消极阶段,转变到指导和控制商业活动的性质和形式的积极阶段。政府的职能是利用权力优势防止被剥削这种观念,已经被新的观念所取代,即政府有责任提供安全,防止生命的所有重大危险:失业、事故、疾病、老年和死亡。" Thomas P. Jenkin: *Reactions of Major Groups to Positive Government in the United States* (Berkeley, 1945), pp.300–301.

42. J. M. Keynes: "The United States and the Keynes Plan," *New Republic*, Vol. CIII (July 29, 1940), p.158.

43. 当然,纯粹从国内角度来谈论民主,就会低估新政在全球的重要性。在民主面临世界衰退的时期,新政为世界提供了一个自由国家以民主和人道的方式应对其经济问题的范例。

44. 实际上,在呼吁重组的演讲中,罗斯福声称,他的提议会让法院权力及对宪法的任何根本改变显得不那么必要了:"这些变革的后果将是如此深远,以至于政府不确定采取这样的措施是否明智。"该提案的主要反对者,参议员伯顿·K. 惠勒提出修改宪法,允许国会推翻司法部门对法案的否决。Charles A. and Mary R. Beard: *America in Mid-passage* (New York, 1939), Vol.I, p.355.

45. 国会与最高法院之间的新和谐是否能归因于罗斯福提出的法院改革提案,很可能会是长期争论的话题。Merlo Pusey: *Charles Evans Hughes* (Vol. II, pp.766 ff.) 认为,法院判决的变化并非对立法斗争的政治回应。他提到,在国家复兴署、美国仲裁协会做出决定之后,最高法院审议新政立法草案之前,这些草案的内容似乎更加合适。然而,毋庸置疑,范·德凡特的辞职直接源自法院的斗争。这场争议的双方支持者仍在辩论到底谁赢了这场斗争,这本身就是问题已经得到圆满解决的最佳证明。它引发了强烈的情绪反应,以至于任何一方的明确胜利都是不幸的。

46. 然而在这一时期，对控股公司的攻击在 1935 年的所谓"非法制裁"措施中得到了体现。

47. Thurman Arnold: *The Bottlenecks of Business* (New York, 1940), p.263.

48. 这是对 Galbraith: *American Capitalism*（Boston, 1952）的一个相对简单的陈述。研究反垄断思想史的学者将会对 Galbraith 关于 TNEC 报告的评述（pp.59–60）感兴趣。

49. Galbraith 认为："具有竞争特征的竞争模式……几乎完全排除了技术发展"，而且确实"一个行业要想取得进步，就不可避免地会涉及垄断因素"。Ibid., pp.91, 93, and chapter vii, passim. Cf. David Lilienthal: *Big Business: a New Era* (New York, 1953), chapter vi. 这些观点在文献中被反复提及，可参看 Adolph A. Berle: *The Twentieth Century Capitalist Revolution* (New York, 1954)。

50. 例如，利连索尔引用了一封来自一位二十多岁的大学毕业生的感人信件："现在我们对自己平庸的抱负感到沮丧，对孤立的生活状态感到不满。在大企业中的职业生涯是可预见的，且注定是有限的。正如企业人事部门的负责人所指出，这种情况也被视为安全的。逐步增加的薪资和退休金的吸引力被认为是对公众最大的诱惑。然而在我上高中时，人们渴望的是理想和抱负，追求的是独立和成功。"（op.cit., p.198）

51. Galbraith, op.cit., p.70.

52. Thurman W. Arnold: *The Symbols of Government* (New Haven, 1935), *The Folklore of Capitalism* (New Haven, 1937). 到 1941 年为止，首批作品已经五次印刷；第 2 章、第 14 章。

53. *The Symbols of Government*, p.124.

54. *The Folklore of Capitalism*, pp.375, 384.

55. *The Symbols of Government*, p.34："法律功能的一部分是认可与既定行为完全相反的理想……法律的功能与其说是引导社会，不如说是安慰社会。相信法律的基本原则并不一定会导致一个有序的社会。这种信念往往成为引发反抗或混乱的源头。"

56. *The Folklore of Capitalism*, p.220.

57. *The Symbols of Government*, p.5.

58. Ibid., p.125.

59. Ibid., pp.21-22.

60. *The Folklore of Capitalism*, pp.367-72; cf. pp.43, 114-115; cf. *The Symbols of Government*, pp.239-240.

61. 在很多方面，阿诺德屈服于冷酷的需要，（就像富兰克林·罗斯福那样）在严肃的问题上变得轻率。虽然这样的失误有显著的重要性，但我不愿意将其看作是对政治道德的攻击。这不是在试图破坏政治道德，而是在讽刺一个特定的、他认为已经过时乃至有碍的道德准则，并代之以一个新的、但轮廓尚模糊不清的新道德准则。在我看来，阿诺德甚至没有成功地提出，更别说回答他书中涉及的道德与政治的关系、理性与政治的关系这些非常真实和重要的问题。关于尖锐的批评，请参见 Sidney Hook: *Reason, Social Myths, and Democracy* (New York, 1950),pp.41-51，以及随后他和阿诺德之间的交流，pp.51-61，在我看来，这只能强调阿诺德的哲学上的困难。阿诺德的书的巨大价值不在于它们对政治伦理的少许论述，而在于它们对其时代政治思维的描述、讽刺和分析方法，以及它们对许多新政推行者工作心态的陈述。

补充一点，我在这里的评论不仅仅是描述性的，因为有许多政治伦理问题，我没有进一步阐释。我将新政的务实和机会主义的基调与进步主义坚持的道德主义进行对比，目的并非指出在每一点上新政的优势。我也不是要暗示新政推行者的政治道德不如他们的对手。最吸引我的，是那种导致了新政的紧急状况，也带来了价值观的转向，我所指出的作为进步党人主流思想模式的道德观念，与其说是由新政推行者所继承，不如说是由新政的敌人所继承。

62. David Lilienthal: *TVA: Democracy on the March* (New York, 1944) 是新政理想主义和鼓舞人心力量的一个例子，我认为这部作品比阿诺德的著作更能代表新政的精神。利连撒尔的书确实更坦率地支持人道主义，更鼓舞人心，更关心在技术和行政变革面前维护民主，更注重人民的理想化。然而，它也显示了对某些价值观的奉献精神，这在阿诺德身上很容易看出，除了少数进步党人，这对所有人来说都微不足道。和阿诺德一样，利连撒尔也在为组织、工程、管理以及随之而来的改革措施辩护，而反对他所说的传统意识形态的"迷雾"。他呼吁行政经验、技术、科学和专业知识，发现高效的管理手段"提升了人类的精神"，并断言"今天，几乎没有什么是一个由工程师、科学家和管理者组成的称职团队无法做到的"（Pocket Book ed., New York, 1945, pp.ix, x,3, 4, 8, 9, 79, 115）。根据这种哲学可以看到，利连撒尔近来的为大企业辩护的行为，并不代表他转向一种新哲学，而是他有能力在私人组织中找到他在田纳西河流域管理局等政府机构中发现的许多美德。

63. Granville Hicks: *Where We Came Out* (New York, 1954), chapter iv 中冷静地指出，共产主义的影响是多么有限。

致谢

我首次萌生将书中这些主题付诸文字的念头,源于查尔斯·R.沃尔格林基金会(Charles R. Walgreen Foundation)的诚挚邀请。在此,我要向沃尔格林讲座的主持人,杰罗姆·科尔文(Jerome Kerwin)教授,以及他在芝加哥大学的同仁们表达我的深切感激,是他们让我最初的讲座经历变得格外愉快。我还要指出,本书的前六章是我对那些讲座内容的精心修订与扩展。1955年1月至2月期间,我有幸在伦敦大学学院接受了英联邦基金的邀请,进行了一系列讲座,在这些讲座中,我融入了一些新的内容。

为了确保本著作的顺利完成以及相关研究工作的稳步进行,福特基金会的行为科学部门慷慨地提供了资金支持。这一资助使我得以深入挖掘并详尽研究民粹主义与进步主义历史的诸多领域。得益于此,我在比预期更短的时间内完成这项工作。

首先,我要向我的贤内助,比阿特丽斯·凯维特·霍夫施塔特(Beatrice Kevitt Hofstadter)女士表达我最深切的感激。她不仅拥有编辑和文本评论家的才华,而且具有提出恰当问题的非凡天赋,她的建议对我而言绝对是不可或缺的。彼得·盖伊(Peter Gay)先生投入了无数宝贵的时间,对我的初稿进行了细致的评注,并就诸多论点与我进行了深入交流。他在时间上的慷慨付出,以及他那既友好又严格的态度,对我的书稿有着不可估量的贡献。弗里茨·斯特恩(Fritz Stern)教授在完成对稿件的审阅后,又细致地检查了每一个细节,这一举动无疑为我的著作带来了难以估量的益处。

在书稿修订方面,我必须向身边的众多挚友表达我的诚挚谢意。威廉·洛伊希滕伯格(William Leuchtenburg)、西摩·李普塞(Seymour M. Lipset)、沃尔特·梅茨格(Walter P. Metzger)、赖特·米尔斯(Wright Mills)、大卫·里斯曼(David Riesman)以及肯尼斯·斯坦普(Kenneth Stampp)等人都逐一审阅了我的手稿,他们不仅逐章逐节地提出了详尽的批评和宝贵的修改建议，还促使我进行了深思熟虑的修订，纠正了一些错误陈述和过度夸张的描述。他们的反馈促使我增添了更为精细的观察，使得这些内容比我最初的草稿更加令人满意。他们所涉及的学术讨论和丰富思想，让我在未来的时间里，能够带着大量未使用的观点和未尽的话题，继续在个人后续的研究中深入挖掘，撰写另一部专著。

同样，丹尼尔·亚伦（Daniel Aaron）、斯坦利·埃尔金斯（Stanley Elkins）、弗兰克·弗雷德尔（Frank Freidel）、亨利·格拉夫（Henry Graff）、阿尔弗雷德·诺普夫（Alfred A. Knopf）、亨利·梅（Henry F. May）、威廉·米勒（William Miller）、亨利·纳什·史密斯（Henry Nash Smith）、哈罗德·施特劳斯（Harold Strauss）、哈罗德·西勒特（Harold Syrett）、大卫·杜鲁门（David Truman）以及范恩·伍德沃德（Vann Woodward）等也仔细审阅了手稿的全部或大部分内容，并提出了极为宝贵的意见和建议，帮助我对书稿进行了重要的调整和修改。在民粹主义和美国农业历史领域，李·本森（Lee Benson）和埃里克·兰帕德（Eric Lampard）提供了至关重要的建议，让我相信，对于经济史中难以把握的细节，该领域的专家会给予比我最初预期更多的理解和宽容。

此外，保罗·卡特（Paul Carter）、格斯顿·戈尔丁（Gurston Goldin）、埃里克·麦克特里克（Eric McKitrick）和詹姆斯·申顿（James Shenton）等研究助理对本研究项目投入了极具想象力的热切关注，远远超出了他们的职责范围。特别是麦克特里克（McKitrick）先生与我之间的交流，激发了本书第五章中的一些新观点；同时，我也要感谢与申顿（Shenton）先生的讨论，它促使我在第六章中产生了一些新的构想。